珍藏本·增订本

纪念版

汉译世界学术名著丛书

演讲与论文集

（修订译本）

〔德〕海德格尔 著

孙周兴 译

商务印书馆

SINCE 1897

The Commercial Press

Martin Heidegger

Vorträgeund Aufsätze

First published at Verlag Günther Neske, Pfullingen in 1954

Gesamtausgabe Band 7, herausgegeben von Friedrich-Wilhelm von Herrmann,

Vittorio Klostermann GmbH, Frankfurt am Main 2000

本书根据德国维多里奥·克劳斯特曼出版社2000年全集版译出。

汉译世界学术名著丛书
（120 年纪念版·珍藏本）
增订本出版说明

2017 年 10 月，为纪念商务印书馆创立 120 周年，本馆推出“汉译世界学术名著丛书”（120 年纪念版·珍藏本），计七百种。近五六年来，仰赖学界同人倾力支持，订正旧译，增补新译，拓展新著，积累日多。为满足读者需要，本馆在七百种的基础上，继续推出“汉译世界学术名著丛书”（120 年纪念版·珍藏本·增订本）三百种。至此，“汉译世界学术名著丛书”累计出版已达千种。

今后，本馆将继续推进丛书的翻译出版工作，在积累单本名著的基础上陆续分辑刊行，汇印出版。为促进中外文明互鉴、推动我国学术发展，使“汉译世界学术名著丛书”这项对我国学术文化有基本建设意义的重大工程发挥更大作用，诚望海内外学术界、翻译界继续给予支持，帮助我们把这套丛书出得更好。

商务印书馆编辑部

2024 年 2 月

汉译世界学术名著丛书
（120 年纪念版·珍藏本）
出 版 说 明

2017 年 2 月 11 日，商务印书馆迎来 120 岁的生日。120 年前，商务印书馆前贤怀揣文化救国的理想，抱持“昌明教育，开启民智”的使命，立足本土，放眼寰宇，以出版为津梁，沟通中西，为中国、为世界提供最富智慧的思想文化成果。无论世事白云苍狗，潮流左右激荡，甚至战火硝烟弥漫，始终践行学术报国之志，无改初心。

迻译世界各国学术名著，即其一端。早在 20 世纪初年便出版《原富》《天演论》等影响至今的代表性著作，1950 年代后更致力于外国哲学和社会科学经典的译介，及至 1980 年代，辑为“汉译世界学术名著丛书”，汇涓为流，蔚为大观。丛书自 1981 年开始出版，历时三十余年，迄今已推出七百种，是我国现代出版史上规模最大、最为重要的学术翻译工程。

丛书所选之书，立场观点不囿于一派，学科领域不限于一门，皆为文明开启以来，各时代、各国家、各民族的思想与文化精粹，代表着人类已经到达过的精神境界。丛书系统译介世界学术经典，引领时代思想,为本土原创学术的发展提供丰富的文化滋养,为推动中国现代学术和现代化进程做出了突出的贡献。

为纪念商务印书馆成立120周年,我们整体推出“汉译世界学术名著丛书”120年纪念版的珍藏本,寄望既利于文化积累,又便于研读查考,同时向长期支持丛书出版的译者、编者和读者致以敬意。

两甲子后的今天,商务印书馆又站在了一个新的历史时间节点上。我们不仅要铭记先辈的身影和足迹,更须让我们的步伐充满新的时代精神。这是商务人代代相传的事业,更是与国家和民族的命运始终紧密相连的事业。我们责无旁贷,必须做好我们这代人的传承与创造,让我们的努力和成果不仅凝聚成民族文化的记忆,还能成为后来人可以接续的事业。唯此,才能不负前贤,无愧来者。

商务印书馆编辑部

2017年10月

谨以此书

献给我惟一的弟弟

目　录

前　言

读者眼前这本书，只消它尚未被展读过，就还是一些演讲和论文的汇编而已。对读者来说，它或许会成为一种收集，可以让大家无需再操心读物的零散了。也有可能，读者会感到自己被带到一条道路上了，这条道路是一位作者先已行走过的，而该作者碰巧作为 auctor［作者、创始者］引发一种 augere，即一种让生长。①

在眼下的情形中，要紧的是一如既往地去操心这样一回事情，即：通过不懈的努力为自古以来有待思想、但尚未被思想的东西准备好一个领域，而从这个领域的运作空间而来，尚未被思想的东西才要求一种思想。②

一位作者倘若确是作者的话，或许就没有什么要表达和传达的。他或许甚至也不想刺激什么人，因为受刺激者已经对自己的知识蛮有把握了。

一位在思想道路上的作者充其量只能有所指引，而本身不能成为 σοφός［智者］意义上的一个智者。

对思想道路来说，过去的东西虽然已经过去，但依然在未来保

① 拉丁文中“作者”(auctor)一词的动词形式为 augere，后者意为“使增长、使丰富、致使”等，海德格尔在此把它译解为“让生长”(Gedeihen-lassen)。——译注

② Ἀλήθεια［无蔽］。——作者边注

持为曾在的东西。此种思想道路殷殷期待，直到某个时候有思想者来行走。流俗的、最广意义上技术性的表象始终意愿一味前行，吞噬一切，而具有指引作用的道路却偶尔会开放出对一座独一无二的山脉（Ge-birg）的展望。

1954 年 8 月于托特瑙堡

第 一 部

技术的追问

下面我们要来**追问**技术。这种追问构筑一条道路。因此之 7
故，我们大有必要首先关注一下道路，而不是萦萦于个别的字句和名目。该道路乃是一条思想的道路。所有思想道路都以某种非同寻常的方式贯通于语言中，对此我们多少可觉知一二。我们要来**追问**技术，并且希望借此来准备一种与技术的自由关系。当这种关系把我们的此在向技术之本质开启出来时，它就是自由的。如果我们应合于技术之本质，我们就能在其界限内来经验技术因素了。

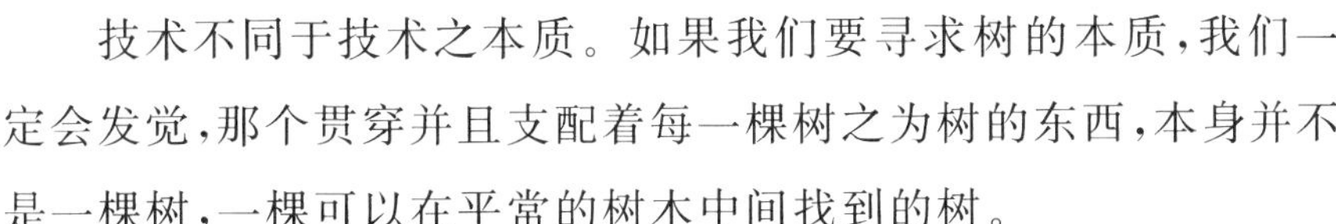

技术不同于技术之本质。如果我们要寻求树的本质，我们一定会发觉，那个贯穿并且支配着每一棵树之为树的东西，本身并不是一棵树，一棵可以在平常的树木中间找到的树。

同样地，技术之本质也完全不是什么技术因素。因此，只要我们仅仅去表象和追逐技术因素，借此找出或者回避这种技术因素，那么，我们就决不能经验到我们的与技术之本质的关系。所到之处，我们都不情愿地受缚于技术，无论我们是痛苦地肯定它还是否定它。可是，如果我们把技术当作某种中性的东西，我们就最恶劣地听任技术摆布了；因为这种观念虽然是现在人们特别愿意采纳的，但它尤其使得我们对技术之本质盲然无知。

按照古老的学说，某物的本质被看作某物所是的那个**什么**(*was*)。当我们问技术是什么时，我们在追问技术。尽人皆知对我们这个问题有两种回答。其一曰：技术是合目的的手段。其二曰：技术是人的行为。这两个关于技术的规定原是一体的。因为设定目的，创造和利用合目的的手段，就是人的行为。技术之所是，包含着对器具、仪器和机械的制作和利用，包含着这种被制作和被利用的东西本身，包含着技术为之效力的各种需要
8 (Bedürfnisse)[①]和目的。这些设置的整体就是技术。技术本身乃是一种设置(Einrichtung)，若用拉丁语来讲，就是一种*instrumentum*［**工具**］。

因此，通行于世的关于技术的观念，即认为技术是一种手段和一种人类行为，可以被叫做工具的和人类学的技术规定。

谁会想否定它是正确的呢？明摆着，它是以人们在谈论技术时所看到的东西为取向的。对技术的工具性规定甚至是非常正确的，以至于它对于现代技术也还是适切的；而对于现代技术，人们往往不无道理地断言，与古代的手工技术相比较，它是某种完全不同的、因而全新的东西。即便是带有涡轮机和发电机的发电厂，也是人所制作的一个手段，合乎人所设定的某个目的。即便是火箭飞机，即便是高频机器，也还是合目的的手段。当然啰，一个雷达站是比一个风向标复杂些。一台高频机器的制作，自然需要技术工业生产的各道工序的相互交接。与莱茵河上的水力发电站相比

---

① 1954年版：(经济——满足需求——消费)工业。**提高了的消费潜能**。——作者边注

较，偏僻的黑森林山谷中的一家水力锯木厂当然是一件原始的工具了。

然而，依然正确的是：现代技术也是一个合目的的手段。因此，关于技术的工具性观念规定着每一种把人带入与技术的适当关联之中的努力。一切都取决于以得当的方式使用作为手段的技术。正如人们所言，我们要“在精神上操纵”技术。我们要控制技术。技术愈是有脱离人类的统治的危险，对于技术的控制意愿就愈加迫切。

但现在，假如技术并不是一个简单的手段，那么，这种要控制技术的意志又是怎么回事呢？而我们倒是已经说过，关于技术的工具性规定是正确的。确实如此。正确的东西总是要在眼前讨论 9
的东西中确定某个合适的东西。但是，这种确定要成为正确的，绝不需要揭示眼前讨论的东西的本质。只有在这样一种揭示发生之处，才有真实的东西。因此，单纯正确的东西还不是真实的东西。惟有真实的东西才能把我们带入一种自由的关系中，即与那个从其本质来看关涉于我们的东西的关系。照此看来，对于技术的正确的工具性规定还没有向我们显明技术的本质。为了获得技术之本质，或者至少是达到技术之本质的近处，我们必须通过正确的东西来寻找真实的东西。我们必须追问：工具性的东西本身是什么？诸如手段和目的之类的东西又何所属？一个手段乃是人们借以对某物产生作用、从而获得某物的那个东西。导致一种作用或结果的东西，我们称之为原因。不过，原因不只是使另一个东西得以产生出来的那个东西。手段之特性据以获得规定的那个目的，也被看作原因。目的得到谋求，手段得到应用的地方，工具性的东西占

据统治地位的地方，也就有因果性即因果关系起支配作用。

几百年来，哲学一直教导我们说，有以下四种原因：一是 causa materialis［质料因］，譬如银匠从质料、材料中把一只银盘制作出来；二是 causa formalis［形式因］，即质料进入其中的那个形式、形态；三是 causa finalis［目的因］，譬如，献祭弥撒在形式和质料方面决定着所需要的银盘；四是 causa efficiens［效果因］，[①]银匠取得效果，取得了这只完成了的现实银盘。被看作手段的技术是什么，这要在我们把工具性的东西追溯到四重因果性时方可揭示出来。

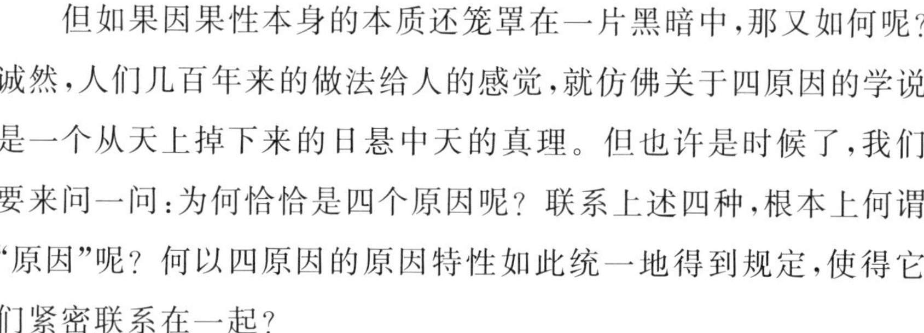

但如果因果性本身的本质还笼罩在一片黑暗中，那又如何呢？诚然，人们几百年来的做法给人的感觉，就仿佛关于四原因的学说是一个从天上掉下来的日悬中天的真理。但也许是时候了，我们要来问一问：为何恰恰是四个原因呢？联系上述四种，根本上何谓“原因”呢？何以四原因的原因特性如此统一地得到规定，使得它们紧密联系在一起？

10 只消我们还没有深入探讨上面这些问题，那么，因果性，与因果性相伴的工具性的东西，以及与工具性的东西相伴的关于技术的通行规定，就都还是模模糊糊的，无根无据的。

长期以来，人们习惯于把原因看作起作用的东西。作用在此意味着：取得成果、效果。Causa efficiens［效果因］，四原因中的一个，以决定性的方式规定着所有因果性。事情甚至到了这样的地步：人们根本上不再把目的因看作一种因果性。Causa［原因］，

① 或译“动力因”。——译注

即 casus，出自动词 cadere［落下、遭到、发生］，也就是德语动词 fallen，意思是发生作用而使某物有这样那样的结果。四原因说最早是由亚里士多德提出来的。可是，在希腊思想领域里，并且对希腊思想而言，后世以“因果性”的观念和名义想在希腊人那里寻找的那个东西，与作用和起作用是毫无干系的。我们所谓的“原因”(Sache)，罗马人所谓的 causa，在希腊人那里叫做 αἴτιον，是招致另一个东西的那个东西。四原因乃是相互紧密联系在一起的招致方式。[①] 兹举一例予以解说。

银是人们用以制作银盘的东西。它作为这种质料(ὕλη)一道招致银盘。银盘归因于银，银是银盘由之形成的东西。但这个祭器还不光是由银所招致的。作为盘，由银所招致的东西显现在盘的外观中，而不是在别针或戒指的外观中。所以，祭器同时也是由盘的外观(εἶδος［爱多斯］)所招致的。作为盘的外观进入其中的银，这种银质的东西于其中显现出来的外观，这两者以各自的方式共同招致了这个祭器。

不过，招致这个祭器的主要还是第三个东西。这第三个东西首先把盘限定在祭祀和捐献的领域内。由之，它便被界定为一个祭器。这个界定者终结这个物。随着这一终结，此物并没有停止；而不如说，此物由之而来才开始成为它在制造之后将变成的东西。
此种意义上的终结者，亦即完成者，在希腊文中叫做 τέλος，人们往 11
往以“目标”和“目的”译之，并因而误解了它。这个 τέλος 招致那

① 此处“招致”德语原文为 Verschulden，也有“招致、对……有过错、对……有责任”等义。——译注

个东西,那个作为质料和作为外观共同招致了祭器的东西。

最后,共同招致这个现有备用的完成了的祭器的,还有第四个东西,那就是银匠;但这绝不是因为,银匠在工作时对作为一种制作结果的完成了的银盘产生作用。银匠不是 causa efficiens[效果因]。

银匠考虑并且聚集上述三种招致方式。所谓"考虑",在希腊文中叫做λέγειν,λόγος。[①] 它植根于 ἀποφαίνεσυαι,即:使……显露出来。银匠作为那种东西而共同招致,由之而来,这个祭器的带出和自立才取得并保持其最初的起点。前面所说的三种招致方式归功于银匠的考虑,即考虑它们为祭器的生产而达乎显露并进入运作的情形如何。

这样,在现有备用的祭器中,有四种招致方式起着支配作用。它们相互间是不同的,但又是共属一体的。是什么东西先行把它们统一起来的呢?四种招致方式的配合在何处起作用呢?四个原因的统一性从何而来?从希腊思想的角度看,这种招致究竟是什么意思呢?

我们今人太容易流露出一种倾向,或者在道德方面把招致理解为过错,或者把它解释为某种作用方式。在此两种情形中,我们便把我们理解后人所谓的因果性的原初意义的道路给堵塞了。只消这条道路还没有被开启,我们也就看不到那种基于因果性的工具性的东西真正是什么。

① 此句中"考虑"德语原文为 überlegen;希腊文λέγειν的通常意思为"言说、收集";λόγος 意为"话语、理性"等。——译注

为了避免上述对招致的误解，我们要根据四种招致方式所招致的东西来解说这四种方式。根据前面的例子，它们招致的是作 12
为祭器的银盘的现有备用。现有和备用（ὑποκεῖσθαι）标志着某个在场者的在场。四种招致方式把某物带入显现之中。它们使某物进入在场而出现。它们把某物释放到在场之中，并因而使之起动，也就是使之进入其完成了的到达之中。招致具有这种进入到达的起动（An-lassen）的特征。在这种起动的意义上，招致就是引发（Ver-an-lassen）。根据上面对希腊人在招致即 αἴτια 中所经验的东西的考察，我们现在给予“引发”一词以一个更宽泛的意义，使得这个词能够表示希腊人所思的因果性的本质。相反地，“引发”一词的日常的和狭隘的含义只不过是推动和引起，意味着因果性整体中的一种次要原因。

但是，四种引发方式的配合在何处起作用呢？它们使尚未在场的东西进入在场之中而到达。据此看来，它们便一体地为一种带来（Bringen）所贯通，这种带来把在场者带入显露中。这种带来是什么，柏拉图在《会饮篇》中有一句话告诉了我们（205b）：

> ἡ γάρ τοι ἐκ τοῦ μὴ ὄντος εἰς τὸ ὄν ἰόντι ὁ τῳοῦν αἰτία πᾶσά ἐστι ποίησις.
>
> 对总是从不在场者向在场过渡和发生的东西来说，每一种引发都是 ποίησις，都是产出。①

① 这是海德格尔的德译文。其中被我们译为“产出”的 Her-vor-bringen 一词也可直译为“带出来”，因此与前文的“带来”（Bringen）相联系。德语动词 hervorbringen 有“生产、创造、创作、带来”等意思。——译注

至为重要的是，我们要在其整个幅度上、并且在希腊意义上来思考这种产出。不仅手工制作，不仅艺术创作的使……显露和使……进入图象是一种产出，即 ποίησις。甚至 φύσις［自然］，即从自身中涌现出来，也是一种产出，即ποίησις。φύσις［自然］甚至是最高意义上的ποίησις。因为涌现着（φύσει）的在场者在它本身之中（ἐν ἑαυτῷ）具有产出之显突（Aufbruch），譬如，花朵显突入开放中。相反，手工和艺术产出的东西，例如银盘，其产出之显突并不
13 是在它本身中，而在一个它者中（ἐν ἄλλῳ），在工匠和艺术家中。

因此，引发的诸方式，即四个原因，是在产出之范围内起作用的。通过这种产出，无论是自然中生长的东西，还是手工业制作和艺术构成的东西，一概达乎其显露了。

然而，不论在自然中，还是在手工业和艺术中，这种产出是如何发生的呢？引发的四重方式在其中起作用的这种产出是什么呢？引发关涉到一向在产出中显露出来的东西的在场。产出从遮蔽状态而来进入无蔽状态中而带出。惟因为遮蔽者入于无蔽领域而到来，产出才发生。这种到来基于并且回荡于我们所谓的解蔽（das Entbergen）中。希腊人以ἀλήθεια［无蔽］一词表示这种解蔽。罗马人以 veritas［真理］一词来翻译希腊的ἀλήθεια［无蔽］。我们则说“真理”（Wahrheit），并且通常把它理解为表象的正确性。

我们走上了何种歧途？我们要追问的是技术，而现在却到了ἀλήθεια［无蔽］那里，到了解蔽那里。技术之本质与这种解蔽又有何干系呢？答曰：关系大矣。因为每一种产出都建基于解蔽。而产出把引发——即因果性——的四种方式聚集于自身中，并且贯

通这四种方式。在引发的四种方式的领域中包含着目的和手段，包含着工具性的东西。工具性的东西被看作技术的基本特征。如果我们一步一步来追问被看作手段的技术根本上是什么，我们就会达到解蔽。一切生产制作过程的可能性都基于解蔽之中。

如是看来，技术就不仅是一种手段了。技术乃是一种[①]解蔽方式。如果我们注意到这一点，那就会有一个完全不同的适合于技术之本质的领域向我们开启出来。那就是解蔽的领域，亦即真-理(Wahr-heit)之领域。

上面的展望颇令我们奇怪。尽管如此，这种奇怪的情况要尽 14
可能漫长并且咄咄逼人，使得我们最终能认真对待下述质朴的问题：究竟“技术”这个名称说的是什么。这个词来自希腊语。希腊文τεχνικόν[技艺、精通技艺]意指τέχνη的内涵。着眼于这个词的含义，我们必须注意到两点。首先一点，τέχνη不仅是表示手工行为和技能的名称，而且也是表示精湛技艺和各种美的艺术的名称。τέχνη属于产出，属于ποίησις[产出、创作]；它乃是某种创作(etwas Poietisches)。

着眼于τέχνη一词要考虑的另外一点更为重要。从早期直到柏拉图时代，τέχνη一词就与ἐπιστήμη[认识、知识]一词交织在一起。这两个词乃是表示最广义的认识(Erkennen)的名称。它们指的是对某物的精通，对某物的理解。认识给出启发。具有启发作用的认识乃是一种解蔽。亚里士多德在一项特殊的研究中(参看《尼各马可伦理学》卷六，第3、4章)，区分了ἐπιστήμη与τέχνη，而

① 现在或者可以说，是这种决定性的解蔽方式。——作者边注

且是按它们的解蔽作用和方式来作这种区分的。Τέχνη是一种ἀληθεύειν(解蔽)方式。它揭示那种并非自己产出自己、并且尚未眼前现有的东西,这种东西因而可能一会儿这样一会儿那样地表现出来。谁建造一座房子或一只船,或者锻造一只银盘,他就在四种引发方式的各个方面揭示着那有待产出的东西。这种解蔽首先把船和房子的外观、质料聚集到已完全被直观的完成了的物那里,并由之而来规定着制作之方式。因而,τέχνη之决定性的东西绝不在于制作和操作,绝不在于工具的使用,而在于上面所述的解蔽。作为这种解蔽,而非作为制作,τέχνη才是一种产出。

于是,通过指明τέχνη一词的意思和希腊人对这里所述的东西的规定方式,我们便被引入那同一种联系中,就是当我们在追踪工具性的东西本身到底是什么这个问题时向我们展现出来的那种联系。

15 技术是一种解蔽方式。技术乃是在解蔽和无蔽状态的发生领域中,在 ἀλήθεια[无蔽]即真理的发生领域中成其本质的。

对于这种有关技术之本质领域的规定,人们可能会提出如下反对意见:虽然这种规定对希腊思想来说是有效的,在有利情形下适合于手工技术,但并不适切于现代的动力机械技术。而且,正是这种动力机械技术,惟有这种动力机械技术,才是一个不安因素,促使我们去追问“这种”技术。人们说,与以往所有的技术相比,现代技术乃是一种完全不同的技术,因为它是以现代的精密自然科学为依据的。此间人们已更清晰地认识到:我们也可以反过来说,现代物理学作为实验物理学依赖于技术装置,依赖于设备的进步。对技术与物理学之间的这样一种交互关系的确定是正确的。但它还只不过是历史学上的对事实的确定，并且根本没有言说这种交互关系的基础。决定性的问题依然是：现代技术具有何种本质，使得它能突然想到应用精密自然科学？

什么是现代技术呢？它也是一种解蔽。惟当我们让目光停留在这个基本特征上时，现代技术的新特质才会向我们显示出来。

解蔽贯通并且统治着现代技术。但在这里，这种解蔽并不把自身展开于 ποίησις 意义上的产出。在现代技术中起支配作用的解蔽乃是一种促逼，[①]此种促逼向自然提出蛮横要求，要求自然提供**本身**能够被开采和贮藏的能量。但这岂不也是古代的风车所为的么？非也。风车的翼子的确在风中转动，它们直接地听任风的吹拂。可是，风车并没有为贮藏能量而开发出风流的能量。

与之相反，某个地带被促逼入对煤炭和矿石的开采之中，这个地带于是便揭示自身为煤炭区、矿产基地。农民从前耕作的田野则是另一个样子；那时候，“耕作”（bestellen）还意味着：关心和照料。农民的所作所为并不是促逼耕地。在播种时，它把种子交给 16
生长之力，并且守护着种子的发育。而现在，就连田地的耕作也已经沦于一种完全不同的**摆置**着自然的订置的旋涡中了。[②] 它在促逼意义上摆置着自然。于是，耕作农业成了机械化的食物工业。空气为着氮料的出产而被摆置，土地为着矿石而被摆置，矿石为着

① 德语动词 Herausfordern 的日常含义为“挑战、挑衅、引起”等，我们在此译为“促逼”。——译注

② 这里的“订置”和前文的“耕作”均为德语动词 Bestellen。在海德格尔看来，“耕作”是守护性的；而“订置”则是技术时代人类对自然的加工制作。在此上下文中，请注意“订置”（Bestellen）、“摆置”（stellen）与作为技术之本质的“集置”（Ge-stell）的字面和意义联系。——译注

铀之类的材料而被摆置，铀为着原子能而被摆置，而原子能则可以为毁灭或者和平利用的目的而被释放出来。

这种促逼着自然能量的摆置是一种双重意义上的开采。它通过开发和摆出而进行开采。但这种开采首先适应于对另一回事情的推动，就是推进到那种以最小的消耗而得到尽可能大的利用中去。在煤炭区开采的煤炭并不是为了仅仅简单地在某处现成存在而受摆置的。煤炭蕴藏着，也就是说，它是为着对在其中贮藏的太阳热量的订置而在场的。太阳热量为着热能而被促逼，热能被订置而提供出蒸汽，蒸汽的压力推动驱动装置，这样一来，一座工厂便得以保持运转了。

水力发电厂被摆置到莱茵河上。它为着河流的水压而摆置河流，河流的水压摆置涡轮机而使之转动，涡轮机的转动推动一些机器，这些机器的驱动装置制造出电流，而输电的远距供电厂及其电网就是为这种电流而被订置的。在上面这些交织在一起的电能之订置顺序的领域当中，莱茵河也就表现为某种被订置的东西了。水力发电厂被建造在莱茵河上，并不像一座几百年来连系两岸的古老木桥。而毋宁说，河流进入发电厂而被隔断了。它是它现在作为河流所是的东西，即水压供应者，来自发电厂的本质。但为了——哪怕仅仅远远地——测度这里起着支配作用的异乎寻常的东西，让我们注意一下在
17 两个标题中道出的一个矛盾：进入发电厂而被隔断的“莱茵河”，与从荷尔德林的同名赞美诗这件艺术作品中被道说的“莱茵河”。[①] 但人们会反驳说，莱茵河终归还是一条风景河嘛。也许是罢。不过又是如何

① 此句中的“发电厂”（Kraftwerk）与“艺术作品”（Kunstwerk）字形相近，实则背道。——译注

的呢？无非是休假工业已经订置出来的某个旅游团的可预订的参观对象而已。

贯通并且统治着现代技术的解蔽具有促逼意义上的摆置之特征。这种促逼之发生，乃由于自然中遮蔽着的能量被开发出来，被开发的东西被改变，被改变的东西被贮藏，被贮藏的东西又被分配，被分配的东西又重新被转换。开发、改变、贮藏、分配、转换都是解蔽之方式。可是解蔽并没有简单地终止。它也没有流失于不确定性之中。解蔽向它本身揭示出它自身的多重啮合的轨道，这是由于它控制着这些轨道。这种控制本身从它这方面看是处处得到保障的。控制和保障甚至成为促逼着的解蔽的主要特征。

那么，无蔽状态的何种方式是为那个通过促逼着的摆置而完成的东西所特有的呢？这个东西处处被订置而立即到场，而且是为了本身能为一种进一步的订置所订置而到场的。如此这般被订置的东西具有其特有的站立。这种站立，我们称之为持存。[①] “持存”一词在此的意思超出了单纯的“贮存”，并且比后者更为根本。“持存”一词眼下进入了一个名称的地位上。它所标识的，无非是为促逼着的解蔽所涉及的一切东西的在场方式。在持存意义上立身的东西，不再作为对象而与我们相对而立。

然而，一架停在跑道上的民航飞机，其实不就是一个对象嘛。确实如此。我们可以如此这般来表象这架机器。但这样一来，它

① Bestand一词在日常德语中意谓“持续、持久、库存、贮存量”等。海德格尔以此词表示为现代技术所促逼和订置的一切东西的存在方式。我们译之为“持存”或“持存物”。另外，此处中译文未能显明“持存”(Bestand)与“站立”(Stand)的字面联系。——译注

却在它是什么以及如何存在这个方面遮蔽自身了。被解蔽之后，它只是作为持存物而停留在滑行道上，因为它被订置而保障着运输可能性。为此，在它的整个结构上，在它每一个部件上，它本身
18 都必须是能够订置的，也就是作好了起跑准备的。（这里或许可以探讨一下黑格尔把机器规定为独立的工具的做法。从手工业的工具方面来看，黑格尔的说法是正确的。不过，这样的话，机器恰恰不是根据它所属的技术之本质而被思考的。从持存方面来看，机器绝对不是独立的；因为它惟从对可订置之物的订置而来才有其立身之所。）

现在，当我们试图把现代技术表明为促逼着的解蔽之际，我们这里不禁出现了"摆置"(stellen)、"订置"(bestellen)和"持存"(Bestand)等词语，而且是以一种枯燥的、刻板的、因而令人讨厌的方式堆砌起来。这一情形在我们眼下要表达的东西中有其根据。

通过促逼着的摆置，人们所谓的现实便被解蔽为持存。谁来实行这种摆置呢？明摆着是人啰。但人何以能够做这样一种解蔽呢？诚然，人能够这样那样地把此物或彼物[①]表象出来，使之成形，并且推动它。可是，现实向来于其中显示出来或隐匿起来的那种无蔽状态，却是人所不能支配的。自柏拉图以降，现实都在理念之光中显示自身——但这一事实并不是由柏拉图作成的。这位思想家只不过是响应了那个向他说出自己的东西而已。

惟就人本身已经受到促逼、去开采自然能量而言，这种订置着

① 1954年版：此种或者彼种无蔽之物！但这种无蔽状态本身呢？解蔽状态？——作者边注

的解蔽才能进行。如果人已经为此受促逼、被订置，那么人不也就比自然更原始地归属于持存么？有关人力资源、某家医院的病人资源的流行说法，表示的就是这个意思。在树林中丈量木材、并且看起来就像其祖辈那样以同样步态行走在相同的林中路上的护林人，在今天已经为木材应用工业所订置——不论这个护林人是否知道这一点。护林人已经被订置到纤维素的可订置性中去了，纤 19
维素被纸张的需求所促逼，纸张则被送交给报纸和画刊。而报纸和画刊摆置着公众意见，使之去挥霍印刷品，以便能够为一种被订置的意见安排所订置。可是，恰恰由于人比自然能量更原始地[①]受到了促逼，也就是被促逼入订置（Bestellen）[②]中，因而人才从未成为一个纯粹的持存物。人通过从事技术而参与作为一种解蔽方式的订置。不过，订置得以在其中展开自己的那种无蔽状态从来都不是人的制品，同样也不是作为主体的人与某个客体发生关系时随时穿行于其中的那个领域。

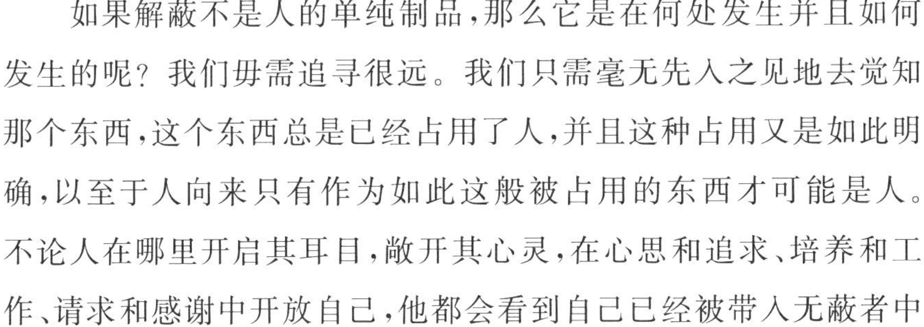

如果解蔽不是人的单纯制品，那么它是在何处发生并且如何发生的呢？我们毋需追寻很远。我们只需毫无先入之见地去觉知那个东西，这个东西总是已经占用了人，并且这种占用又是如此明确，以至于人向来只有作为如此这般被占用的东西才可能是人。不论人在哪里开启其耳目，敞开其心灵，在心思和追求、培养和工作、请求和感谢中开放自己，他都会看到自己已经被带入无蔽者中

① 1954年版：何谓？更本真地归本于本有（Ereignis）！——作者边注

② 1954年版：何谓？以形而上学方式讲：在一种别具一格的存在之令（Geheiß des Seins）中以及相应的关联。参看“面向存在问题”［载《全集》第九卷］。——作者边注

了。无蔽者的无蔽状态已经自行发生出来了，它因此往往把人召唤入那些分配给人的解蔽方式之中。如果说人以自己的方式在无蔽状态范围内解蔽着在场者，那么他也只不过是应合于无蔽状态之呼声（Zuspruch）而已；即便在他与此呼声相矛盾的地方，情形亦然。所以，当人在研究和观察之际把自然当作他的表象活动的一个领域来加以追踪时，他已经为一种解蔽方式所占用了，这种解蔽方式促逼着人，要求人把自然当作一个研究对象来进攻，直到连对象也消失于持存物的无对象性中。

20 这样看来，现代技术作为订置着的解蔽，绝不只是单纯的人类行为。因此之故，我们也必须如其所显示的那样来看待那种促逼，它摆置着人，逼使人把现实当作持存物来订置。那种促逼把人聚集于订置之中。此种聚集使人专注于把现实订置为持存物。

原始地把群山展开为山的形态、并且贯通着起伏毗连的群山的那个东西，乃是聚集者，我们称之为山脉。

我们这样那样的情绪方式由之得以展开的那个原始聚集者，我们称之为性情。

现在，我们以“集-置”（das *Ge-stell*）①一词来命名那种促逼着的要求，那种把人聚集起来、使之去订置作为持存物的自行解蔽者

① 集-置（das *Ge-stell*）

一、作为求意志的意志的本质——在普遍持存者意义上的“本质”——基本特征（Grund-Zug）——根据之通行（Durchzug）——普遍建基（Gründen）。

二、作为压抑着的和声（Anklang）

被遗忘状态——~~存在（Sein）~~的法则（Ge-“setz”）。

三、作为本有之面纱（Schleier des Ereignisses），对在订置（Be-stellen）中极端的、最隐蔽的需用（Brauch）的首次闪光。——作者边注

的要求。[①]

我们要大胆冒险，在一种迄今为止还完全非同寻常的意义上来使用“集置”一词。[②]

按其通常的含义，德语中“Gestell”一词指的是某种用具，譬如一个书架。它也有“骨架”的意思。我们现在所要求的对“Gestell”一词的用法似乎就像骨架一样可怕，更不用说有那种糟蹋成熟语言的词语的任意性了。我们能进一步夸张怪僻么？当然不能。不过，这种怪僻却是思想的古老需要。而且，思想家恰恰是在要思考至高的东西时才顺从这种怪僻。我们后人已经不再能够估量出，柏拉图何以大胆地用εἶδος［爱多斯］一词来表示在任何事物和在每个个别事物中现身的东西。因为在日常语言中，εἶδος［爱多斯］的意思是某个可见的事物提供给我们肉眼的外貌。而柏拉图却对此词有非同寻常的要求，要用它来指称那种恰恰不是、并且从来不是用肉眼可以感知的东西。但非同寻常之处也还绝不止于此。因为ἰδέα［相］不光是命名感性可见事物的非感性的外观。外观（即ἰδέα）也意味着——并且也是——在可听事物、可触事物、可感事物以及无论以何种方式可通达的事物中构成本质（Wesen）[③]的东

① 海德格尔在此差不多做了一个词语游戏，意在显示德语前缀Ge-具有“聚集”之义：“山脉”（Gebirg）是“群山”（Berge）的聚集；“性情”（Gemüt）是“情绪”（zumute）的聚集；“集-置”（Ge-stell）是形形色色的“摆置”（Stellen）活动的聚集。“集-置”（Ge-stell）一词是海德格尔对德语中Gestell（框架、底座、骨架）一词的特定用法，是他对技术之本质的规定。英译者把它译为Enframing。——译注

② 1954年版：参看《同一与差异》［拟收入《全集》第十一卷］。——作者边注

③ 1954年版：更清晰地！一个在存在者状态上（ontisch）被使用的流行词语被提升到一种别具一格的存在学档次上。——作者边注

西。与柏拉图在此种以及别种情形中对语言和思想所要求的东西相比较，我们现在大胆地用“集-置”一词来表示现代技术的本质，却几乎是无伤大体的。不过，这里所要求的语言用法却还是一种苛求，还是令人误解的。

集-置（Ge-stell）意味着那种摆置（Stellen）的聚集者，这种摆置摆置着人，[①]也即促逼着人，使人以订置方式把现实当作持存物来解蔽。集-置意味着那种解蔽方式，它在现代技术之本质中起着支配作用，而其本身不是什么技术因素。相反，我们所认识的传动杆、受动器和支架，以及我们所谓的装配部件，则都属于技术因素。但是，装配连同所谓的部件却落在技术工作的领域内；技术工作始终只是对集-置之促逼的响应，而绝不构成甚或产生出这种集置本身。

在“集-置”（Ge-stell）这个名称中的“摆置”（stellen）一词不仅意味着促逼，它同时也保持着与它由之而来的另一种“摆置”的相似，也即与那种置造和呈现（Her-und Dar-stellen）相似，后者在
22 ποίησις意义上使在场者进入无蔽状态而出现。[②] 这种产出着的置造，譬如在神庙区设立一座雕像，与我们现在所思考的促逼着的订置当然是根本不同的，但在本质上却是接近的。两者都是解蔽即ἀλήθεια［无蔽］之方式。在集-置中发生着无蔽状态，现代技术的工作依此无蔽状态而把现实事物揭示为持存物。[③] 因此之故，现

① 1954年版：不光是人！本有（Ereignis）与四重整体（*Ge-Viert*）。——作者边注

② 1954年版：现在可参看“艺术作品的本源”后记，其中关于θέσις［设置、建立］的讨论［见《全集》第五卷］。——作者边注

③ 1954年版：过于片面地仅仅根据δηλοῦν［显明之物］而显突出来。——作者边注

代技术既不仅仅是一种人类行为，根本上也不只是这种人类行为范围内的一个单纯的手段。关于技术的单纯工具性的、单纯人类学的规定原则上就失效了；这种规定也不再能——如果它确实已经被认作不充分的规定——由一种仅仅在幕后控制的形而上学的或者宗教的说明来补充。

不过，依然确凿的是，技术时代的人类以一种特别显眼的方式被促逼入解蔽中了。这种解蔽首先针对作为能量的主要贮备器的自然。与此相应，人类的订置行为首先表现在现代精密自然科学的出现中。精密自然科学的表象方式把自然当作一个可计算的力之关联体来加以追逐。现代物理学之所以是实验物理学，并不是因为它使用了探究自然的装置，而是相反地：由于物理学——而且已然作为纯粹理论——摆置着自然，把自然当作一个先行可计算的力之关联体来加以呈现，所以实验才得到订置，也就是为着探问如此这般被摆置的自然是否和如何显露出来这样一个问题而受到订置。

然而，数学自然科学却先于现代技术近两个世纪就出现了。数学自然科学此间如何就为现代技术所利用了呢？种种事实表明情形正好相反。现代技术倒是在它能够依赖精密自然科学的时候
才运行起来的。从历史学上看，这是正确的。而从历史上考虑，这 23
并不是真实的。①

现代物理学的自然理论并不只是技术的开路先锋，而是现代

① 注意此句中“历史学的”(historisch)与“历史的”(geschichtlich)两个词语之间的区分，后者才是“真实发生”(Geschehen)的“历史”(Geschichte)意义上的。——译注

技术之本质的开路先锋。因为那种进入到订置着的解蔽之中的促逼着的聚集,早已在物理学中起着支配作用了。不过,它在其中还没有专门显露出来。现代物理学乃是在其来源方面尚属未知的集置之先驱。现代技术之本质长期还遮蔽着自身;即便电动机已经被发明出来,电子技术已经上了轨道,原子技术已经运行起来,现代技术之本质也还遮蔽着自身。

一切本质性的东西,不光是现代技术的本质性的东西,到处都最长久地保持着遮蔽。不过,着眼于其支配作用来看,它依然是先行于一切的东西,即最早先的东西。那些古希腊思想家早已知道了这回事情,他们说:那个从起支配作用的涌现方面来看更早存在的东西,对我们人来说成了更晚地公开的东西。原初性的早先(Frühe)最后才向人显示出自己。因此,在思想领域中有一种努力,就是更原初地去深思那种原初地被思考的东西,这并不是一种要恢复过去之物的荒谬意志,而是一种清醒的期备态度,就是要面对到来者而惊讶于早先之物。

从历史学的时代计算来看,现代自然科学的开端在17世纪。而电动机技术则是在18世纪后半叶才发展起来的。不过,对历史学的论断来说晚出的现代技术,从在其中起支配作用的本质来说则是历史上早先的东西。

如果说现代物理学必须日益屈从于这样一个事实,即,它的表象领域始终是不可直观的,那么,这种屈从态度并不是受无论哪一个研究者委员会操纵的。它受集-置的支配作用所促逼,后者要求作为持存物的自然的可订置性。因此,尽管物理学全力要从直到前不久一直独一地起决定作用的、一味专注于对象的表象那里抽身，但它决不能放弃一点，即：自然以某种可以通过计算来确定的方式显露出来，并且作为一个信息系统始终是可订置的。这一系统进而取决于一种再度被转变的因果性。现在，因果性既不显示出有所产出的引发的特征，也不显示出 causa efficiens［效果因］甚或 causa formalis［形式因］的特性。也许因果性正在萎缩为一种被促逼的呈报，一种对必须同时或随后得到保障的持存物的呈报（Melden）。与此相应的是那种日益增长的屈从过程，即海森堡在其演讲中以令人难忘的方式描写过的那种屈从。（参看海森堡："今日物理学中的自然图象"，载《技术时代的艺术》，慕尼黑 1954 年，第 43 页以下） 24

由于现代技术的本质居于集-置中，所以现代技术必须应用精密自然科学。由此便出现了一个惑人的假象，仿佛现代技术就是被应用的自然科学。只消我们既没有充分追问现代科学的本质来源，也没有充分追问现代技术的本质，那么，这样一个假象就总是能维护自己的。

我们追问技术，是为了揭示我们与技术之本质的关系。现代技术之本质显示于我们称之为集-置的东西中。可是，仅仅指明这一点，还绝不是对技术之问题的回答——如果回答意味着：响应、应合，也即应合于我们所追问的东西的本质。

如果我们现在还要更进一步，来深思集-置之为集-置本身是什么，那么我们感到自己被带向何方了呢？集-置不是什么技术因素，不是什么机械类的东西。它乃是现实事物作为持存物而自行解蔽的方式。我们又要问：这种解蔽是在一切人类行为之外的某个地方发生的吗？不是的。但它也不仅仅是在**人之中**发生的，而

且并非主要通过人而发生的。

集-置乃是那种摆置的聚集，这种摆置摆弄人，使人以订置方
25 式把现实事物作为持存物而解蔽出来。作为如此这般受促逼的东西，人处于集-置的本质领域之中。人根本上不可能事后才接受一种与集-置的关系。因此，我们应当如何达到一种与技术之本质的关系呢？——以此方式提出的问题在任何时候都是来得太迟了。但决不会迟到的问题是：我们是否特地把我们自己经验为那种人，他的所作所为——时而显明时而隐蔽地——都是受(vom)[①]集-置所促逼的？首要地，决不会迟到的是这样一个问题：我们是否以及如何特地投入到集-置本身现身于其中的那个东西之中？

现代技术之本质给人指点那种解蔽的道路，通过这种解蔽，现实事物——或多或少可察知地——都成为持存物了。所谓“给……指点道路”——这在德语中叫做：遣送。我们以“命运”(*Geschick*)[②]一词来命名那种聚集着的遣送，后者才给人指点一条解蔽的道路。一切历史的本质都由此而得规定。[③] 历史既不仅仅是历史学的对象，也不仅仅是人类行为的实行。人类行为惟作为一种命运性的行为才是历史性的(参看《论真理的本质》，1930 年；第一版，1943 年，第 16—17 页)[④]。而且，惟有进入对象化的表象活动中的命运，才使得历史性的东西作为一个对象而能够为历史学

① 在……中(im)。——作者边注

② 1962 年版：参看“时间与存在”[拟收入《全集》第十四卷]。——作者边注

③ 此处应注意“遣送”(schicken)、“命运”(Geschick)与“历史”(Geschichte)的字面和意义联系。——译注

④ 载：《路标》。《全集》第九卷，第 190—191 页。——作者边注

(也即对一门科学)所通达,并且由此而来才使得那种流行的把历史性的东西与历史学的东西相提并论的做法成为可能的。

作为入于订置的促逼,集置遣送入一种解蔽方式中。集-置就像任何一种解蔽方式一样,是命运的一种遣送。上述意义上的命运也是产出,即 ποίησις。

存在者的无蔽状态总是走上一条解蔽的道路。解蔽之命运总是贯通并且支配着人类。然而,命运决不是一种强制的厄运。因为,人恰恰是就他归属于命运领域、从而成为一个倾听者而又不是 26
一个奴隶而言,才成为自由的。[1]

自由之本质**原始地**并不归结于意志甚或仅仅归结于人类意愿的因果性。

自由掌管着被澄明者亦即被解蔽者意义上的开放领域。[2] 解蔽(即真理)之发生(Geschehnis)就是这样一回事情,即:自由与这种发生处于最切近和最紧密的亲缘关系中。一切解蔽都归于一种庇护和遮蔽。而被遮蔽起来并且始终自行遮蔽着的,乃是开放者,即神秘(Geheimnis)。一切解蔽都来自开放领域,进入开放领域,带入开放领域。开放领域之自由既不在于任性蛮横的无拘无束中,也不在于简单法则的约束性中。自由乃是澄明着遮蔽起来的东西,在这种东西的澄明中,才有那种面纱的飘动,此面纱掩蔽着一切真理的本质现身之物,并且让面纱作为掩蔽着的面纱而显现

① 此句中的"归属"(gehören)、"倾听者"(Hörender)和"奴隶"(Höriger)三词之间有内在联系。——译注

② 此处"自由"原文为 die Freiheit,"开放领域"原文为 das Freie,后者也可译为"开放者、自由者"。——译注

出来。自由乃是那种一向给一种解蔽指点其道路的命运之领域。

现代技术之本质居于集-置之中。集-置归属于解蔽之命运。这些句子讲的意思不同于那种四处传播的说法，即所谓：技术是我们时代的命运；在后一种说法中，“命运”意味着某个无可更改的事件的不可回避性。

但当我们思考技术之本质时，我们是把集-置经验为解蔽之命运。我们因此已经逗留于命运之开放领域中，此命运绝没有把我们囚禁于一种昏沉的强制性中，逼使我们盲目地推动技术，或者——那始终是同一回事情——无助地反抗技术，把技术当作恶魔来加以诅咒。相反地，当我们特别地向技术之本质开启自身时，我们发现自己出乎意外地为一种开放性的要求占有了。

技术之本质居于集-置中。集-置的支配作用归于命运。因为这种命运一向为人指点一条解蔽的道路，所以，人往往走向（即在
27 途中）一种可能性的边缘，即：一味地去追逐、推动那种在订置中被解蔽的东西，并且从那里采取一切尺度。由此就锁闭了另一种可能性，即：人更早地、更多地并且总是更原初地参与到无蔽领域之本质及其无蔽状态那里，以便把所需要的与解蔽的归属状态当作解蔽的本质来加以经验。

由于人被带到了上述可能性之间，人便从命运方面受到了危害。作为这样一种命运，解蔽之命运在其所有方式中都是危险，因而必然就是危险（*Gefahr*）。

无论解蔽之命运以何种方式起支配作用，一切存在者一向于其中显示自身的那种无蔽状态都蕴含着危险，即：人在无蔽领域那里会看错了，会误解了无蔽领域。于是，在人们根据因果关系来描述一切在场者的地方，甚至上帝也可能对表象而言丧失了一切神圣性和崇高性，也可能丧失了它的遥远的神秘性。在因果性的眼光里，上帝就可能贬降为一个原因，一个 causa efficiens［效果因］。进而甚至在神学范围内，上帝会成为那些哲学家的上帝，这些哲学家按照制作的因果关系来规定无蔽领域和遮蔽领域，而同时决不去思考这种因果关系的本质来源。

同样地，无蔽状态——与此相应，自然就表现为一个可计算的力之作用联系——虽然能够容许一些正确的论断，但恰恰是通过这些成果才能保持那种危险，即：在一切正确的东西中真实的东西自行隐匿了。

解蔽之命运自身并不是无论何种危险，而就是**这种**危险（*die* Gefahr）。[①]

但如果命运以集-置方式起支配作用，那么命运就是最高的危险了。这种危险在两个方面向我们表明自身。一旦无蔽领域甚至不再作为对象，而是惟一地作为持存物与人相关涉，而人在失去对象的东西的范围内只还是持存物的订置者，那么人就走到了悬崖的最边缘，也即走到了那个地方，在那里人本身只还被看作持存 28 物。可是，恰恰是受到如此威胁的人膨胀开来，神气活现地成为地球的主人的角色了。由此，便有一种印象蔓延开来，好像周遭一切事物的存在都只是由于它们是人的制作品。这种印象导致一种最后的惑人的假象。以此假象来看，仿佛人所到之处，所照面的只还

① 1962 年版：参看《观［入存在之物］》1949 年，把其中的 fahr**后置**［见《全集》第七十九卷］。——作者边注

是自身而已。海森堡有充分的理由指出，现实必须如此这般向今天的人类呈现出来（同上，第 60 页以下）。**但实际上，今天人类恰恰无论在哪里都不再碰得到自身，亦即他的本质**。人类如此明确地处身于集-置之促逼的后果中，以至于他没有把集-置当作一种要求来觉知，以至于他忽视了作为被要求者的自身，从而也不去理会他何以从其本质而来在一种呼声领域中绽出地实存，①因而**绝不可能**仅仅与自身照面。

然而，集-置不仅仅在人与其自身和一切存在者的关系上危害着人。作为命运，集-置指引着那种具有订置方式的解蔽。这种订置占统治地位之处，它便驱除任何另一种解蔽的可能性。首要地，集-置遮蔽着那种解蔽，后者在 ποίησις 意义上使在场者进入显现而出现。与此相比，促逼着的摆置则挤逼入那种以对抗为指向的与存在者的关联之中。集-置起支配作用之处，对持存物的控制和保障便给一切解蔽打上了烙印。这种控制和保障甚至不再让它们自己的基本特征显露出来，也即不再让这种解蔽作为这样一种解蔽显露出来。

因此，促逼着的集-置不仅遮蔽着一种先前的解蔽方式，即产出，而且还遮蔽着解蔽本身，与之相随，还遮蔽着无蔽状态即真理得以在其中发生的那个东西。②

29 集-置伪装着真理的闪现和运作。遣送到订置中去的命运因而就是极端的危险。这个危险的东西并不是技术。并没有什么技

---

① 此句中的“要求”原文为 Anspruch，“呼声”原文为 Zuspruch，“绽出地实存”原文为 ek-sistiert，后者是海德格尔对 existieren（实存、生存）的改写。——译注

② 区-分（Unter-Schied）之被遗忘状态。——作者边注

术魔力，相反地，却有技术之本质的神秘。技术之本质作为解蔽之命运乃是危险。现在，如果我们在命运和危险的意义上来思考，“集-置”这个词的变化了的含义也许稍稍会让我们感到亲切些。

对人类的威胁不只来自可能有致命作用的技术机械和装置。真正的威胁已经在人类的本质处触动了人类。集-置之统治地位咄咄逼人，带着一种可能性，即：人类或许已经不得逗留于一种更为原始的解蔽之中，从而去经验一种更原初的真理的呼声了。

所以，说到底，凡集-置占统治地位之处，便有最高意义上的**危险**。

> 但哪里有危险，
> 哪里也生救渡。

让我们来细心考量一下荷尔德林的这个诗句。什么叫做“救”呢？通常我们以为，“救”的意思无非就是：只还抓住有没落之虞的东西，以便保证其以往的持续存在。但是，“救”有更多的意思。“救”乃是：把……收取入本质之中，由此才首先把本质带向其真正的显现。如果技术之本质即集-置是极端的危险，同时如果荷尔德林的这个诗句道出了真理，那么，集-置之统治地位就不可能仅仅在于：集-置一味地把每一种解蔽的一切闪烁也即真理的一切显现伪装起来。于是就毋宁说，恰恰是技术之本质必然于自身中蕴含着救渡的生长。但这样一来，难道不是一种对作为解蔽之命运的集-置的本质的充分洞察能够使那种正在升起的救渡显露出来吗？

何以有危险处，也有救渡的生长呢？某物生长之处，便是它植 30

根之处，便是它发育之处。植根和发育隐蔽地、寂静地适得其时地发生。但按照这位诗人的诗句，我们恰恰不可指望能够在有危险的地方直接而毫无准备地把捉住那种救渡。因此之故，现在我们首先必须思量一下，何以在有极端危险的地方，何以在集-置的运作中，救渡甚至最深地植根着并且从那里生长着。为了思索这回事情，就有必要实行我们的道路的最后一个步骤，以更为明亮的眼睛去洞察危险。据此，我们就必须再度追问技术。因为据上所述，救渡乃植根并且发育于技术之本质中。

然而，只要我们还没有思索在“本质”（Wesen）一词的何种意义上，集-置才真正是技术之本质，我们又应当怎样来洞察在技术之本质中的救渡呢？

直到现在，我们还是在流俗的含义上来理解“本质”一词的。在哲学的学院语言中，“本质”意味着某物所是的那个什么（*was*），拉丁语叫做 quid。Quidditas，即什么性（Washeit），给出有关本质的问题的答案。譬如，与一切种类的树（诸如橡树、山毛榉、桦树、冷杉等）相适合的什么，是同一树因素。这种树因素作为一般的种类，即“普遍的”种类，包含了一切现实的和可能的树。那么，技术之本质，即集-置，是一切技术性的东西的一般种类吗？倘若是这样，则诸如汽轮机、无线广播发射机、回旋加速器之类，就是一个集置了。但“集-置”一词眼下并不是指任何器械或者哪一种装置。它更不是指有关这样一些持存物的一般概念。与配电板旁边的人和设计室里的工程师一样，机器和设备同样不是集-置的例子和方式。虽然作为持存物件，作为持存物，作为订置者，所有这一切以各自的方式归属于集-置，但集-置决不是种类意义上的技术之本质。集-置乃是一种命运性的解蔽方式,也就是一种促逼着的解蔽。31
这样一种命运性的方式也是产出着的解蔽,即 ποίησις。但这些方式并不是被排列起来归在解蔽概念下的种类。解蔽乃是那种命运,此命运一向突兀地——并且不能为任何思想所说明——分发到生产着和促逼着的解蔽中[①]并且分配给人类。促逼着的解蔽在产出着的解蔽中有其命运性渊源。而同时,集-置也命运般地伪装着 ποίησις。

所以,说到底,作为解蔽之命运,集-置虽然是技术之本质,但决不是种类和 essentia[本质]意义上的本质。如果我们注意到这一点,我们便碰到了某种令人惊奇的东西:技术是那种东西,它要求我们在另一种意义上去思考人们通常在“本质”名下所理解的东西。但在何种意义上呢?

即便我们说“家政”、“国体”时,[②]我们也不是指一个种类的普遍性,而是指家庭和国家运行、管理、发展和衰落的方式。这就是家庭和国家的现身方式。海贝尔[③]在一首题为《康特尔大街旁的幽灵》的诗歌中——歌德特别喜欢这首诗——使用了一个古老的词语“die Weserei”。此词意指市政厅,即乡镇生活聚集之所和乡村生活保持运作即现身之所。从动词“wesen”中才派生出名词 Wesen。“Wesen”作动词解,便与“持续”(währen)同;两者不仅在含义上相合,而且在语音的词语构成上也是相合的。苏格拉底和

① 1962 年版:分发并且相应地分配给人类。——作者边注

② “家政”(Hauswesen)由“家”(Haus)和“本质”(Wesen)复合而成,“国体”(Staatswesen)由“国家”(Staat)和“本质”(Wesen)复合而成,故两词在字面上可直译为“家之本质”和“国家之本质”。——译注

③ 海贝尔(Hebel,1760—1826 年):德国诗人,用南德方言作诗。——译注

柏拉图早就把某物的本质思考为持续之物意义上的现身之物了。他们倒是确实把持续之物思考为永久持续之物(ἀεὶ ὄν)。但他们在那个在一切出现之物那里作为持留不变之物坚持自己的东西中,去寻找这种永久持续之物。[①] 他们又在外观(εἶδος[爱多斯],ἰδέα[相])中,譬如在“家”这个观念中,去发现这种持留不变之物。

32 在“家”这个观念中,每一个如此这般形成的东西显出自身。相反,个别现实的和可能的家则是此“观念”的变化无常的和暂时的变换,因而是非持续之物。

但无论何时我们都无法证明:持续之物惟一地植根于柏拉图所思考的 ἰδέα[相],亚里士多德所思考的τὸ τί ἦν εἶναι(每个物向来已经是的那个东西),形而上学在形形色色的解释中所思考的essentia[本质]中。

一切现身之物持续着。但持续之物只是永久持续的东西吗?难道技术之本质是在一个飘荡于一切技术因素之上的观念的永久持续意义上持续着,以至于由之而形成一个印象,仿佛“技术”这个名称意指一种神秘的抽象?技术如何现身,我们只能根据那种永久持续来识别,集-置作为解蔽之命运就在此永久持续中发生。歌德曾经(《亲和力》第二卷,第十章,在中篇小说《奇怪的邻居孩子》中)使用了一个神秘的词语“fortgewähren”(永久允诺),而没有用“fortwähren”(永久持续)。他的耳朵在此听出了“持续”(währen)与“允诺”(gewähren)两词之间的未曾道出的一致性。但如果我

① 此处“持续之物”原文为 das Währende,“永久持续之物”原文为 das Fortwährende,“持留不变之物”原文为 das Bleibendes。——译注

们现在比以往更为深思熟虑地思考真正持续的、并且也许惟一地持续的东西，那么，我们就可以说：**只有被允诺者才持续。原初地从早先而来的持续者乃是允诺者。**

作为技术之本质现身，[①]集-置乃是持续者。这个持续者根本上是在允诺者意义上运作吗？看起来，这个问题已经是一个明显的失策。因为按上文所说，集-置实际上是一种聚集入促逼着的解蔽之中的命运。促逼可以是任何别的东西，惟独不是允诺。只要我们没有注意到，即便那种进入对作为持存物的现实之物的订置之中的促逼，也还是一种给人指点一条解蔽道路的遣送，那么情形看来就是如此。作为这种命运，技术之本质现身让人进入那个他本身既不能自力地发明出来，也不能制作出来的东西中；因为，没有一个人惟从自身而来成为单纯的人。 33

然而，如果这种命运，即集-置，乃是极端的危险，不仅对人类来说是这样，而且对一切解蔽本身来说也是这样，那么，这种命运之遣送还可以被叫做允诺吗？当然啰——尤其是当在这种命运中生长着救渡的时候。任何一种解蔽之命运都是从这种允诺而来、并且作为这种允诺而发生的。因为这种允诺才把人送到那种对解蔽的参与中，而这种参与是解蔽之本有所需要的。作为如此这般被需要的东西，人被归本于真理之本有。[②] 这样或那样遣送到解蔽之中的允诺者，本身乃是救渡。因为这种救渡让人观入他的本

① 此处“本质现身”原文为 das Wesende，也译作“本质现身之物”。——译注

② 此处“本有”(Ereignis)是后期海德格尔思想中的基本词语之一，英译本把它译作“发生”(coming-to-pass)。我们译之为“本有”，在少数语境里也译作“居有事件”。与之相应的主要动词 ereignen 译作“居有”，vereignen 译作“归本”。——译注

质的最高尊严并且逗留于其中。这种最高尊严就在于：人守护着无蔽状态，并且与之相随地，向来首先守护着这片大地上的万物的遮蔽状态。假如我们尽我们的本份着手去留意技术之本质，那么，恰恰在集-置中——此集-置咄咄逼人地把人拉扯到被认为是惟一的解蔽方式的订置之中，并且因而是把人推入牺牲其自由本质的危险之中——，恰恰在这种极端的危险中，人对于允诺者的最紧密的、不可摧毁的归属性显露出来了。

所以，我们至少可以揣度：技术之本质现身，就在自身中蕴含着救渡的可能升起。

因此，一切皆取决于我们对此升起的思索，并且在追思中守护这种升起。此事如何发生呢？首要的一点是，我们要洞察技术中的本质现身之物，而不是仅仅固执于技术性的东西。只消我们把技术表象为工具，我们便还系缚于那种控制技术的意志中。我们便与技术之本质交臂而过了。

而如果我们来追问工具性的东西作为一种原因是如何成其本质的，那么，我们就能把这个本质现身之物当作一种解蔽之命运来经验。

最后，如果我们思考一下本质之本质现身在允诺者中居有自
34 身(ereignet)[①]的情形——这个允诺者需要人去参与解蔽——，那就可以表明：

技术之本质是高度模棱两可的。这种模棱两可指示着一切解蔽亦即真理的秘密。

---

① 1962 年版：本己本身(das Eignis selbst)。——作者边注

一方面，集-置促逼入那种订置的疯狂中，此种订置伪装着每一种对解蔽之本有(Ereignis)的洞识，并因而从根本上危害着与真理之本质的关联。

另一方面，集-置在允诺者中居有自身，这个允诺者让人在其中持续，使人成为被使用者，被用于真理之本质的守护[①]——这一点迄今为止尚未得经验，但也许将来可得更多的经验。如此，救渡之升起得以显现出来。

订置之无可阻挡与救渡之被抑制，就像星辰运行中两颗星的轨道那样交臂而过。不过，它们这种交臂而过其实是就它们的切近关系(Nähe)的蔽而不显。

如果我们观入技术的模棱两可的本质中，我们就在洞察那个星座位置(Konstellation)，那种神秘之星辰运行。

关于技术的追问乃是追问那个星座位置，解蔽与遮蔽就在其中居有自身，真理的本质现身就在其中居有自身。

然而，什么东西有助于我们洞察真理的星座位置呢？我们观入危险并且洞察到救渡之生长。

由此我们还没有得救。但我们受到了召唤，在正在生长的救渡之光中去窥探。此事如何可能发生呢？此时此际至少是这样，即：我们要去守护在其生长中的救渡。这一点包括，我们随时都要把极端的危险保持在视野中。

技术之本质现身威胁着解蔽，带着一种可能性逼人而来；那是

① 此处“守护”原文为Wahrnis，是海德格尔的专用用法。应注意它与德语动词wahren(保护、维持)、名词Wahrheit(真理)的联系，以及它与动词währen(持续)和gewähren(允诺、给予)的联系。——译注

这样一种可能性，即：一切解蔽都在订置中出现，一切都仅仅在持存物的无蔽状态中呈现出来。人类的行为决不能直接应付此种危
35 险。人类的所作所为决不能单独地祛除此种危险。不过，人类的沉思能够去思考：一切救渡都必然像受危害的东西那样，具有更高的、但同时也是相近的本质。

莫非有一种更原初地被允诺的解蔽，也许能在那种危险中间把救渡带向最初的闪现，而此种危险在技术时代里更多地遮蔽自身，而不是显示自身？

从前，不只是技术冠有τέχνη的名称。从前，τέχνη也指那种把真理带入闪现者之光辉中而产生出来的解蔽。

从前，τέχνη也指那种把真带入美之中的产出。τέχνη也指美的艺术的ποίησις［产出、创作］。

在西方命运的发端处，各种艺术在希腊登上了被允诺给它们的解蔽的最高峰。它们使诸神的现身当前，把神性的命运与人类命运的对话灼灼生辉。而且在当时，艺术仅仅被叫做τέχνη。艺术乃是一种惟一的、多重的解蔽。艺术是虔诚的，是πρόμος，也即是顺从于真理之运作和保藏的。

那时候，各种艺术并非起于技艺。艺术作品并不是审美地被享受的。艺术并非某种文化创造的部门。

当时的艺术是什么呢？莫非它只是就那短暂而辉煌的时代来说的么？为什么艺术在当时被冠以τέχνη这样一个质朴的名称呢？因为它是一种有所带来和有所带出的解蔽，并因而归属于ποίησις［产出、创作］。那种解蔽，那种贯通并且支配一切美的艺术（即诗

歌、诗意的东西)的解蔽,最后就获得了 ποίησις 这样一个专名。

我们已经从一位诗人那里听到以下诗句:

> 但哪里有危险,
> 哪里也生救渡。

这位诗人也向我们说:

> ……人诗意地栖居在这片大地上。 36

诗意的东西把真实的东西带入柏拉图在《斐多篇》中所谓的 τὸ ἐκφανέστατον,即最纯洁地闪现出来的东西的光辉之中。诗意的东西贯通一切艺术,贯通每一种对进入美之中的本质现身之物的解蔽。

许是美的艺术被召唤入诗意的解蔽之中了吗?许是解蔽更原初地要求美的艺术,以便美的艺术如此这般以它们的本分专门去守护救渡之生长,重新唤起和创建我们对允诺者的洞察和信赖?

无人能够知道,在极端的危险中间,是否艺术已经被允诺了其本质的这样一种最高可能性。然而我们却能惊讶。惊讶于何呢?惊讶于另一种可能性,那就是:技术之疯狂到处确立自身,直到有朝一日,通过一切技术因素,技术之本质在真理之本有(Ereignis)中现身。

由于技术之本质并非任何技术因素,所以对技术的根本性沉思和对技术的决定性解析必须在某个领域里进行,该领域一方面与技术之本质有亲缘关系，另一方面却又与技术之本质有根本的不同。

这样一个领域就是艺术。当然，只有当艺术的沉思本身没有对我们所追问的真理之星座位置锁闭起来时，才会如此。

进行这样一种追问时，我们证实着一种危急状态，即：我们还没有面对喧嚣的技术去经验技术的本质现身，我们不再面对喧嚣的美学去保护艺术的本质现身。但我们愈是以追问之态去思索技术之本质，艺术之本质便愈加神秘莫测。

我们愈是邻近于危险，进入救渡的道路便愈明亮地开始闪烁，我们便愈加具有追问之态。因为，追问乃思之虔诚。

科学与沉思①②

按照一种流行的观念，我们用“文化”这个名称来标识人类精 39
神活动和创造活动的发生领域。科学、科学的促进和组织也属于“文化”。于是，科学就被列入那些为人类所重视的、人类出于不同动机而对之感兴趣的价值当中。

然而，只要我们仅仅在这种文化意义上来看待科学，那么，我们就既不能测度科学之本质的来源，也不能测度科学之本质由此来源而得到支配的效应范围。艺术的情形亦然。时至今日，人们还乐于把两者相提并论：艺术与科学。艺术也可以被设想为文化事业的一个区域。但这样说来，人们就对艺术的本质毫无了解。就其本质来看，艺术乃是一种供奉和一个宝藏，在其中，现实把它一直隐而不显的光彩常新地馈赠给人，使得人在这

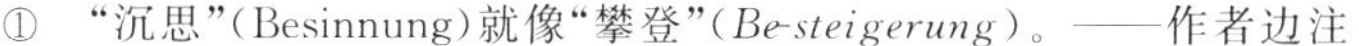

① “沉思”（Besinnung）就像“攀登”（*Be-steigerung*）。——作者边注

② 本文结构

现代科学，第 40 页。

一、阐释（现实——理论），第 42 页以下—第 53 页。　　第一步

二、在科学的本质中隐藏着何种毫不显眼的事态，第 53—62 页前半页。　　第二步

难以通达的无可回避之物。

三、这个毫不显眼的事态在自身中是什么

为此就必需有另一种新的追问——但被扯入一个“路向”（意义）中——在何种道路和通道上！——何种实事。——作者边注

种光亮中更纯粹地直观和更清晰地倾听那允诺给他的本质的东西。

与艺术一样，科学也不只是人的一项文化活动。科学乃是一切存在之物借以向我们呈现(dar-stellen)[①]出来的一种方式，而且是一种决定性的方式。

因此我们必须说：就其基本特征来看，今天人类活动于其中、并且试图坚守于其中的现实，越来越受人们所谓的西方—欧洲科学的共同规定。

如果我们来沉思这个过程，那就显而易见：西方世界范围内以及西方历史诸时代中的科学，已经发展出一种在地球其他任何地方都找不到的权力，并且正在把这种权力最终覆盖于整个地球上。

那么，难道科学仅仅是一种人类制作品，它已经把自己抬举到这样一种统治地位上，以至于人们或许会以为，有朝一日，通过人的意愿、通过委员会的决议，我们又可以拆除科学的大厦？抑或，在此起作用的是一种更伟大的命运(Geschick)?[②] 在科学中起支
40 配作用的，还不同于人类方面的一种单纯求知欲吗？确实如此。有另一个东西在起作用。但只要我们还沉湎于通常关于科学的看法，那么，这另一个东西就是对我们蔽而不显的。

这另一个东西是一个贯通所有科学而起作用、但对科学本身来说也蔽而不显的事态。不过，为了让这个事态进入我们的目光

① 更本质性地(从集-置而来)。——作者边注

② 集-置(Ge-Stell)。——作者边注

之中，我们必须充分清晰地了解科学是什么。我们该如何来经验这一点呢？看起来，最可靠的办法是通过对今日科学事业的描写。这样一种描绘或许可以表明，各门科学长久以来如何愈来愈确然、同时又愈来愈不显眼地楔入于现代生活的所有组织形式中：楔入于形形色色的工业、经济、教育、政治、战争、大众传播中。对这种楔入的认识是重要的。可是，为了能够把它描绘出来，我们必须预先已经经验到，①科学的本质何在。科学的本质可以用一句简明扼要的话来陈述，那就是：**科学是关于现实的理论**。

这句话既不是要提供一个成熟的定义，也不是要提供一个方便可用的公式。这句话所包含的只不过是一些问题而已。惟当这句话得到探讨时，这些问题才会出现。我们首先须得注意，在“科学是关于现实的理论”这句话中，“科学”这个名称始终而且仅仅指近代—现代科学。“科学是关于现实的理论”这句话既不适用于中世纪的科学，也不适用于古代的科学。中世纪的 doctrina［学说］与关于现实的理论是有本质不同的，正如它与古代的ἐπιστήμη［知识、科学］有着本质性差异。不过，虽然现代科学作为欧洲科学在此期间已经全球化了，但它的本质依然建立在希腊人的思想基础之上——自柏拉图以降，这种思想被叫做哲学。 41

上述说明绝不会削弱近代知识方式的划时代特性；恰恰相反，近代知识的突出特点就在于它确定地塑造了一个特征，这个特征在希腊人所经验的知识的本质还是隐而不显的，并且恰恰需要这

① 先行地——根据整个演讲：第一步和第二步——（第三步）第 62 页——我们必须首先已经把科学的本质标识出来。然后还得问这种本质何在。——作者边注

种希腊知识才能成为另一种与之相对的知识。

如果今天有人胆敢通过有所追问、有所思索、因此已经参与行动的方式，来响应我们时时刻刻都在经验的世界动荡（Welterschütterung）的深度进程，那他就不仅要注意到，我们今天的世界是完全受现代科学的知识意愿所支配的，而且他也必须、并且首先必须考虑到，对现在存在（*ist*）之物的每一种沉思，只有当它们通过一种与希腊思想家及其语言的对话而植根于我们的历史性此在（Dasein）的基础之中时，才能够生长和发达起来。这种对话还有待开始。它几乎尚未得到准备，而且对我们来说，它本身始终是那种与东亚世界的无可避免的对话的先决条件。

然而，这种与希腊思想家（同时也是诗人）的对话决不是指古典文化的现代复兴。它同样也不是指一种历史学上的好奇心，即对那个东西的历史学好奇心，这个东西虽然此间已经消逝了的、但或许依然有助于我们以历史学方式去说明现代世界及其形成过程的几个特征。

古代希腊早期的所思和所诗在今天依然是当下性的，它们是如此当下，以至于它们的对自身还遮蔽着的本质处处迎候着我们，并且向我们走来，尤其是在我们对之最少猜度的地方，亦即在现代技术的统治状态中。现代技术对古典文化来说是完全疏异的，但其本质来源却在古典文化中。

42 为了经验历史的这种当下性，我们必须摆脱始终还占上风的历史学的历史观。历史学的观点把历史看作一个对象，某个事件就在其中进行，同时由于其可变性而消逝。

在“科学是关于现实的理论”这句话中，早期的思想之所思、早期的命运遣送始终是当下性的。①

现在让我们从两个角度来阐释这句话。一方面我们要问:何谓“现实”(das Wirkliche)? 另一方面我们要问:何谓“理论”(die Theorie)?

我们这个阐释同时要表明,现实与理论这两者如何从其本质而来相互接近。

为了说明在“科学是关于现实的理论”这句话中“现实”这个名称的意思,我们就要以这个词为依据。现实充满了作用者、起作用之物的领域。② 什么叫“作用”(wirken)呢? 对这个问题的回答必须以词源学为依据。但关键还在于怎么个做法。单纯地确定词语那古旧的、往往不再起作用的含义,把握此种含义以便在一种新的语言用法中应用之,此类做法是毫无成效的,只能导致任意专断。要紧的事情毋宁说是,依据早先的词语含义及其变化,观看到该词语进入其中而言说的那个实事领域。要紧的是,把这个本质领域当作那个词语所指的实事于其中活动的领域来思索。惟这样,词语才言说,而且是在各种含义的联系语境中言说,而贯穿于思与诗的历史,该词语所指的实事就在各种含义中展开出来。

“作用”意味着“作为”。什么叫“作为”(tun)呢? 这个词属于印度日耳曼语的词干 dhē;希腊语的θέσις也起源于此,后者的意思

---

① 此处“思想所思”原文为 Gedachtes,“命运遣送”原文为 Geschicktes。——译注

② 此处“现实”(das Wirkliche)、“作用者”(das Wirkende)和“作用”(wirken)具有相同的词根,即 wirk。——译注

是设、置、放。[①] 不过，这种“作为”不仅是指人的活动，首先不是指行为（Aktion）和行动（Agieren）意义上的活动。自然（φύσις）的生长、运作也是一种“作为”，而且是在θέσις［放置］的准确意义上的“作为”。只是到后来，φύσις［涌现、自然］与θέσις［设置、放置］这两
43 个名称才进入一种对立之中，而这一点之所以变得可能，又是因为有同一个东西规定着它们。Φύσις［自然］就是θέσις［放置］：从自身而来把某物呈放出来、把它产生出来、带出来，[②]也就是使之进入在场之中。在这个意义上的作为者就是作用者，就是在其在场中的在场者。因此，如此这般被理解的“作用”一词，亦即带出来（her- und vor-bringen）[③]，指的是在场者在场的一种方式。作用就是带出来，或者是某物从自身而来把自身带入在场之中，或者是人来实行这种对某物的带出。在中世纪的语言中，我们德语中的“作用”（wirken）一词还表示房子、器具、图画的产出或带出（Hervorbringen）；后来，“作用”一词的含义变得狭隘了，变成了缝纫、刺绣、编织意义上的产出。[④]

现实就是起作用者、被作用者，即：进入在场之中而产出者和

---

① 这里所用的德文对应词依次是 Setzung、Stellung、Lage。这三个词均指放置，但分别代表不同方式的放置，我们权以“设”、“置”、“放”加以区别。——译注

② 原文为：von sich aus etwas vor-legen、her-stellen、her-und vor-bringen。——译注

③ 放（-legen）和置（-stellen）。——作者边注

④ 更好地是谈论着眼于呈放者（ὑποκείμενον，sub-iectum）的放与置（legen und stellen），以及着眼于对一象（Gegen-*stand*）的制作、表象（her-stellen，vor-stellen）。与之相反，“带”（bringen）一词是为他者保存的——根据本有（Ereignis）而被思考的东西。——作者边注

被产出者。如果我们想得足够深远，那么“现实性”就是指：进入在场之中而被产生的呈放、自行产出者的于自身中完成的在场。[①]“作用”（wirken）属于印度日耳曼语的词干 uerg，我们德语的“Werk”（作品、功业）一词和希腊语的“ἔργον”（作品、作业）也起源于此。但我们得再三提请大家注意：作用（Wirken）和作品（Werk）的基本特征并不在于作为成果和因果性的效果（Effekt）意义上的 efficere［起因］和 effectus［效应］，而倒是在于，某物进入无蔽者之中而得以置放在那里。而当希腊人——即亚里士多德——谈到拉丁人所谓 causa efficiens［效果因］时，他们决不是指一种效果的功用。[②] 在ἔργον［作品］中得到完成的东西就是进入完全在场之中的自身产出者；[③] ἔργον［作品］就是在本真和最高意义上在场的东西。因此，并且仅仅因此之故，亚里士多德把本真在场者的在场状态称为ἐνέργεια［实现］，或者也把它称为ἐντελέχεια［隐德莱希］： 44
保持在完成（即在场之完成）中。亚里士多德所创造的这两个表示在场者之本真在场的名称，从其所言说的东西来看，与它们后来所获得的近代含义是鸿沟相隔的；ἐνέργεια的近代含义是“能或能力”（Energie），而ἐντελέχεια的近代含义则是“隐德莱希”（Entelechie），即作用资质和作用能力。

① 此句原文为：das ins Anwesen hervor-gebrachte Vorliegen，das in sich vollendete Anwesen von Sichhervorbringenden。——译注

② 参看《根据律》［《全集》第十卷］。——作者边注

③ 放着—置着的（legende-stellende）。——作者边注

只有当我们在带入无蔽者之中、带到在场之中[①]的意义上来对“作用”(wirken)作一番希腊式的思考时,用“现实性”(Wirklichkeit)一词来翻译亚里士多德表示在场的基本词语 ἐνέργεια [实现]才是合乎实事的。“本质”(Wesen)与“持续”(währen)、持留(bleiben)是同一个词。我们把在场(Anwesen)思考为那个在无蔽状态中到达、并在那里持留的东西的持续。可是,自亚里士多德时代以降,ἐνέργεια 的这个含义,即在作品中持续,被抛弃掉了,代之以其他含义。罗马人从作为 actio [行动]的 operatio [操作]出发来翻译、亦即思考 ἔργον,他们不说 ἐνέργεια [实现],而是说 actus [作用],这是一个完全不同的词语,具有完全不同的含义领域。被产出之物现在显现为从一种 operatio [操作]中得出(er-gibt)的东西。这个得出的东西(Ergebnis)就是从一个 actio [行动]中和在一个 actio [行动]之后出现的东西,即成果(Er-folg)。于是,现实就成了成果(das Erfolgte)。成果是由一个先行于它的实事、一个原因(causa)带来的。现在,现实就在 causa efficiens [效果因]的因果性中显现出来。甚至上帝也在神学中(而不是在信仰中)被表象为 causa prima,即第一因。最后,在因果关系的过程中,先后顺序问题显突出来,因而时间过程也得以显突出来。康德把因果性看作时间顺序的一个规则。在海森堡最近的研究中,因果问题成为一个纯粹数学上的时间测量问题。只不过,与现实之现实性的这种变化相联系的,还有另一个同样本质性的东西。成果意义上

① 原文为:*her*-ins Unverborgene, *vor*-ins Anwesen bringen。我们的译文未能呈现此处前缀 her(来)、vor(前)之义。——译注

的被作用之物表现为一个已经在“作为”中（现在亦即在劳作和劳动中）被突现出来的东西。在这样一种作为（Tun）的行为（Tat）中获得的成果就是事实（das Tatsächliches）。今天，“事实的”（tatsächlich）一词是在保证意义上说的，意思就如同“确实的”和 45
“一定的”。取代“确实如此”，我们说“事实如此”、“现实如此”。但是，从近代开始，自 17 世纪以来，“现实的”（wirklich）一词意思就如同“确实的”。这个情况既不是偶然的，也不是单纯词语的含义变化的一个无害的一时念头。

现在，事实意义上的“现实”构成与那个并没有经受一种保障、表现为纯粹假象或者单纯意见的东西的对立。只不过，甚至在这种变化多端的含义中，现实始终还保持着那个从自身而来展现出来的在场者先前所具有的、但现在较少出现或者不同地出现的基本特征。

但现在，在场者在成就（Erfolgen）中呈现出来[①]。这个成果表明，在场者通过它而达到了一种受保障的位置（Stand）[②]，并且作为这样一种位置而与表象照面。现实现在就显示为对立-位置（Gegen-Stand）[③]。

“对象”（Gegenstand）一词直到 18 世纪才出现，并且是作为对拉丁文“客体”（obiectum）的德语翻译出现的。为什么在歌德那里“对象”和“对象性”这两个词语获得了一种特殊的份量，这是有其

① 自行呈现（sich dar-stellen）——参看上文第 39 页。——作者边注

② （持存）。——作者边注

③ 此处“对立-位置”（Gegen-Stand）是“对象”（Gegenstand）一词的分写，也是对“对象”一词的得体解释。——译注

深刻原因的。不过，无论是中世纪的思想还是希腊的思想，都没有把在场者表象为对象。我们现在把在近代显现为对象的在场者**之**在场称为**对置性**。[①] 它首先是在场者本身的一个特征。

可是，只有当我们追问：与理论相关并且因此在一定程度上通过理论的现实是什么，[②]这时候，我们才能看到：在场者之对置性如何显露出来，在场者如何成为一种表-象（Vor-stellen）的对象。换种说法，我们现在要追问：在“科学是关于现实的理论”这个句子
46 中，“理论”一词意味着什么？“理论”这个名称起源于希腊语动词 θεωρεῖν［观审］。相应的名词是 θεωρία［知识、理论、观审］。这两个词具有一种崇高而神秘的含义。动词 θεωρεῖν［观审］由两个词干组成，即：θέα 和 ὁράω。Θέα（可比较 Theater，即“戏剧”）是指某物在其中显示自身的外貌、外观，某物在其中展示自身的外形。柏拉图把在场者在其中显示自身所是[③]的这个外观命名为 εἶδος［爱多斯、外观］。看到了这个外观，亦即 εἰδέναι，就是知识（Wissen）。θεωρεῖν［观审］的第二个词干 ὁράω 意味着：注视某物、察看某物、观看某物。由此可见，θεωρεῖν［观审］就是 θέαν ὁρᾶν，即：注视在场者于其中显现的那个外观，并且通过这样一种视看（Sicht）观看着逗留在这个在场者那里。

那种从 θεωρεῖν［观审］中获得其规定并且献身于 θεωρεῖν［观审］的生活方式（βίος），希腊人称之为 βίος θεωρητικός，即观审者的

---

① 此处“对置性”原文为 Gegenständigkeit，与“对象性”（Gegenständlichkeit）有所不同。海德格尔以“对置性”表示近代意义上的对象在场的一个特征。——译注

② 现实“之”理论——（第二格！）。——作者边注

③ 作为在场的东西。——作者边注

生活方式，观入在场者的纯粹闪现之中的那个观审者的生活方式。与此相区别，βίος πρακτικός［实践之生活］则是一种投身于行动和生产的生活方式。但在这样一种区分中，我们始终必须牢记一点：对于希腊人来说，βίος θεωρητικός，观审之生活（das schauende Leben），尤其在其作为思想的最纯粹形态中，乃是最高的行为。θεωρία［理论、观审］本身——不只是通过一种附加的有用性——就是人类此在的完善形态。因为 θεωρία［理论、观审］乃是与在场者的那些[①]外观的纯粹关联，而在场者之外观照耀着诸神的当前，从而通过自身的闪耀而关涉于人。在这里我们不能作出对 θεωρία［理论、观审］的另一种标识，即：它把在场者的ἀρχαί［本原］和αἰτίαι［原因］带向觉知和呈现；[②]因为这要求我们去沉思，希腊经验是如何理解那些我们长期以来所表象的 principium［原理］和 causa［原因］、根据和原因的（参看亚里士多德：《尼各马可伦理学》，卷六，第二章，1139 a sq）。

与希腊βίος［生活方式］范围内θεωρία［理论、观审］的最高等级 47
联系在一起，以独一无二的方式从他们的语言出发进行思想的希腊人，也即从他们的语言中获得其此在的希腊人，还能在 θεωρία［理论、观审］这个词中一道听出另一个东西。θεα 和 οραω 这两个词干还可以有不同的重音读法，即：θεά 和ὥρα。θεά是女神。在早期思想家巴门尼德看来，Ἀλήθεια［无蔽］就是这样一个女神；Ἀλήθεια［无蔽］就是在场者由之而来并且在其中在场的无蔽状态。

① 山——海——天。——作者边注

② 参看《根据律》［《全集》第十卷］。——作者边注

我们用拉丁语的“veritas ”[真理]一词和我们德语的“真理”(Wahrheit)一词来翻译这个 ἀλήθεια [无蔽]。

希腊语的 ὤρα 一词意味着:我们所做的考虑以及我们所赠予的尊重和敬意。如果我们现在根据上面刚刚提及的词语含义来思考 θεωρία [理论、观审]一词,那么,θεωρία [理论、观审]就是对在场者之无蔽状态的重视。在古老的、亦即早先的、但绝非过时的意义上,理论乃是**对真理的有所守护的观审**(*das hütende Schauen*)。我们古高地德语的 wara 一词(其中有真实的、保护、真理等意义)就要追溯到与希腊词语ὁράω[观看]、ὤρα[照顾、关心]相同的词干上,那就是:ϝορα [观看、守护]。

今天,当我们在物理学中谈到相对论、在生物学中谈到进化论、在历史学中谈到循环论、在法学中谈到天赋人权论时,希腊人思考的理论所具有的多义的、在任何一个角度看都崇高的本质一直都被掩埋了。不过,早期的θεωρία [理论、观审]的影子仍然贯穿于现代所理解的“理论”之中。后者乞灵于前者,而且这不仅仅是一种从外部可确定的历史依赖性意义上的关系。如果我们现在问:区别于θεωρία[理论、观审],在“现代科学是关于现实的理论”这句话中所指的“理论”是什么?那么,这里所发生的事情就会变得更清晰些。

我们选择了一条表面看来外在的道路,由此以必要的简约来回答上述问题。我们得注意,θεωρία [理论、观审]与 θεωρεῖν [观审]这两个希腊语词是怎样被翻译成拉丁语和德语的。我们有意
48 说“语词”而不说“词语”,①旨在表明,在语言的本质和支配作用

① 此处“语词”(Worte)和“词语”(Wörter)都是 das Wort 的复数形式。——译注

中，起决定作用的往往是一种命运。

罗马人用 contemplari 来翻译 θεωρεῖν［观审］，用 contemplatio 来翻译 θεωρία［理论、观审］。这种翻译来自罗马语言的精神，也就是罗马此在的精神，它一下子就使这两个希腊语词所言说的东西的本质要素消失殆尽。因为 contemplari 意味着：把某物划分为一部分并且在其中造起围栏。Templum 就是希腊语的 τέμενος［圣庙领地］，它起源于一种与 θεωρεῖν［观审］完全不同的经验。动词 τέμνειν 意味着：分割、划分。不可分割之物则是 ἄτμητον、ἄ-τομον、原子（Atom）。

拉丁语的 templum 本来意味着天地间被分割下来的一部分，太阳运行的那个方位。鸟类占卜者在这个方位内进行观察，以便根据鸟类的飞翔、鸣叫和捕食来确定未来（参看埃诺特—迈勒特：《拉丁语词源学辞典》，1951 年第三版，第 1202 页：contemplari dictum est a templo, i. e. loco qui ab omni *parte aspici*, vel ex quo omnis *pars videri* potest, quem antiqui templum nominabant［contemplari 据说是在 templum 中进行的，也就是在那个地方，人们由之出发能够观察或者观看所有的区域，古代人把这个地方称为 templum］）。

在已然成为 contemplatio 的 θεωρία［理论、观审］中，出现了那个在希腊思想中已经一道得到准备的因素，也即有所切割、分割的观看因素。那种针对要被收入眼帘的东西的得到分划的、有所干预的[①]行动（Vorgehen）[②]的特性，在认识中起了作用。不过，即便

① 把握（Be-Griff）。——作者边注

② 并非敌对的。——作者边注

到现在，vita contemplativa［旁观的、理论的生活方式］也还与 vita activa［行动的、实践的生活方式］区别开来。

在基督教-中世纪的虔信和神学的语言中，上面讲的区别又获得了另一种意义。它把静观—寺院的生活与世俗的—积极的生活区分开来。

拉丁文 contemplatio 的对应德语翻译是：观察（Betrachtung）。希腊语的 θεωρεῖν［观审］，即对在场者之外观的观看，现在
49 就表现为观察了。理论是对现实的观察。但什么叫观察呢？我们谈到一种宗教的沉思冥想和专心致志意义上的观察。这种观察属于我们上面所讲的 vita contemplatio［旁观的、理论的生活方式］的领域。我们也谈到对一幅画的观察，我们向画的外观开放自己。在为类语言用法中，“观察”一词近乎观看，其所指似乎也还与希腊人早期所用的 θεωρία［理论、观审］相同。可是，“理论”，现代科学所充当的“理论”，却是与希腊人的“θεωρία”［理论、观审］根本不同的东西。因此，如果我们用“观察”来翻译“理论”，那我们就会赋予“观察”一词以另一种意义，后者不是一种任意发明的意义，而是原始地起于它本身的意义。要是我们严肃地对待德语“观察”一词所命名的东西，那我们就能认识到在作为关于现实的理论的现代科学之本质中的新东西。

什么叫观察呢？其中的 trachten[①] 就是拉丁语的 tractare，意为处理、加工。所谓“致力于某物”（nach etwas trachten）意味着：**朝着**某物工作、追究某物、追踪某物，以便确保某物。据此看来，作

① 德语“观察”（Betrachtung）的词干 trachten，意为“追求、致力于”。——译注

为观察的理论或许就是对现实的有所追踪和有所确保的加工。然而，这种对科学的刻划显然与科学的本质背道而驰。因为科学作为理论恰恰是“理论性的”。其目的其实不在于对现实的加工。科学竭力要纯粹地把握现实。它并不干预现实，并不想改变现实。人们宣布：纯粹科学是“无目的的”。

尽管如此，作为观察意义上的理论，现代科学仍然是对现实的一种极其干预性的加工。正是通过这种加工，现代科学得以满足现实本身的一个基本特征。现实乃是自行展现出来的在场者。这一点在近代以这样一种方式显示出来，即：现实把它在对置性中的在场带向持立。科学与在场的这种对置性运作相符合，因为科学 50
本身作为理论特别地根据对置性来促逼现实。科学摆置(stellen)现实。科学把现实置放到那个地步，即：现实向来作为受作用物(Gewirk)[1]呈现出来，也即在被设定的原因的一目了然的结果中呈现出来。于是，现实就在其结果中变得可追究的和可综览的。现实在其对置性方面得到确保。由此产生出科学观察能够以自己的方式加以追踪的诸对象的区域。这种有所追踪的表象，在其可追究的对置性方面确保一切现实之物的表象，乃是表象的基本特征；现代科学由此得以与现实相符合。[2] 但现在，这样一种表象在每一门科学中完成的最关键工作却是对现实的加工，后者根本上首先而且特地把现实提取到一种对置性中，一切现实由此从一开

① 此处Gewirk的日常含义为“针织物”。海德格尔显然更多地是在“作用”(wirken)的被动态意义使用该词。因此我们译为“受作用物”，或可译作“受交织作用的产物”。——译注

② 对象也适合于歌德。歌德说：外形就是对象。——作者边注

始就被改造为对有所追踪的确保而言的杂多对象。

在场者，诸如自然、人类、历史、语言，作为现实在其对置性中展现自身，与之一体地，科学变成理论，一种追踪现实并且在对置性方面确保现实的理论。这种情况对于中世纪的人们来说或许是稀奇古怪的，同样地，它一定会使希腊思想惊慌失措。

因此，作为关于现实的理论，现代科学决不是什么不言自明的东西。它既不是人类的一个制作品，也不是向现实强求而得的。恰恰相反，当在场在现实的对置性中展现自身之际，[①]科学的本质
51 就为在场者之在场所需要。这一时际与所有这类时际一样，都是神秘兮兮的。不仅最伟大的思想杳无声息地出现，而且尤其是一切在场者之在场的变化也总是在这时到来。[②]

理论向来把现实的某个区域确保为它的对象领域。对置性的领域特征[③]显示于：它先行把提问的可能性标画出来。任何一个在科学领域内出现的新现象都要受到加工，直到它适应理论的决定性的对象性联系[④]。这种对象性联系本身时而会变化。但对置性本身的基本特征是不变的。对于一个行为和行动的自始得到表象的规定基础，按照得到严格思考的概念来看就是所谓“目的”的本质。如果某物自身始终由一个目的来规定，那么这就是纯粹理论。它受由在场者之对置性来规定的。倘若这种对置性被放弃

① 集-置（*Ge-Stelle*）。——作者边注

② 命运（*Geschick*）——作者边注

③ 领域——记录与划界。参看康德：《判断力批判》，导论，第 2 节。——作者边注

④ 统一的规定整体，对象领域由此得到界定。——作者边注

掉，则科学的本质也就会遭到摒弃。举例说来，这就是下列句子的意义所在：现代原子物理学绝不排除伽利略和牛顿的古典物理学，而只是联合制限制了后者的适用范围。不过，这种限制同时也证实了对于自然理论来说具有决定作用的对置性，自然就是依照这种对置性，作为一个时—空的、以某种方式可预测的运动联系呈现给表象。

因为现代科学在上面所描绘的意义上是理论，所以在其所有观察活动（Be-trachten）中，它的追求（Trachten）方式，亦即有所追踪和有所确保的行动方式，也就是方法[①]，具有决定性的优先地位。马克斯·普朗克有一句话经常被人们引用，说的是："现实的 52
就是可测量的"。这话意思是说：对科学（在眼下情形下就是物理学）来说什么可以被视为可靠的认识，关键就在于在自然的对置性中被设定的可测量性，相应地也在于测量行为的可能性。但马克斯·普朗克这句话之所以是真实的，只是因为它表达了现代科学（不光是自然科学）的本质的某个内涵。一切关于现实的理论的有所追踪和有所确保的方法乃是一种测算（Berechnen）。诚然，我们不能在数字运算的狭隘意义上来理解"测算"这个名称。广义的、本质意义上的计算指的是：预计到某物，也即考虑到某物，指望某物，[②]也即期待[③]某物。以此方式，一切对现实的对象化都是一种计算，无论这种对象化是以因果说明的方式来追踪原因之结果，还是以形态学的方式来阐明对象，还是确保一种序列和秩序联系的

① 参看尼采。——作者边注

② 信赖、信任。测算——预计……，指望……：信任。——作者边注

③ 还有"热爱的"友好的。——作者边注

基础。甚至数学也不是一种在数字运算意义上的为了确定数量结果的计算，恰恰相反，数学乃是这样一种计算，它往往通过方程式来期待秩序关系的平衡，并且因此先行“预计到”①一个对所有仅仅可能的秩序而言的基本方程式。

既然作为关于现实的理论的现代科学是以方法优先为基础的，那么，它作为对对象领域的确保就必须把这些领域相互划分开来，并且把划分开来的领域纳入到各个专门中，也就是要划分专门。关于现实的理论必然是专门科学。②

对一个对象领域的研究必须在其工作中深入探讨相关对象的
53 各个特殊本性。这样一种对特殊事物的探讨使得专门科学的行动变成专业研究。因此，专业化决不是现代科学的一种盲目退化，甚或现代科学的一种衰亡征兆。专业化也不是一件完全不可避免的坏事。它是现代科学之本质的一个必然的和积极的结果。

界定对象领域，把对象领域划分为专业区域，这种做法并不会把各门科学分裂开来，而倒是首先提供出各门科学之间的一种边界交流，由此使边缘领域显突出来。从这些边缘领域中产生出一种特有的推动力，从而引发出全新的、常常决定性的问题提法。人们是了解这一事实的。其原因还神秘莫测，就像现代科学的整个本质一样神秘。

现在，我们已经根据“理论”和“现实”这两个主题阐释了“科学是关于现实的理论”这个命题，由此对现代科学的本质作了刻划。

① (对称性)λόγος[逻各斯]。——作者边注

② 第二自然。——作者边注

这是对第二个步骤的准备。在第二个步骤上，我们要追问：在科学的本质中隐蔽着何种毫不显眼的事态？

一旦我们以几门科学为例，专门来留意一下科学对象领域的对置性一向处于何种情况中，我们就能看出这个事态了。粗略讲来，物理学如今已经把宏观物理学和原子物理学、天体物理学和化学都包括进去了，它观察自然（φύσις），作为无生命之物展现出来的自然。在这样一种对置性中，自然显示为物质物体的运动联系。物体的基本特征是不可穿透性，后者又表现为基本对象的一种运动联系。这些对象本身及其联系在古典物理学中被表象为几何学上的质点力学，而在今日物理学中则是通过“核”与“场”来表象的。据此看来，对古典物理学来说，充满空间的物体的任何运动状态随时都既可以 54
根据位置、又可以根据运动量来加以规定，也就是说都可以明确地得到预测。与之相反，在原子物理学中，一个运动状态原则上只能在一个方面得到规定，或者根据位置，或者根据运动量。相应地，古典物理学主张，自然是可以得到明确而完整的预测的；而原子物理学则相反，它只允许一种对对象性联系的确保具有统计上的特征。

在现代原子物理学中，物质自然的对置性显示出与在古典物理学中**完全不同的基本特征**。古典物理学完全可以被整合到原子物理学中去，但反之则不然。核物理学再也不能扬弃于古典物理学中，再也不能回撤到古典物理学之中了。然而，现代核物理学和场物理学也还是物理学，也即仍然是科学，仍然是理论，这种理论追踪在其对置性中的现实之对象，旨在确保在对置性之统一性中的对象。甚至对现代物理学来说，关键也在于确保那些基本对象，整个领域的所有其他对象正是由这些基本对象组成的。现代物理

学的表象也旨在"能写下一个惟一的基本方程式,从中得出所有基本粒子的特性,因而得出一般物质的性状"。(海森堡:"当前原子物理学的基本问题",参看《自然科学基础的变化》,第八版,1948年,第98页)。

上面是我们对近代物理学内部的时代差异的大致说明,这可以让我们弄清楚,从一个时代到另一个时代的变化是在哪里发生的,那就是在对自然在其中展现自身的对置性的经验和规定方面。可是,在这种从古典几何物理学到核物理学和场物理学的变化中,**没有**发生变化的东西是:自然从一开始就必须受到作为理论的科学所实行的追踪性确保的摆置。但在这里,我们不可能更准确地
55 探讨,何以在原子物理学的最新阶段上**连对象也**消失不见了,因而首先是主-客体关系作为一种单纯的关系达到了**对于**客体和主体的优先地位,并且作为持存物得到了保障。

[对置性转变为那种根据集置(Ge-Stell)而得到规定的持存物(Bestand)的持存状态(Beständigkeit)[①](参看拙著《技术的追问》)。[②] 主-客体关系于是就获得了它纯粹的"关系"特征,亦即订置特征,在其中,无论是主体还是客体,都作为持存物而被吞并了。这并不是说:主-客体关系消失了,相反,它现在达到了它极端的、根据集置而预先被规定的统治地位。它成为一个有待订置的持存物。][③]

---

① 持存物之可订置性的持存化。——作者边注

② 即本书第一篇文章。——译注

③ 控制论的控制电路,存在经验。1967年雅典演讲[拟收入《全集》第八十卷]。——作者边注

现在让我们来关注那个包含在对置性之支配作用中的毫不显眼的事态。

理论把现实固定于**某个**对象领域，在物理学中就是把无机自然固定于某个对象领域。不过，自然总是已经自发地在场了。对象化本身始终依赖于在场着的自然。即使理论（就像在现代原子物理学中那样）出于本质原因而必然成为非直观的，它也依赖于以下事实，即：原子对一种感性直观展现自身，尽管这种基本粒子的自行显示是通过一种非常间接的、在技术上具有多样中介的途径来实现的（试想一下用于确定介子的威尔逊云室、盖革计数器、气泡室）。理论决不能绕过已经在场的自然，在此意义上它也决不会围着自然打转。物理学能够根据物质与能量的同一性来表象自然最普遍的一般规律性，虽然这种在物理学上被表象的东西就是自然本身，但肯定只是作为对象领域的自然，后者的对置性只是通过物理学的加工而得到规定的，并且在其中特地被建造起来。[①] 对 56
于现代自然科学来说，自然在其对置性中只是**一种**方式，即在场者——自古以来所谓的φύσις［自然、涌现］——敞开自身并且把自身投给科学加工的方式。即使物理学的对象领域本身是统一的和自成一体的，这种对置性也永远不可能包容自然的本质丰富性。科学的表象决不能改变自然的本质，因为自然的对置性自始就只是自然展现自身的**一种**方式。所以，对于物理科学来说，自然始终是不可回避的东西。这话在此有双重意思。首先，自然是不可回避的，因为理论决不能绕过在场者，而是始终依赖于在场者的。其

① 第二**自然**。——作者边注

次，自然是不可回避的，因为对置性本身不允许与它相应的表象和确保去改变自然的本质丰富性。在歌德与牛顿物理学所作的那场不成功的争辩中，他心里想的大抵就是这个。[①] 歌德尚未能看到，连他自己对自然的直观性表象也活动于对置性的媒质中，活动于
57 主-客体的关系中，因此原则上与物理学并无区别，在形而上学上来看是与物理学同一的。科学的表象从它这方面来说决不能决定：自然是否通过其对置性更多地隐匿自身，而不是把它隐蔽的本质丰富性显现出来。科学甚至连这个问题都提不出来；因为作为理论，科学已经把自身固定在受对置性界定的领域上了。

作为对象化的物理学与自然的对置性相符合。在这种对置性

---

① 对象性与外形(*Gegenständlichkeit und Ansicht*)［见编者后记］

“真实是一把火炬，却是一把非凡的火炬；因此我们所有人都只是眨着眼力求从那里绕过去，甚至害怕它把我们烧焦了”。歌德：《散文中的格言》

“随着这些外形——如果它们正在从世界中消失——，对象本身往往就失落了。但我们能在更高意义上说，外形就是对象吗？”同上书。

“已经被揭示的比人们所以为的多得多。因为对象通过人的外形才从虚无中显突出来，所以当外形消失时，它们重又回归于虚无”。同上书。

* * *

对置性与“存在者”
？　　　？

“自在的人本身，就其使用他的健康感官而言，乃是世上存在的最伟大的和最准确的物理装置，而且新近物理学的最大祸害恰恰在于，人们仿佛把实验与人分离开来了，只想在人造工具所显示的东西身上认识自然，其实就是想限制和证明自然所能完成的东西”。歌德：《散文中的格言》，第 351 页。

“倘若我们不想过于准确地认识它，那我们甚至就会更好地了解许多东西”。同上。

* * *

通过海森堡的测不准关系，人终于明确地被吸收到工具的人造性之中，成了工具的一个组成部分。如此看来，人在所有对象中只还能与自身照面——但在此人“自身”是什么呢(配器法！)。——作者边注

中起支配作用的，是那个在双重意义上不可回避的东西。一旦我们在某个科学中看见这个不可回避的东西，并且哪怕只是对之作了大体的思考，我们就不难在其他任何一门科学中看到它了。

精神病学观察人类心灵生活的病态的、同时又始终是健康的现象。它根据整个人的身体—心灵—精神统一体的对置性把这些现象表象出来。在精神病学的对置性中，已经在场的人类此在(Dasein)展现出来。人作为人绽出地实存(ek-sistiert)于其中的这个此之在(Da-sein)，始终是精神病学不可回避的东西。 58

历史学，越来越迫切地向普遍历史学发展的历史学，在那个作为历史投送给其理论的领域里实行它的追踪性确保。[1] “历史学”(ἱστορεῖν)一词意味着：勘查和弄清，因而指一种表象。与之相反，“历史”一词则意味着某个发生的东西，是就它如此这般被准备和端呈、也即被派送和发送来说的。历史学乃是对历史的勘查。但是，历史本身并不是由历史学的考察创造出来的。所有历史学的东西，所有以历史学方式被表象和被确定的东西，都是历史性的，也即都建立在发生(Geschehen)之命运中。但历史从来未必是历史学的。

历史在其本质中是否仅仅通过历史学、并且对历史学来说才敞开自身，或者历史学通过历史学的对象化倒是更多地被掩盖起来了？这对历史科学来说还是裁定不了的。已经裁定的倒是：在历史学理论中，起支配作用的乃是作为无可回避之物的历史。

① 此处“历史学”德语原文为 Historie，“历史”德语原文为 Geschichte，后者与“发生”(Geschehen)、“命运”(Geschick)相关联。——译注

语文学以各个国家和民族的文学为说明和解释的对象。文学方面的文字向来是某种语言中被言说的东西。如果语文学探讨的是语言，那么，它是从对象性角度，也即通过语法、语源学、历史比较语言学、风格学和诗学而固定下来的对象性角度来处理语言的。

然而，语言在说话，同时它用不着成为文学，此外也无赖于文学本身是否达到了文学科学的论断要满足的对置性。在语文学理论中，起支配作用的乃是作为无可回避之物的语言。

对上面所讲的各门科学来说，自然、人类、历史、语言始终是已经在其对置性范围内起支配作用的无可回避之物；各门科学依赖
59 于这个无可回避之物，但它们决不能改变后者的本质丰富性。各门科学的这种无能并不是因为：它们的追踪性确保是永无止境的，而倒是因为：自然、人类、历史、语言向来进入其中而展现自身的那种对置性本身，原则上始终只是一种在场方式而已，而上述在场者虽然可能以此方式显现出来，但从来就未必一定以此方式显现出来。

我们上面描绘的无可回避之物在任何一门科学的本质中起着支配作用。那么，这个无可回避之物是不是我们想考察的那个毫不显眼的事态呢？既是又不是。说是，是因为这个无可回避之物属于我们所指的那个事态；说不是，是因为这个无可回避之物自身还不足以构成那个事态。这一点已经表现在：这个无可回避之物本身还会引发一个本质性的问题。

无可回避之物在科学的本质中起支配作用。据此人们一定会认为，科学本身能够在它自身中找到无可回避之物，并且对这个无可回避之物本身作出规定。不过，恰恰这一点是不对的，而且这是

因为，诸如此类的事情本质上是不可能的。我们从哪里可以认识到这一点呢？倘若各门科学本身向来能够在它们自身中找到上面讲的无可回避之物，那么，它们首先就必须能对它们自己的本能作出表象。可是，它们在任何时候都做不到这一点。

物理学之为物理学不能对物理学作出陈述。物理学的一切陈述都是以物理学方式来说话的。物理学本身决不是一种物理实验的可能对象。语文学的情形亦然。作为关于语言和文学的理论，语文学决不是语文学观察的一个可能对象。我们这个说法适合于每一门科学。

不过，人们或许会提出一个异议。与其他所有科学一样，历史
学作为科学也是有一个历史的。可见历史科学本身能够在其课题 60
和方法意义上观察自己。确实如此。通过这样一种观察，历史学就把握了它自身所是的这门科学的历史。只不过，历史学由此决没有把握到它作为历史学、亦即作为科学的本质。如果人们想对作为理论的数学作出陈述，那他就必须离开数学的对象领域及其表象方式。人们决不能通过一种数学运算来确定数学本身是什么。

事情仍然是：科学不能借助于它的理论、并且通过理论的办法在任何时候都把自身表象为科学。

如果科学一直没有做到以科学的方式探讨它自己的本质，那么，科学就更不能达到那个在其本质中起支配作用的无可回避之物了。

于是出现了某种令人不安的东西。在各门科学中向来不可回避的东西，诸如自然、人类、历史、语言，它们**作为**无可回避之物，对

于各门科学来说、并且由于各门科学的缘故而成为不可接近的。[①]

只有当我们一道注意到无可回避之物的这种不可接近性，我们才能把那个贯通并且支配科学之本质的事态收入眼帘。

但我们为什么把不可接近的无可回避之物称为“毫不显眼的事态”呢？毫不显眼的东西不会引起注意。它可能已经被看到，却没有受到特别的注意。我们所指明的这个在科学本质中的事态之所以还不受注意，难道仅仅是因为人们对科学的本质思考得太少吗？几乎没有人有理由下此断言。相反，许多证据表明，在今天，
61 有一种奇特的不安不仅贯穿于物理学，而且贯穿于所有科学。但从前，在西方精神史和科学史的过去几百年里，人们曾经一再地尝试对科学之本质作出界定。这样一种热烈而不懈的努力首先是近代的一个基本特征。在这里，那个事态如何可能一直未受注意呢？今天人们在谈论各门科学的“基础危机”。然而，它仅仅涉及具体科学的基本概念。它决不是科学本身的危机。科学本身在今天的进程比以往任何时候都更坚实可靠。

可是，与向来为各门科学提供领域的基本概念之设定方面的一种单纯不可靠性相比，那个贯穿并支配着各门科学、因而使其本质变得神秘莫测的不可接近的无可回避之物，其范围要广大得多，也就是说，两者本质上是不同的。[②] 所以，各门科学中的不安就远远超出了科学基本概念的单纯不可靠性。人们在各门科学中感到不安，但尽管对科学作了多样的探讨仍然不能说这种不安从何而

---

① “科学并不思想”。——作者边注

② 不是一个区域存在学的问题。——作者边注

来、对何而发。人们今天从极为不同的立场出发对科学进行哲学思考。在此类来自哲学的努力中,人们遇到了一些自身描绘,往往是由各门科学本身以扼要概论的形式、并且通过对科学史的叙述而作出的自身描绘。

不过,那个不可接近的无可回避之物仍然是毫不显眼的。因此,这个事态的毫不显眼状态就不可能仅仅在于:它没有引起**我们**注意,**我们**没有注意到它。而毋宁说,这个事态的毫不显眼是因为它本身没有自发地显露出来。不可接近的无可回避之物之所以总是被忽视掉,原因在于它本身。只要这种毫不显眼是上面所讲的事态本身的一个基本特征,那么,如果要想对它作出充分的规定,我们就必须说:

贯通并且支配着科学(即关于现实的理论)之本质的事态,乃 62
是始终被忽视的、不可接近的无可回避之物。[①]

这个毫不显眼的事态隐蔽于各门科学中。但它并不像苹果放在篮子里那样放在科学中。我们倒是必须说:科学本身安于毫不显眼的事态,就像河流安于源泉。

我们的意图在于指明这个事态,使得它本身暗示出科学之本质得以起源的那个地带。

---

① 对不可接近的无可回避之物的**忽视**在各门科学本身中、并且通过各门科学本身而发生。各门科学进入一种拖拉中——一种历史性的拖拉中——何往?答曰:通向对它们本己的预先被规定的本质的完整构成。这种构成(对人现在在大地上逗留的设置)将以何种方式进行,这是无人能预言的。那个在其最内在的本质上推动现代科学的东西,那个使我们所指明的毫不显眼的事态得以发生的东西,我们今天要是用"技术"这个名称来命名它,就还只能对之作出十分不充分的、此外也容易误解的刻划。但现代技术的本质比科学的本质更模糊——,它是如此模糊,以至于我们甚至也许还没有达到实事求是地追问现代技术的地步。——作者边注

我们已经获得了什么呢？我们已经注意到那个始终被忽视的、科学本身不能接近的、但对科学来说无可回避的东西。它借对置性显示给我们，而现实就把自身展现入这种对置性中，理论就通过这种对置性来追踪对象，从而为表象确保这些在具体科学的对象领域中的对象及其联系。这个毫不显眼的事态贯通并支配着对置性，无论是现实的现实性还是关于现实的理论，都回响于这种对置性，因而甚至近代—现代科学的整个本质也在这种对置性中回响。

63 我们只能满足于指明这个毫不显眼的事态[①]。至于它本身是什么，这需要另一种追问来加以确定。不过，通过指明这个毫不显眼的事态，我们已经被指引到一个路向上，使我们去直面值得追问的东西(das Fragwürdige)。与单纯的可疑之物和一切无疑之物不同，值得追问的东西首先自发地提供出一个清晰的动因和一个自由的支点，从而使我们能够把允诺给我们的本质的东西召唤到我们面前。在朝向值得追问者的路向上漫游，这并非冒险，而是返乡。

① 关于关-系(*Ver-Hältnis*)，可参看《在通向语言的途中》，第203页[《全集》第十二卷]——参看四个笔记本[拟辑为《全集》第九十九卷]。

"事—态"(der Sach-Verhalt)

"意义乃是道路，是一个实事所采取的路向。意义乃是一个实事的通行已经踏上的开放路向。意义乃是已经得到澄明的领域，一个实事就在其中展开同时又何在其本质。意义是这样一个东西，一个实事由之而来借助于在其中隐蔽的本质抑制自身：被抑制者(das Verhaltene)——一个实事的行状(der Verhalt einer Sache)：事-态(Sach-Verhalt)——这个词现在得到了更深刻的思考"。(没有付印——但已经报告的文本)

实事(die Sache)——争-执(der Streit-Fall)、冲-突(der Zwischen-Fall)、区-分(der Unter-Schied)。——作者边注

选取一个路向，选取一个实事已经自发地取得的路向，这在我们德语中叫做 sinnan、sinnen，即思忖、沉思。参与对意义的探讨，这是沉思的本质。[①] 沉思意味着比对某物的单纯意识更多的东西。如果我们只是有意识，我们就还没有在沉思。沉思更丰富。沉思乃是对于值得追问的东西的泰然任之。[②]

通过如此这般被理解的沉思，我们就特别地通达那个我们不曾经验也不曾看透、但长期逗留的地方。在沉思中我们走向一个场所，由此出发，一个贯穿我们当下所作所为的空间才得以开启自身。

沉思的本质不同于科学意识和科学知识的本质，也不同于教化(Bildung)[③]的本质。德语中“教化”(bilden)这个动词首先意味 64
着：提出一个榜样(Vor-bild)和制订一条规章；进而还意味着：使预先确定的资质成形。教化把一个榜样带到人的面前，人根据这个榜样来构成他的所作所为。教化需要一个事先确定的范型和一个全面稳固的立足点。一个共同的教化理想的制订以及这个理想的支配地位是以一种无疑的、在任何方向上都已得到确定的人之

---

① 此处中译文未能显明“意义”(Sinn)与“沉思”(Besinnung)之间的字面联系。——译注

② 此处“泰然任之”(Gelassenheit)或可译为“镇静、冷静”，是后期海德格尔思想的基本词语和基本诉求。——译注

③ 教化[参编者后记]

“**文明**乃是民众在他们的外部设置和风俗习惯以及与之关联的内在思想的人性化。**文化**则为这种对社会状态的高贵化添加了科学和艺术。但当我们在我们德语中说**教化**(Bildung)时，我们指的是某种更高级又更内在的东西，即那种感官方式，它是那种认识和情感中涌现出来的，也就是从对整个精神和道德对于感受和性格的和谐追求的认识和情感中涌现出来的”。W. v. 洪堡：《论人类语言结构的差异性》，第4节。——作者边注

状况为前提的。这个前提本身必定建立在一种对一个不变理性及其原则所具有的不可抗拒的权力的信念之中。

相反地，惟沉思才把我们带到通向我们的逗留之所的道路上。这种逗留始终是一种历史性的[①]逗留，也就是说，是一种被指派给我们的逗留，不论我们是以历史学方式来对它进行表象、分割和编排，还是认为能够通过一种对历史学的一厢情愿的背弃来人为地摆脱历史。

我们的历史性逗留是如何以及通过什么来建造和扩建它的栖居的呢？沉思不能对此做出直接的决定。

教化时代趋于结束，并不是因为无教养的人们取得了统治地位，而是因为一个时代的标志变得清晰可见了，在这个时代中，值得追问的东西重又开启出通向所有事物和所有命运之本质的大门。

如果我们投身于那个事态已经选取的道路（这个事态在科学之本质中、但不只是在这里显示给我们），由此开始我们的沉思，那么，我们就能与这个时代的广度之要求、这个时代的行为（Verhalten）[②]之（des）[③]要求相符合。

但在与其时代的关系上，沉思仍然比以往通常的教化更暂时、更宽容、更贫困。不过，沉思的贫困乃是对一种财富的允诺（Ver-
65 sprechen），这种财富的宝藏在那种决不能得到清算的无用之物的光辉中闪耀。

① 命运。——作者边注

② 关-系（Ver-Hältnis）。——作者边注

③ 与它相应的行为。——作者边注

根据一种行进开始时的不同位置，根据一种行进所穿越的不同路段，根据在途中向值得追问之物开启出来的不同远眺，沉思的道路总是不断发生变化。

尽管各门科学借助于自己的道路和手段决不能达到科学的本质，但科学的每一个研究者和每一个教师、每一个穿越一门科学的人，却能够作为思想动物活动于沉思的各个不同层面上，并且依然保持这种沉思。

然而，即使人们一度通过一种特殊的恩惠达到了沉思的最高阶段，这种沉思也不得不满足于仅仅为我们今天人类所需要的呼声(Zuspruch)作一种准备。

沉思需要做这种准备，但并不是为了消除一种偶然的不知所措境况或者粉碎那种对思想的厌恶。沉思需要以之作为一种响应，这种响应以那种不懈追问的清晰性，全神贯注于不可穷尽的值得追问之物，由之而来，这种响应会在适当的时际丧失追问特征，成就为质朴的言说。

形而上学之克服

69 ## 一

何谓“形而上学之克服”呢？[①] 在存在历史性的思想中，这个标题的使用只不过是权宜之计，以便人们能够理解这种思想。其实，这个标题会引发太多的误解；因为它并不让经验达到那个根据，而只有从此根据而来，存在之历史才能启示出它的本质。那就是存在本身得以消隐于其中的本-有(Er-eignis)。“克服”首先并不是指把一门学科从哲学“教化”(Bildung)的视野中排挤出去。“形而上学”早已被思考为存在者之真理的命运了，也就是说，它早就被思考为那种存在状态——**作为**一种还被遮蔽着的、但突出的居有过程(Er-eignung)——的命运，亦即存在之被遗忘状态的命运了。

只消克服被认为是哲学的制作品，则本文更为适合的标题或许就是：形而上学之消逝。当然，这个标题会引起新的错误意见。在这里，“消逝”说的是：流逝并且涌现入曾在状态之中。[②] 由于形

---

① 参看刊于埃米尔·普雷托留斯纪念文集上的类似文本，1953 年，第 117—118 页。[见本书书后“说明”]。——作者边注

② 此句原文为：Ver-gehen und Aufgehen in die Gewesenheit。——译注

而上学流逝着，它才是消逝了的。消逝并不排除、而倒是包含着这样一回事情：现在，形而上学才开始了它无条件的统治地位，即在存在者本身中、并且作为这种存在者在现实事物和对象的无真理的形态中的统治地位。但是，从开端之早先来经验，形而上学之消逝也有这样的意思，即：它进入其完结过程（Ver-endung）之中了。这种完结过程比迄今为止的形而上学的历史更为持久地延续。

二

形而上学不能像一个观点那样被放弃。人们决不能把形而上学当作一种不再被相信和拥护的学说抛弃掉。

人作为 animal rationle［理性的动物］，现在也即作为劳动的 70
生物，必定迷失于使大地荒漠化的荒漠中，这一点可以成为一个标志，标明形而上学从存在本身而来自行发生，并且形而上学之克服作为存在之消隐而自行发生。因为劳动（参看恩斯特·荣格尔：《劳动者》1932 年）[①]现在进入到那种形而上学的地位中，即那种对一切在求意志的意志中成其本质的在场者的无条件对象化过程的形而上学地位。

如果是这样，我们就不可误以为，根据一种对形而上学之完结

① 恩斯特·荣格尔（Ernst Jünger）：德国作家，1895 年生于海德堡。荣格尔是一位有争议的作家。有人认为他带有强烈的民族主义倾向；但荣格尔的寓意小说《在大理石危岩上》（1939 年）影射希特勒；在第二次世界大战期间，荣格尔也曾希望有人能够推翻元首，拯救德国。荣格尔创作了大量的文学作品，对 20 世纪德国文学产生了巨大的影响。海德格尔生前与之过从甚密。——译注

的猜度就置身于形而上学之外了。因为被克服的形而上学并没有消失。它有所变换地返回来，并且作为存在与存在者的不断运作着的差异而保持在统治地位中。

存在者之真理的沉落（Untergang）说的是：存在者之可敞开状态、而且**只有**存在者之可敞开状态，失去了它决定性的要求的迄今为止的惟一性。

存在者之真理的沉落必然自行发生，而且作为形而上学之完成而自行发生。

这种沉落同时通过由形而上学所烙印的世界的倒塌与从形而上学中产生的大地的荒漠化而实行出来。

倒塌与荒漠化获得了相应的实行，因为形而上学的人，即理性的动物，被固定为劳动的动物了。

这种固定表明那种对存在之被遗忘状态的极端蒙蔽。但人意愿**自身**作为求意志之意志的自愿者（der Freiwillige），对后者来说，一切真理都变成了那种谬误，他需要这种谬误，以便他能够对自身保障对下面这回事情的欺瞒，即：求意志的意志所能够意愿的，无非就是虚无之无（das nichtige Nichts），人面对这种虚无之无而保持自身，而又不能认识到他自身的完全的虚无状态。

71 在存在能够在其原初的真理中自行发生之前，存在必定作为意志脱颖而出，世界必定被迫倒塌，大地必定被迫进入荒漠化，人类必定被迫从事单纯的劳动。惟在这种沉落之后，才会长期地发生开端之突兀逗留。[①] 在沉落中，一切东西，亦即在形而上学之真理的整体中的存在者，都走向其终结了。

这种沉落已然自行发生了。[②] 这种居有事件(Ereignis)的结果乃是我们这个世纪的世界历史的各种事件。它们只还给出已经完结的东西的经过。这个东西的过程在形而上学的最后阶段的意义上得到历史学上-技术上的编排。这种编排就是把已经完结的东西最后安排到一种现实性之假象中，而这种现实性的效用(Gewirk)不可抵抗地发挥出作用，因为它声称在没有存在之本质的解蔽的情况下也能应付过去，并且声称这是如此明确，以至于它根本就用不着知道这种解蔽。

依然遮蔽着的存在之真理对形而上学的人类隐瞒起来了。这个从事劳动的动物陶醉于他的制作物中，借此把自身撕裂开来，消解于虚无之无中。

四

何以形而上学属于人的本性？从形而上学上看，人作为其他存在者中间的一员，首先具有某种权能(Vermögen)。这个具有这样那样性质的动物，他的本性，其存在的什么(Was)和如何(Wie)，本身就是形而上学的：animal［动物］(即感性)与 rationale［理性］

---

① 此处“开端之突兀逗留”原文为 die jähe Weile des Anfangs。其中“逗留”(Weile)在日常德语中意为“片刻”，但在海德格尔的用法中似乎更多地与动词 weilen(逗留、停留)相关。——译注

② 此处“自行发生”原文为 sich ereignen，也可译为“自行居有”，与此相联系的名词 Ereignis，我们在此译为“居有事件”，在别处一般译为“本有”。——译注

(即非感性)。如此这般被限制于形而上学之中,人始终与存在者和存在的未曾被经验的区分密切相关。受形而上学烙印的人类表象活动的方式,处处都只能发现以形而上学的方式被构筑起来的
72 世界。形而上学属于人的本性。然则本性本身又是什么呢?形而上学本身又是什么呢?在这种自然的形而上学范围内,人本身是谁呢?莫非他只是一个自我么?——这个自我通过诉诸于一个你(Du),更能在自我性方面(因为在我—你之关系中)确证自身。

对笛卡尔来说,ego cogito[我思]在所有 cogitationes[思维、表象]中都是已经被表象和被置造的东西,是在场者、无疑的东西,是不可怀疑的并且向来已经处于知识中的东西,是真正确定的东西,是先于一切而固定不变的东西,也即作为那种东西,它把一切摆置到**自身**那里、并且因而把**自身**摆置入与它者的"对立"之中。

对象同时既包含着对立者的什么-持存物(Was-bestand)(essentia-possibilitas[本质-可能性]),又包含着相对而立者的站立(existentia[实存])。对象乃是持存物的持立状态的统一体。在其持立中的持存物本质上联系于表象(作为有所保证的在自身面前拥有)的摆置。原始的对象乃是对立状态本身。原始的对立状态乃是"我感知"意义上的"我思",后者预先就已经把自身呈交给一切可感知的东西,乃是 subiectum[一般主体]。在对象的先验发生的次序中,主体乃是存在学上的表象的第一个客体。[①]

① ego cogito[我思]
这个 subiectum[主体]
←
→|在场者
Obiectum[客体]。——作者边注

Ego cogito［我思］乃是 cogito：me cogitare［我思：思我］。

五

存在学的现代形态是演变为认识论的先验哲学。

何以诸如认识论这样一种东西是从现代形而上学中产生出来的呢？这是因为存在者之存在状态被思考为对有所确保的表象而
言的在场状态。存在状态现在就是对立状态。关于对立状态的问 73
题，关于对立的可能性（即有所保证、计算的表象）的问题，就是一个关于可认识性的问题。

然而，这个问题根本上并不是指有关认识过程的物理-心理机制的问题，而是指在认识中并且对认识而言的对象的在场的可能性的问题。

只要"认识论"从对立状态及其可能性（ῆ ὄν）方面来究问被思考为对象的 ὄν［存在者］，那么"认识论"就是一种考察，即 θεωρία［理论、观审］。

在何种意义上康德用先验的问题提法确证了现代形而上学的形而上学特性？只要真理变成了确定性，因而存在者的存在状态（οὐσία［在场］）转变为意识、知识的 perceptio［知觉］和 cogitatio［思维］的对立性，则知识和认识就会受到重视。

"认识论"以及被人们视为"认识论"的东西，根本上乃是植根于真理（作为有所保证的表象的确定性）的形而上学和存在学。

与之相反，把"认识论"解释为对认识的说明和关于科学的"理论”的做法，是误入歧途了，尽管这种保证事业只不过是把存在曲解为对立状态和被表象状态的做法的一个结果。

“认识论”乃是这样一个名称，它表示现代形而上学的一种不断增加的根本性无能，即无能于认识它自己的本质及其基础。关于“认识之形而上学”的谈论也在同一种误解中。事实上，这里的关键问题在于有关对象的形而上学，亦即有关作为对象、作为对一个主体而言的客体的存在者的形而上学。

对认识论的经验论-实证主义曲解的单纯反面表现在逻辑斯谛(Logistik)的突现中。

74

六

形而上学的完成始于黑格尔的形而上学，即他的作为精神之意志的绝对知识的形而上学。

为什么黑格尔形而上学只是形而上学之完成的开始，而不是这种完成本身呢？难道无条件的确信还没有达到它本身而成为绝对的现实性么？

这里还有一种对自身的超出的可能性吗？这种超出是不可能的。但那种对作为生命之意志的自身的无条件探究的可能性也还没有完成。意志还没有作为意志的意志而在它的由它自己造成的现实性中显现出来。因此，形而上学就还没有随着精神的绝对形而上学而得到完成。

尽管有关于黑格尔哲学的崩溃的肤浅闲谈，但依然有这样一点：在 19 世纪，只有这种哲学才规定了现实，虽然并不是以一种被遵循的学说的表面形式，而是作为形而上学，作为确信意义上的存在状态的统治地位。针对这种形而上学的反运动就属于这种形而上学本身。自黑格尔死后（1831 年），一切都只不过是反运动而已，不仅在德国，而且在欧洲。

七

对形而上学来说，具有标识性的事情是：在形而上学中普遍地，existentia［实存］[①]——如果一般而言——始终只是简短地、犹如某种不言自明的东西一样被讨论的。（可参看康德在《纯粹理性 75
批判》中对现实性之假定的贫乏说明）。惟一的例外是亚里士多德，后者深思了ἐνέργεια［实现］，而这种思想后来一直未能在其原始性方面成为本质性的。ἐνέργεια［实现］变成 actualitas［现实性］和现实性（Wirklichkeit）的过程掩埋了一切在ἐνέργεια［实现］中显

① 本质与存在。

形而上学把本质思考为 essentia，并且把后者思考为 quidditas［什么性］，亦即作为存在状态的 οὐσία［在场］。

第一 οὐσία［在场］与第二 οὐσία［在场］。

为什么什么-存在（τί）进入对于 ὅτι［如此］的优先地位中？

实际上，什么-存在只不过是 ὅτι［如此］的一个中止，还不可把握并且已经作为 φύσις［自然、涌现］涌现出来的本有（Ereignis）之“如此”（Daß）。

因为“如此”（Daß）仿佛隐蔽在其真理中，所以它就显现为 factum brutum［呆板的事实］以及不可进一步究问的东西，后者进而为那种根据招致过程所作的说明所侵占，而在这种招致过程中，如此（Daß）之先行具有已经作为被作用状态而昭示自身。

在这里普遍地出现了 ἰδέα［相、理念］的优先地位；existentia［实存］变成表示一种无可回避的、但不可知的东西的名称。——作者边注

露出来的东西。οὐσία[在场]与 ἐνέργεια[实现]之间的联系变得暗然无光。只有黑格尔重新深思了 existentia[实存],但却是在他的《逻辑学》中、亦即根据绝对主体性作这种深思的。谢林思考了在根据与实存之区分中的 existentia[实存],但这种区分却植根于主体性之中。

在存在变成“自然”(Natur)的狭隘化过程中,显示出作为 φύσις[涌现、自然]的存在的一种姗姗来迟的、含糊不清的余音。

自然被对立于理性和自由。因为自然是存在者,所以自由和应当就没有被思考为存在。不变的是存在与应当、存在与价值的对立。最后,一旦意志进入其极端的非本质(Unwesen)之中,就连存在本身也变成一种单纯的“价值”。价值被思考为意志之条件。

八

在其所有形态和历史性阶段中,形而上学都是西方的一个惟一的、但也许也是必然的厄运,而且是它的全球性统治地位的前提条件。现在,这种统治地位的意志反作用于西方的中心,而从这个
76 中心出发,同样又只有一种意志来反对意志。

形而上学的无条件统治地位的展开还只在其开端阶段。当形而上学肯定与之相应的非本质(Unwesen),把它的本质移交到这种非**本质**之中并且在其中固定起来,这时候,这个开端便出现了。

形而上学是一种厄运,这是在严格的、惟在此所指的意义上讲的,即:作为西方-欧洲历史的基本特征,形而上学让人类悬挂于存在者中间，而同时，存在者之存在在任何时候都**未能作为**存在与存在者之间的**二重性**（Zwiefalt），从形而上学的角度、并且通过形而上学而在其真理性方面得到经验、追问和接合。

然而，这样一种必须在存在历史上思考的厄运之所以是必然的，乃是因为存在本身惟在存在与存在者的区分特别地自行发生之际，才能够在其真理性方面澄明这种在存在中保存下来的区分。不过，如果存在者预先没有进入极端的存在之被遗忘状态之中，同时，存在又没有作为求意志的意志把它在形而上学上不可认识的无条件的统治地位接受下来，这种求意志的意志首先而且惟一地通过存在者（即对立的现实之物）对于存在的惟一优先地位而发挥作用，那么，存在与存在者的区分又如何能够自行发生呢？

可见，这种区分的可区分性要以某种方式表现自身，但又在一种奇特的不可认识性中保持着遮蔽。因此，这种区分本身始终是被掩蔽着的。这种掩蔽的一个标志乃是对痛苦的形而上学的-技术上的反应，后者同时预先规定着关于痛苦之本质的解释。

随着形而上学之完成过程的肇始，也就开始了存在与存在者之二重性的最初显现的准备过程，这个准备过程是没有被认识的，而且根本上是形而上学所不能了解的。在这种显现中，还隐藏着存在之真理的最初回声，那种把存在在其支配作用方面的优先地位取回到自身中的存在之真理的最初回声。

九 77

形而上学之克服是在存在历史上被思考的。它是关于存在之被遗忘状态的原初经受的征兆。[①] 比这种征兆更早的——虽然也更为隐蔽的——乃是在此征兆中自行显示的东西。这就是本有(Ereignis)本身。它对形而上学的思想方式来说看来就像另一个东西的征兆,只还作为一种更为原初的澄明(Lichtung)的最后的单纯假象而得到考虑的。这种克服还是值得思想的,原因仅仅在于我们在此思及了经受。这种迫切的思想同时还思及克服。这样一种思念(Andenken)经验着存在者之失本过程的惟一本有事件,[②]在其中,存在之真理的困境以及真理之原始开端(Anfängnis der Wahrheit)得以自行澄明,并且告别性地临照于人之本质之上。克服就是把形而上学移交到它自己的真理之中。

首先,形而上学之克服只有根据形而上学本身仿佛以一种通过它自身对它自身的超出的方式才能得到设想。在此情形中,关于形而上学之形而上学的谈论就有其道理了,我在《康德和形而上学问题》一书中对此有所触及;[③]在这本书中,我的做法是:试图从这个角度对康德的依然来自对理性形而上学的单纯批判的思想作出解说。当然,这样一来,我判给康德思想的东西,就超出了康德

① 此处"克服"原文为Überwindung,"经受"原文为Verwindung。德语中的Überwindung(克服、压倒、克制)与Verwindung(克服、熬过、经受住)具有相同的词根和相近的意义,难以明确地区分开来。但在词语色彩上,Überwindung比Verwindung更强烈些。根据海德格尔的用法,我们权把前者译为"克服",而把后者译为"经受"。——译注

② 此处德语原文为:das einzige Ereignis der Enteignug des Seienden。其中的"本有事件"(Ereignis,也译为"本有")与"失本过程"(Enteignung)恰好构成一组对立。——译注

③ 参看海德格尔:《康德与形而上学问题》,《全集》第三卷,美茵法兰克福1991年。——译注

本人在其哲学界限内所能思考的范围。

进而，关于形而上学之克服的谈论也还可能具有这样一种意义，即："形而上学"始终是表示柏拉图主义的名称，这种柏拉图主义在叔本华和尼采的阐释中向当代世界呈现出来。尼采把感性的东西看作真实的世界，把超感性的东西看作非真实的世界；这样一种对柏拉图主义的颠倒还完全坚持在形而上学的范围之内。尼采心目中的以及在十九世纪实证主义意义上的这样一种形而上学之克服，尽管是在一种更高的转换中发生的，但只不过是与形而上学的 78
最终牵连而已。诚然，表面看来有这样一个假象，仿佛那个"超出"(Meta)，即进入超感性领域之中的超越(Transzendenz)，是为了对感性要素的坚持才被消除掉的，但实际上，它只不过是对存在之被遗忘状态的完成，对作为权力意志的超感性领域的释放、推动。

十

求意志的意志阻止着每一种命运，而又不能对此有所认识，也不允许对此有所认识；这里所理解的命运就是对存在者之存在的可敞开状态的指派(Zuweisung)。求意志的意志使一切都硬化为无命运的东西。无命运的东西的后果乃是无历史性的东西。[①] 无历史性的东西的标志就是历史学的统治地位。而历史学的不知所措状态就是历史主义。倘若人们想按照今天流行的历史学上的表

① 注意此处"无命运的东西"(das Geschicklose)与"无历史性的东西"(das Ungeschichtliche)之间的基于字面的意义联系。在此上下文中所讲的"存在之历史"(Geschichte des Seins)与"存在之命运"(Seinsgeschick)亦然。——译注

象来编造存在之历史，那么，通过这种错误的做法，存在之命运的被遗忘状态的统治地位就会以极其明确的方式得到证实。

完成了的形而上学的时代就要开始了。

求意志的意志迫使自己作为其显现的基本形式去计算和设置一切，而这只是为了达到对它自身的保障，一种可以无条件地继续的保障。

求意志的意志处于完成了的形而上学的世界之无历史性中。求意志的意志进而就在显现的基本形式中设置和计算自己。而这种显现的基本形式可以简明地叫做“技术”。在这里，“技术”这个名称包括一切存在者区域，它们总是预备着存在者整体：被对象化的自然、被推行的文化、被制作的政治和被越界建造起来的观念。也就是说，“技术”在这里并不是指机械制造和装备的孤立区域。机械制造和装备当

79 然具有一种有待进一步规定的优势地位。这种优势地位建基于作为所谓的元素（而且首先是对象性的东西）的质料的优先地位中。

在这里，“技术”这个名称是在十分本质性的意义上被理解的，以至于从其含义来讲，它就等于“完成了的形而上学”这样一个称号。它包含着对τέχνη［技艺］的回忆，而τέχνη［技艺］乃是一般形而上学的本质之展开的一个基本条件。这个名称同时也使下面这回事情成为可能，即：形而上学之完成过程及其统治地位的全球性特性，是无需联系诸民族和各大洲在历史学上可证明的种种变化就能得到思考的。

十一

在权力意志中，尼采的形而上学使存在者之存在状态的意志

展开过程的**倒数第二个**阶段作为求意志的意志显露出来。[①] 最后一个阶段的缺失植根于“心理学”的统治地位，植根于强力概念和力量概念，植根于生命之狂热。因此之故，这种思想就缺乏概念的严格和细心，以及历史性沉思的宁静。历史学流行开来，辩护和论战也因此流行开来。

尼采的形而上学诉诸于“生命”而导致了对思想的蔑视，这话从何讲起呢？因为人们没有认识到，按照尼采的学说，有所表象-有所规划的（有所制作的）持存保障就像“增强”和提高一样，对“生命”来说是同样重要的。对于“增强”和提高本身，人们只是按照陶醉方面（在心理学上）来看待的，又没有按那个决定性的角度来看待，那就是：这种“增强”和提高同时赋予持存保障以本真的、向来全新的推动力，为增强作出辩护。因此，权力意志包含着计算性理 80
性的无条件统治地位，而并不包含一种阴暗的生命麇集（Lebensgewühl）的障气和纷乱。被误导的瓦格纳崇拜已经在尼采思想及其表达的周围设好了一种“艺术家气质”；在叔本华对哲学（也即黑格尔和谢林的哲学）的嘲讽过程以及他对柏拉图和康德所作的肤浅解释之后，这种“艺术家气质”使得十九世纪最后几个年代变得成熟了，形成了一种热情，而对于这种热情来说，无历史状态的肤浅和障气就已经——自为地看——充当了真实之物的标志。

然而，在所有这一切背后，却隐含着这样一种独一无二的无能，即无能于根据形而上学之本质来思考，无能于认识真理之本质

① 参看《形而上学是什么？》，后记，1943 年，第 39—40 页[见《全集》第九卷，第 303—304 页]。——作者边注

变化的作用范围以及作为确信的真理的正在形成的统治地位的历史性意义，无能于根据这种认识把尼采的形而上学回置到现代形而上学的简单轨道之中来加以思考，而是从中搞出一种文学现象——这种文学现象更多地是使脑袋发热，而不是净化脑袋、使之产生惊疑、甚至也许使之惊恐。最后，尼采对于创造者的激情表明，他只是在现代意义上从天才和创造性出发来思考，同时在技术上也从功效出发进行思考。在权力意志这个概念中，两种构成性的“价值”(即真理与艺术)只不过是对“技术”和创造的重新表达；这里所谓“技术”乃是在作为功效的有所规划-有所计算的持存化(Beständigung)这种本质意义上讲的，而所谓创造乃是那些“创造者”(Schöpferischen)的创造，他们超越当下生命之外，带给生命一种新的刺激，并且使文化事业得到保障。

所有这一切都效力于权力意志，但也阻碍着权力意志，使得权力意志的本质不能进入一种广大的本质性知识的清晰光亮之中，而这种本质性知识惟在存在历史性的思想中才能获得自己的本源。

权力意志的本质不能只根据求意志的意志来理解。但惟当形而上学已经进入过渡之中时，求意志的意志才是可经验的。

81

十二

尼采的权力意志形而上学在下面这句话中就已经有了表现：“希腊人认识和感受到了此在(Dasein)的惊骇和恐怖：说到底是为了生活，希腊人不得不直面之，安排了奥林匹斯众神辉煌的梦之诞生”(《苏格拉底与希腊悲剧》,第三章,1871 年。系《悲剧从音乐精神中的诞生》一书[①]的原始文本,慕尼黑 1933 年)

在这里,尼采设定了一种对立,**一方面**是“泰坦”和“野蛮”、“野性”和“冲动”,**另一方面**则是美的、崇高的闪耀。

在这里,尽管还没有作出清晰的思考和区分,还没有根据统一的根据来加以认识,但尼采已经预先刻划出这样一个想法:“意志”**同时**需要持存保障与提高。不过,意志乃是权力意志,这一点还依然蔽而不显。叔本华的意志学说首先控制着尼采的思想。在这部著作的前言中,尼采写有“纪念叔本华生辰”的题词。

随着尼采的形而上学,哲学就完成了。这意思是说:哲学已经巡视了预先确定的种种可能性的范围。完成了的形而上学乃是全球性思想方式的基础;这种完成了的形而上学为一种也许会长期延续下去的地球秩序提供支架。这种秩序不再需要哲学,因为它就是以哲学为基础的。然而,随着哲学的终结,并非思想也已经完蛋了,相反地,思想处于向另一个开端的过渡之中。[②]

十三 82

在尼采为《查拉图斯特拉如是说》第四卷所写的笔记中,有这样一句话(1886 年):“**我们拿真理做一次试验**!也许人类将因此

① 简译为《悲剧的诞生》。——译注

② 《面向思的实事》,第 63 页以下[拟辑为《全集》第十四卷]。——作者边注

而毁灭！那就开始吧！”（《尼采全集》，第十二卷，第410页）

在《曙光》（1880—1881年）时期的一则笔记中，尼采写道：“我们现在对于哲学的态度中全新的东西，乃是一种以前任何时代都不曾有过的信念，即：我们并不拥有真理。以前所有人都‘拥有真理’，本身就是怀疑论者”。（《尼采全集》，第十一卷，第159页）

当尼采在上列两处谈到“真理”时，他指的是什么呢？他是不是指“真实之物”呢？他是不是把这种“真实之物”思考为现实存在者或者一切判断、行为和生命中的有效之物呢？

什么叫做“拿真理做一次试验”呢？意思是不是要把在相同者的永恒轮回中的权力意志作为真实存在者推举出来呢？

这种思想可曾达到过这样一个问题：真理之本质基于何处，本质之真理从何而来自行发生？

十四

对立状态如何进入那个特征之中，那个构成存在者之为存在者的本质的特征之中呢？

人们把“存在”思考为对立状态，然后由此出发，为“自在存在者”费尽心计，而与此同时，人们只是忘记去追问和言说：人们在此以“存在着”（seiend）和“自在”（an sich）所指的是什么。

什么“是”存在？我们可以对“存在”发问，问它是什么吗？存在依然未被追问，而且是不言自明的，因而是未曾被思的。存在保持在一种久久被遗忘了的、毫无根据的真理之中。

十五

惟在人变成为主体，主体变成为自我，而自我变成为 ego cogito［我思］的地方，才会有客体（Ob-jekt）意义上的对象；惟在这种 cogitare［思想］在其本质中被把捉为“先验统觉的原始综合的统一体”的地方，惟在“逻辑学”的极点被达到（在作为“我思”之确信的真理中），才有客体意义上的对象。惟在这种地方，对象之本质才在其对立状态中揭示自身。进而在后果方面，惟在这种地方，才有可能而且无可避免地把对立状态本身把捉为“这个新的真实对象”，并且把它置于无条件境地来加以思考。

十六

主体性、对象与反思[①]是共属一体的。惟当反思之为反思已经得到了经验，也即被经验为一种与存在者的基本关联时，作为对立状态的存在才成为可规定的。

可是，对作为这样一种关联的反思的经验是有前提的，其前提就是：根本上，与存在者的关联已经被经验为 repraesentatio［再现］，即表-象（Vor-stellen）。

不过，只有当 idea［理念］已经成为 perceptio［知觉］时，这种表-象才可能变成命运性的。这种变成乃是以那种从作为符合的

① 《尼采》，第二卷，第 465 页［《全集》第六卷下册，第 424 页］。——作者边注

真理向作为确信的真理——其中依然保留着 adaequatio［符合］——的转变为基础的。作为自身保障（自身意愿），确信乃是作为合法性辩护的 iustitia［公正、正义］，也就是对那种与存在者的关联、存在者的最初原因以及归属于存在者的状态的辩护。宗教改革意义上的 iustificatio［正义］与尼采的作为真理的公正概念是同一个东西。

84 按本质来看，repraesentatio［再现］建基于 reflexio［反思］之中。因此，只有在思想之本质作为“我思某物”（Ich denke etwas）亦即作为反思而被认识、并且特地被实行的地方，对立状态之为对立状态的本质才会变得敞然显明。

十七

康德想做的就是在先验的意义上、亦即存在学的意义上思考反思之本质。在《纯粹理性批判》的一个以“论反思概念的歧义性”为题的毫不显眼的附注中，[①]康德做了这件事。这段文字是后来增补的，但充实了本质性的洞见、对莱布尼茨的辩析以及相应地对以往一切形而上学的辩析，正如这一切为康德本人所洞见的那样，也正如这一切及其存在学机制已经建基于自我性（Ichheit）之中。

① 参看康德：《纯粹理性批判》，中译本，蓝公武译，北京 1995 年，第 228 页以下。——译注

十八

从表面看起来，仿佛自我性（Ichheit）只不过是事后追加的根据人类个别“自我”（Ichen）对自我因素的概括和抽象。笛卡尔首先明显地思及作为个体的他自身的“自我”（作为 substantia finita［有限实体］的 res cogitans［思维之物］）；而与之相反，康德思考的却是“一般意识”。不过，笛卡尔也已经根据那种诚然尚未特地得到表象的自我性来思考他自己的个别自我。这种自我性已经显现于 certum 即确信之形态中，而这种确信无非就是对表象所表象者的保障。这种与自我性的隐蔽关联，亦即与作为他自身和被表象者的确信的自我性的隐蔽关联，已然起着支配作用了。惟从这种关联而来，个别自我作为这种自我才是可经验的。作为自行完成着的个别自身（Selbst），人类的自我（Ich）只能根据那种尚未 85
被认识的求意志的意志与这个自我的关联才可能意愿自身。绝没有一个自我是自在地现成的，而不如说，它始终只有作为“在自身中”（in sich）[①]显现出来的自我、亦即作为自我性才是“自在的”（an sich）[②]。

因此，即使在根本没有个别自我突现出来的地方，在个别自我隐退、而社会和其他联合形式具有统治地位的地方，这种自我性也现身出场。即使在那里，而且恰恰就在那里，才有那种必须在形而

---

① 出于自身（*aus sich*）——为自身（*für sich*）。
这种出于自身——为自身的显现乃是自我的存在。——作者边注

② （也即独立地）。——作者边注

上学上来思考的“利己主义”(Egoismus)的纯粹统治地位——这种“利己主义”与人们质朴地设想的“唯我论”毫不相干。

在完成了的形而上学时代里，哲学就是人类学(现在可参看拙著《林中路》，第91—92页)[①]。[②] 不论人们是否特地言说了“哲学的”人类学，都是同样的情形。在此期间，哲学已经变成了人类学，并且通过这条道路而成为形而上学后裔的一个牺牲品了，也就是成了最广义的物理学(它包括有关生命和人类的物理学，也包括生物学和心理学)的后裔的一个牺牲品。既已成为人类学，哲学本身也就毁于形而上学了。

十九

求意志的意志把持存之保障(真理)和冲动之可张扬性(艺术)设定为它的可能性条件。求意志的意志因此就把本身这个存在者设置为存在。在这种求意志的意志中，技术(存持之保障)和无条件的无沉思状态(“体验”)才达乎统治地位。

从技术上解说，技术乃是合理性意识的最高形式；无沉思状态乃是对它自身锁闭的被设置起来的无能，即无能于进入一种与值
86 得追问的东西的关联之中——这两者是共属一体的：它们是同一者。

为什么是这样的情形以及如何变成这样的，我们在此只好假

① 见《林中路》，《全集》第五卷，第99—100页。——作者边注

② 参看海德格尔：《林中路》，孙周兴译，上海1997年，第96—97页。——译注

定这是已经得到经验和理解的事情。

我们只还需要去实行一种沉思，来思索下面这一点：人类学不止于对人类的研究，不止于那种意志，那种要从人类的角度把一切都解释为人类的表达的意志。甚至在人们并不进行研究，而倒是寻求作出决定的地方，事情也是这样进行的，即：首先有一种人类被另一种人类所利用，这种人类被认作原始的力量，仿佛这种人类就是一切存在者中首要的东西，而一切存在者以及关于一切存在者的各种解释只不过是后果而已。

于是导致了一个惟一地起决定作用的问题的优势地位，这个问题就是：人属于何种形态？在这里，“形态”（Gestalt）不确定地在形而上学上，也即在柏拉图主义意义上被思考为那个东西，这个东西存在着，并且首先规定着一切传统和发展，但本身依然依赖于一切传统和发展。这种对“人”的先行承认促使人们首先而且仅仅在人的范围中去寻求存在，并且把人本身视为人类持存物，视为对于 ἰδέα［相、理念］的当下 μὴ ὄν［非存在者］。

二十

由于权力意志获得了它极端的、无条件的可靠性，它作为保障一切者，就是惟一地起定向作用的东西，从而也就是正确的东西。求意志的意志的正确性乃是对它自身的无条件的和完全的保障。顺从其意愿的东西是正确的、有序的，因为求意志的意志本身就是惟一的秩序。在求意志的意志的这种自身保障中，真理的原初本质已经失落了。求意志的意志的正确性绝对是非-真实之物（das

Un-Wahre)。这个非真实之物的正确性在求意志的意志的范围内
87 有它自己的不可抵抗性。但这个非真实之物本身作为这个东西还是遮蔽着的；这个东西的正确性同时也是最阴森可怕的东西（das Unheimlichste），后者能够在真理之本质的颠倒中自行发生。正确之物掌握着真实之物，并且把真理排除掉。求无条件保障的意志首先使各方面的不可靠性得以显露出来。

二十一

意志在自身中就是作为被欲求者之实现过程的欲求之实行，同时，被欲求者本质上已经在概念中特别地被意识到了，并且在意识中被设定起来了，也就是作为一种在普遍之物中被表象的东西。意志包含着意识。求意志的意志乃是计算活动的计算性自身保障的最高的和无条件的意识状态（参看尼采：《权力意志》，第 458 条）。

因此，求意志的意志就包含着对手段、原因、障碍所作的全面、不断、无条件的探查，对目标的有所清算的变换和发挥，也包含着欺瞒、诡计、审讯；所以，求意志的意志对自身还是不信任的、还是别有用心的，它所关心的无非就是对作为权力本身的它自身的保障。

无目标状态（Ziel-losigkeit），实即无条件的求意志的意志的本质性无目标状态，乃是意志之本质的完成，而意志之本质已经在康德作为纯粹意志的实践理性概念中得到了预示。这种纯粹意志意愿自身，而且作为意志，它就是存在。因此，从内涵方面看，纯粹意志及其规律就是形式的（formal）。它对自身来说就是作为形式的惟一内容。

二十二 88

由于意志有时在个别的“意志之人”(Willensmenschen)中被人格化，所以看起来，仿佛求意志的意志就是此类人格的放射。人们形成了一个意见，认为人类意志就是求意志的意志的本源，而实际上，人为求意志的意志所意愿，而并没有经验到这种意愿的本质。

只要人是如此这般被意愿者和在求意志的意志中被设定者，那么，“意志”也就必然地在其本质方面受到招呼，并且作为真理的法庭而被开放出来。一个无所不在的问题是：是否个体和群体根据这种意志而存在，或者，是否它们还与这种意志进行协商，甚至与这种意志做交易，而不知道它们已经为这种意志所战胜了。存在的惟一性也显示在求意志的意志中，而后者只允许有一个意愿方向。由此就产生了求意志的意志的世界的单调性(Einförmigkeit)，而这种单调性已经远离于开端性的东西的质朴性(Einfachheit)，就如同非本质远离于本质，虽然前者是属于后者的。

二十三

因为求意志的意志否定任何自在的目标，而且只允许目标成为一种手段，一种有意地战胜自己并且为这种游戏设置一个游戏空间的手段；而另一方面，因为求意志的意志若要在存在者中安置自身的话，就不可能显现为它所是的各种灾难的无序状态，所以，它还必须证明自己的身份。在这里，求意志的意志构造出关于“使命”(Auftrag)的说法。这种“使命”并不是着眼于开端性的东西及其保存的角度被思考的，而倒是被思考为从“天命”(Schicksal)的立场被指定的、因此对求意志的意志进行辩护的目标。

89 二十四

占有权力者与意愿达到权力者，这两者之间存在着一种斗争：在每个方面都是争取权力的斗争。无论在哪里，权力本身都是决定性的东西。通过这样一种争取权力的斗争，权力之本质被两个方面设定入它无条件统治地位的本质之中。然而，这里同时还隐藏着这样一回事情，即：这种斗争是为权力服务的，并且是为权力所意愿的。权力已经先行制服了这些斗争。惟有求意志的意志才为这些斗争授权。但权力也如此这般地以某种方式制服了各种人类，它剥夺了人类的那种可能性，即通过此类途径摆脱存在之被遗忘状态的可能性。这种斗争必然是全球性的，而且作为这样一种斗争，在其本质方面必然是不可裁定的，因为它不必裁定什么；原因在于，它始终被一切区别、被(存在者之存在的)区分、从而也就被真理(Wahrheit)排除在外了，并且通过其本己的力量而被排挤入无命运之物中，也即进入存在之被离弃状态(Seinsverlassenheit)中。

二十五

我们必须首先去经验和争取的痛苦乃是这样一种洞见和知

识，即：无急难状态（Notlosigkeit）乃是从最遥远之远方逼来的最高的和最隐蔽的急难（Not）。

无急难状态就在于那样一种看法，即：人们掌握了现实之物和现实性，知道什么是真实之物，而毋需知道真理在何处**现身出场**。

虚无主义的存在历史性的本质乃是存在之被离弃状态，因为在其中发生着这样一回事情，即：存在把自己释放到谋制（Machenschaft）之中。这种释放把人接收到一种无条件的服役之中。它绝不是一种堕落，绝不是无论何种意义上的一种“否定”（Negativum）。

因此，也并不是任何一种人类都适合于历史性地实现这种无 90
条件的虚无主义。因此甚至就必需有一种斗争，它关乎这样一个决断：何种人类有能力达到虚无主义的无条件完成。

二十六[①]

最终的存在之被离弃状态的标志是对“理念”和“价值”的叫卖，是“行动”之宣言和“精神”之必需性方面的任意反复。所有这一切都已经被夹入有序过程的装备机制中了。这种有序过程本身是由存在之被离弃状态的空虚来决定的，而在存在之被离弃状态中，用于技术（也包括文化）制作的对存在者的消耗乃是惟一的出路，沉湎于自身的人还可能由此把主体性拯救入超人之中。末人与超人乃是同一个东西；它们是共属一体的，正如在形而上学的

① 1939—1940 年。——作者边注

animal rationale［理性动物］中，动物性的“末”（Unten）与ratio［理性］的“超”（Über）是紧密结合而相互吻合的。在这里，末人与超人必须在形而上学意义上来思考，而不能被当作道德上的评价。

对存在者的消耗本身，从其过程来看，乃是由形而上学意义上的装备（Rüstung）来决定的，由于这种装备，人就把自己弄成了“自然力”（Elementaren）的“主人”。这种消耗包括对那些成为成效（Leistungen）及其提高之时机和材料的存在者的常轨使用。这种使用被用于装备之利用。但只要这种装备归于提高和自我保障的无条件性，而且实际上是以无目标状态为其目标的，那么，这里的利用就是一种耗费（Verutzung）。

91 “世界战争”及其“总体性”已经是存在之被离弃状态的结果。它们要求对于一种持续的耗费形式的持存保障。连人也被吸收到这个过程中了，这个人不再继续隐瞒他的特性，即要成为最重要的原材料的特性。人是“最重要的原料”，因为他保持为一切耗费的主体，而且是这样，即：他让他的意志无条件地出现在这个过程中，由此同时也成为存在之被离弃状态的“客体”。世界战争乃是那种对战争与和平之区别的消除过程的预备形式。这种消除是必需的，因为随着一种存在之真理对存在者的离弃状态，“世界”已经变成了一个非世界（Unwelt）。因为只要人本质上已经被转让给存有了，则存有历史意义上的“世界”（亦可参看拙著《存在与时间》）意味着存有之真理对人而言的非对象性的本质现身。[①] 在独特的

---

① 此处“存有”是我们对古德语词Seyn的翻译，以区别于通常的“存在”（Sein）。——译注

权力之权力的时代里，亦即在存在者无条件地涌向那种使用而进入消耗的时代，世界变成了非世界，因为存在虽然现身出场，但没有本己的支配性作用。作为现实之物，存在者是现实的。到处都有作用，哪里都没有一种世界之世界化（ein Welten der Welt），但依然有存在——虽然它被遗忘了。超然于战争与和平，是对存在者的耗费的单纯迷误（Irrnis），后者进入到那种根据存在之被离弃状态的空洞所作的规划的自我保障之中。“战争”与“和平”，在被改变成它们的非本质之后，已经被纳入这样一种迷误之中了，并且——由于在差异方面变得无法辩认了——消失在那种对可制作性（Machtbarkeiten）的不断提高的制作的单纯过程中了。何时将有和平，这个问题不可解答，其之所以不可解答，并非由于战争之期限不可预见，而是由于这个问题所追问的已经是某种不再存在的东西，因为就连战争也不再是能够在和平中终结的东西了。战争已经变成了在和平中也将持续下去的对存在者之耗费的一个变种。对一场漫长的战争的预期只不过是一个已经过时的形式，耗费时代的新东西就是以这种形式而得到承认的。这场漫长的战争
因其漫长而并不向一种传统的和平缓慢地过渡，而是过渡到一种 92
状态中，在此状态中，战争式的东西根本不再被经验为一种战争式的东西，和平式的东西也已经变得毫无意义和毫无内容了。迷误不知道任何存在之真理；但它为此把已经得到完全装备的秩序和每个区域中的所有规划（Planung）的可靠性展开出来。在诸区域的循环（圆圈）中，人类装备的一些特殊领域就势必成为“专区”（Sektoren）；诗歌的“专区”、文化的“专区”之类，也只不过是在规划上得到保障的当下“领导”（Führung）的领域，与其他领域并存。

那些对事情真相还一无所知的人们的道德愤怒，往往针对“领导者”[①]的任意专断和统治要求——这乃是持久评价的最糟糕形式。领导者乃是摆脱不了恼怒纠缠的恼怒者（Ärger）；而领导者只是表面上装出恼怒，因为他们并不是行动者。人们以为，领导者会自发地以一种自私的利己主义的盲目暴怒而目空一切，并且按照他们的固执来安排一切。然而实际上，他们乃是以下事实的必然结果，即：存在者已经过渡到迷误方式中，在此迷误中散布着一种空虚（die Leere），后者要求存在者的一种独一无二的秩序和可靠性保障。这其中就要求有“领导”的必然性了，亦即对存在者整体之保障的有所规划的计算的必然性。为此目的，就必须把这样一些为领导效力的人们安排和装备起来。“领导者”就是决定性的装备工，他们统揽全局，综观对存在者之耗费过程的保障的所有专区，因为他们洞穿了环绕所有专区之整体，因而掌握了在其可计算性方面的迷误。这种洞穿方式乃是一种计算能力，它自始就已经把自己完全释放到那种为最切近的规划可能性效力的不断提高的秩序保障的需要中了。对一切可能的力求规划和保障之整体的追求努力的调节，被叫做“本能”（Instinkt）。在这里，“本能”一词标记着一种“智力”（Intellekt），它超越了那种仅仅根据眼下最切近的
93 事物进行计算的有限理智；这种“智力”的“唯智主义”不放过任何作为“要素”（Faktor）必须进入对具体“专区”的清算（Verrechnung）[②]账单之中的东西。本能乃是与超人相应的对智力的提高，

① 此处“领导者”（Führer）亦可译为“元首”。——译注

② 或可译为“误算、错算”。——译注

就是要把智力提高到对万物的无条件清算的水平上。因为这种清算绝对地掌握着意志，所以看起来，似乎除了意志之外就只有单纯的计算冲动的可靠性了，而对这种计算冲动来说，对万物的估算就是第一计算规则。[①] 迄今为止，“本能”都被当作动物的一个标志，动物在其生命区域里寻求和追踪对他有益的和有害的东西，此外一无所求。动物本能的可靠性合乎动物在他利用的区域里的盲目忙碌。超人被授与无条件的权力，与之相应的是对末人的完全释放。动物本能与人类理性变成同一的了。

对超人而言，本能是一个必需的特性。这意思就是说：从形而上学上来理解，末人归属于超人；但却是以这样一种方式，即：恰恰任何形式的动物性都完全被计算和规划（健康指导、培育）战胜了。因为人是最重要的原料，所以就可以预期，基于今天的化学研究，人们终有一天将建造用于人力资源的人工繁殖的工厂。[②] 今年获得法兰克福市歌德奖章的化学家库恩所做的研究，[③]就已经打开了这样一种可能性，即可以按需要有计划地控制男人和女人的生育。人为的受孕指导与“文化”专区中的文献指导是十分一致的（在这里，我们不能因为对那些不再存在的差异的陈旧拘泥而采取逃避态度。人力资源方面的需求，就像消遣书和诗歌方面的需求一样，也受到装备上的规划活动的调节；对消遣书和诗歌的制作来

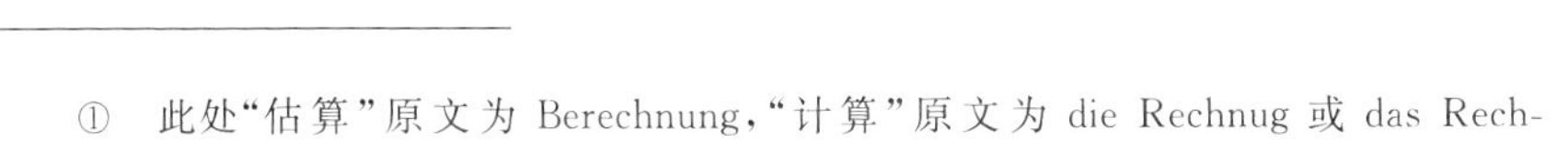

① 此处“估算”原文为 Berechnung，“计算”原文为 die Rechnug 或 das Rechnen。——译注

② 海德格尔在半个多世纪之前做的这个预言今天正在成为现实。——译注

③ 应指德国有机化学家里夏德·约翰·库恩（Richard Johann Kuhn，1900—1967 年）。库恩因对胡萝卜素、维生素的研究（人工合成）而获 1938 年诺贝尔化学奖。——译注

94 说，作家丝毫不比装订书籍的学徒工更重要，后者帮忙为印刷厂把诗歌装订起来，比如从仓库里搞来装订用的纸板原料）。

为了在技术上建立一种对万物的制作的无条件可能性而耗费一切原料，包括“人”这种原料，这种耗费暗暗地取决地那种完全的空虚，即存在者或者说现实材料悬于其中的那种空虚。这种空虚必须得到充实。但由于存在之空虚，尤其当它本身不能被经验时，是不能由存在者之充实来填满的，所以，为了逃脱这种空虚，就只有持续不断地对存在者加以安排，以准备那种规划（作为无目标的行为的保障形式）的持续可能性。由此看来，因为技术违反它的知识而与存在之空虚发生关系，所以技术就是缺陷之组织（Organisation des Mangels）。凡存在者过少存在之处——而且对自我提高的求意志的意志来说，一切总是越为越不够——技术就不得不来帮忙，不得不创造替代品，消耗原料。但事实上，“替代品”和替代物的大量生产并不是一个暂时的应急措施，而是一个惟一可能的形式，是求意志的意志（它是对规划秩序的“完全”保障）保持运行、因而“本身”能够作为万物的“主体”而存在的惟一可能方式。人群数量的增长是专门按规划来推动的，为的是不失去那种机会，即为大众谋求更大的“生活空间”，而后者因其大量而又相应地要求更高级的人群才能建立起来。这种为了消耗的耗费过程的循环运动乃是惟一的事件，它标志着一个已经成为非世界的世界的历史。“领导人物”（Führernaturen）乃是这样一些人们，他们根据自己的本能可靠性让自己受这一事件的使唤，从而成为这一事件的控制机构。他们乃是对存在者的无条件耗费的经营过程范围内的首要职员，而这一经营过程是为保障存在之被离弃状态的空虚而

效力的。这一由于对未被经验的存有的无知拒绝而耗费存在者的 95
经营过程，自始就排除了作为更本质的规定因素的各个国家与民族的差异。正如战争与和平之间的差异已经失效了，同样地，“国家的”与“国际的”之间的区别也失去了意义。今天如果有谁作一种“欧洲式的”思考，他不会再被人们谴责为“国际主义者”了。但他也不再是一个国家主义者了，因为他其实也考虑其他“国家”的利益，丝毫不亚于他对自己国家利益的考虑。

同样地，我们今天这个时代的历史进程的千篇一律状态，其依据也不是一种事后的调适，并不是使陈旧的政治体制与最新的政治体制相适应。在为保障秩序而耗费存在者的过程中，决定性的领导的个别补缺希望形成了种种好斗的纷争；千篇一律状态并不是这些好斗纷争的结果，而是它们的原因。存在者的千篇一律状态是从存在之被离弃状态的空虚中产生出来的。在这种千篇一律状态中，惟一重要的事情是存在者之秩序的可计算的可靠性，后者使存在者服从于求意志的意志。存在者的千篇一律状态也普遍地先于一切国家差异而规定着领导集团的千篇一律状态，对后者来说，一切国家形式都只不过是各种领导工具中的一种而已。由于现实就在于可规划的计算的千篇一律状态，所以，就连人也必须进入单调一式状态之中，才能应付现实事物。在今天，一个没有制服的人已经给人一种不再归属此世的不现实的印象。[①] 惟在求意志的意志中获得准许的存在者伸展到一种无差异状态之中，后者只

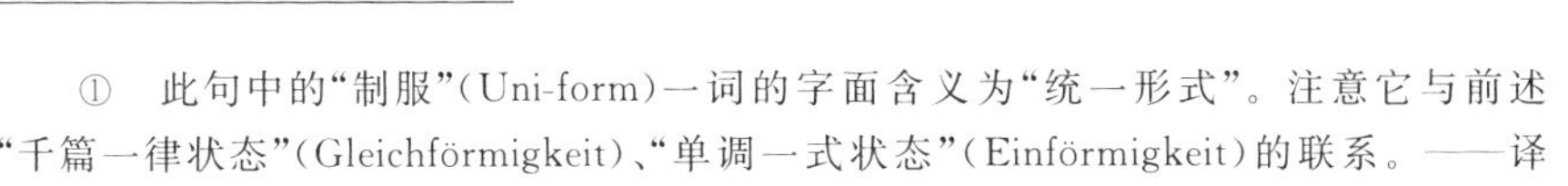

① 此句中的“制服”(Uni-form)一词的字面含义为“统一形式”。注意它与前述“千篇一律状态”(Gleichförmigkeit)、“单调一式状态”(Einförmigkeit)的联系。——译注

还为一种服从“功效原理”的行动和设置来掌握。这个“功效原理”似乎会导致一种等级;而事实上它是以无等级性为决定性根据的,因为功效的目标往往只是那种均匀的空虚,即把所有工作都用到规划之保障中去这样一个耗费过程的均匀空虚。从这个原理中赫然突现的无差异状态绝不等同于那种单纯的敉平,单纯的敉平只
96 不过是对以往等级的拆解而已。总体耗费过程的无差异状态源起于一种“积极的”拒绝,即拒绝一种根据所有目标设定之空虚状态的优势地位来进行的等级划分。这种无差异状态证明了存在之被离弃状态的非世界(Unwelt)的持存,一种已经得到保障的持存。大地(Erde)[①]显现为迷误之非世界(Unwelt der Irrnis)。大地乃是存在历史意义上的迷误之星。[②]

二十七

牧人们不可见地居住着,居住在荒漠化了的大地的荒地之外。荒漠化了的大地只还可能对保障人类统治地位有用,而人类的作用限于作这样一种估价:某物对生命来说是重要的还是不重要的。作为求意志的意志,这种生命预先要求一切知识都以这种有所保障的计算和评价的方式来活动。

大地的毫不显眼的法则把大地保持在万物之涌现和消失的满足状态中,而万物涌现和消失是在所有事物都要遵循、但又都毫不

① 或译为“地球”。——译注

② 此处“迷误之星”是对 Irrstern 的字面直译,Irrstern 在德语中意为“彗星”。——译注

知情的那个被赐予的可能之物领域中进行的。桦树决不会逾越自己的可能性。蜂群居住在自己的可能性中。惟有意志,十分机智地在技术中设置自身的意志,才把大地拉扯到对人造物的耗尽、耗费和改变过程之中。技术强迫大地超出其已经增长了的可能性领域,而进入那个不再是可能之物、因而是不可能之物的东西之中。技术的意图和措施在发明和相继发生的革新方面有许多成功之处,这一事实决不能证明,技术的成就甚至能使不可能之物变成可能的。

历史学上的现实主义和道德主义乃是已经完成了的把自然和精神等同于技术之本质这样一个过程的最后步骤。自然和精神是自身意识的对象;自身意识的无条件的统治地位预先就把自然和精神逼入一种千篇一律状态中,而从形而上学看来,没有任何摆脱这种千篇一律状态的出路。 97

一种做法是一味地利用大地,另一种做法则是领受大地的恩赐,并且去熟悉这种领受的法则,为的是保护存在之神秘(das Geheimnis des Seins),照管可能之物的不可侵犯性。

二十八

任何单纯的行动都改变不了世界状况,因为存在作为效用和作用,把一切存在者都对本有(Ereignis)锁闭起来了。甚至那穿越大地的巨大痛苦也不能直接唤起任何转变,因为它仅仅被经验为一种苦难,这种苦难只是消极地被经验的,而且因此被经验为行动的对立状态,从而与行动一道,是在求意志的意志的同一个本质领域中被经验的。

但是，大地依然隐藏在它本身所是的可能之物的毫不显眼的法则中。意志已经把不可能之物当作一个目标强加给可能之物了。把这种强制设置起来、并且使之保持在统治地位中的谋制(Machenschaft)源出于技术之本质；在这里，“技术”一词被等同于正在自行完成的形而上学概念。在求意志的意志统治下的大地上所有人类共有的无条件的千篇一律状态，清楚地说明了绝对地被设定的人类行动的无意义性。

作为被意求的、但在其本质上并没有被意识到、而且也不可意识的过程，大地的荒漠化始于这样一个时代，在那时真理的本质被界定为确信(Gewißheit)，以这种确信，人类的表象和制作才首先对它本身感到可靠。黑格尔把形而上学历史的这个瞬间理解为绝对的自身意识在其中变成思想之原则的时刻。

98 看起来，仿佛痛苦的本质已经对意志统治之下的人锁闭起来了。欢乐的本质亦然。是否过度的苦难在这里还能带来一种转变呢？

如若没有一种先导性的护送(Geleit)，就不会出现任何转变。然而，要不是本有自行澄明，要不是本有在召唤、需要之际洞见(er-äugnet)[1]到人之本质，并且在此洞见中把终有一死的人带上运思、作诗的筑造之路，那么，一种护送又如何来临呢？

---

① 海德格尔从语言史角度分析过“本有”(Ereignis)的动词形式 ereignen(居有)，认为后者来自更早的动词 eräugnen，eräugnen 联系于“眼睛”(Auge)，有“把……置于眼前”、“使……可见”的意思。根据德语的发音，ereignen 与 eräugnen 相同，因此从 eräugnen 向 ereignen 的演变是自然而然的。海德格尔以此说明 ereignen 以及 Ereignis 与“澄明”、“敞开”的联系。正是在这个意义上，海德格尔在此说“本有”的“洞见”(er-äugnen)。有关情况可参看海德格尔：《同一与差异》，弗林根 1957 年，第 28 页以下。——译注

谁是尼采的查拉图斯特拉？

初眼看来，这个问题不难解答。因为我们可以在尼采本人那 101
里，在他清楚地写下、甚至加了重点号的一些句子里找到答案。这些句子见于尼采那本专门描写查拉图斯特拉这个形象的著作中。该书由四卷组成，成书于 1883 年至 1885 年间，并且冠有《查拉图斯特拉如是说》这样一个书名。

尼采给这本书立了一个副标题，叫做“一本为所有人又不为任何人的书”。“为所有人”，这当然并不就是：为任意的每个人。“为所有人”意思是说：为每一个作为人的人，为每一个个别的人，并且只要他对自己来说在其本质方面变成值得一思的。“……又不为任何人”，这意思是说：不为任何四处游荡的好奇者，他们一味醉心于这本书的个别段落和奇特格言，并且盲目地沉湎于这本书半是歌唱半是呼喊、时而审慎时而狂热、往往高昂激越偶尔也平淡无奇的语言中，而没有动身走上那种在此寻求其话语的思想的道路。

“查拉图斯特拉如是说，一本为所有人又不为任何人的书”。这本著作的副题在它出版之后的七十年间得到了多么可怕的证实啊！——但却是在恰恰相反的意义上。它成了一本为所有人的书，而直到眼下为止都没有出现一个思想者，能够掌握此书的基本思想，并且衡量此书的渊源及其深远意义。谁是查拉图斯特拉呢？

如果我们细心读一下这部著作的书名，我们就会看到一个暗示："查拉图斯特拉如是说"。是查拉图斯特拉在说话。他是一个说话者。何种说话者呢？是群众集会的演讲者吗？抑或是一位布道者？都不是。说话者查拉图斯特拉是一位"辩护人"(Fürsprecher)。在这个名词中，我们碰到了一个十分古老的德语词语，而且有着多样的含义。"Für"原本意味着："在……之前"(vor)。"Fürtuch"是一个至今还在阿雷曼方言[①]中常用的表示围裙的名词。"Fürsprech"宣讲和发言，所以是"代言人"。[②] 但同时，"für"也意味着：为了辩护、
102 力求辩护。最后，辩护人还是那个对自己谈论和拥护的东西作出解释和说明的人。

查拉图斯特拉是一个在上述三重意义上的辩护人。但他宣讲什么呢？他为什么东西说话呢？他试图解释什么呢？查拉图斯特拉仅仅是某一个为了任意某物的辩护人吗？抑或，他是**这个惟一**辩护人，为的是那个首先而且始终对人发出要求的惟一东西？

在《查拉图斯特拉如是说》第三卷的结尾处，有一节文字题为"痊愈者"。"痊愈者"就是查拉图斯特拉。但何谓"痊愈者"呢？"痊愈"与希腊文 νέομαι，νόστος 是同一个意思，意味着：回家、还乡；德文中的 Nostalgie 意思就是乡愁、怀乡。"痊愈者"乃是那样一个人，他专心于还乡，亦即专心投身于自己的使命。这位痊愈者在走向他自身的途中，从而能说出自己是谁。在这节文字中，这位痊愈者说：

---

① 流行于阿尔萨斯、巴登和瑞士等地的德语方言。——译注

② 按海德格尔这里的解释，Fürtuch 在字面上意谓："前面的布"，所以可表示围裙；Fürsprech 在字面上意谓："在……前面讲话"，所以为"代言人"。——译注

> 我,查拉图斯特拉,生命的辩护人,痛苦的辩护人,循环的辩护人……。

查拉图斯特拉为生命、痛苦、循环说话,而且他为这些东西宣讲。这三者——“生命——痛苦——循环”是共属一体的,是同一个东西。如若我们能够正确地把这三重东西当作同一个东西来思考,我们或许就能够猜度:查拉图斯特拉是谁的辩护人,以及他本人作为这个辩护人想成为谁。诚然,我们现在或许可以通过一种粗笨的说明来办事,并且以一种无可争辩的正确性指出:在尼采的语言中,“生命”意味着作为一切存在者(而不仅是人)的基本特征的权力意志。至于“痛苦”的意思,尼采讲了下面的话:“ 切受苦者都意愿生活……”(《尼采全集》,第六卷,第 469 页),也就是说,一切以权力意志方式存在的东西都意愿生活。这就是说:“各种赋形的力量相互冲撞着……”(第十六卷,第 151 页)。“循环”乃是那个圆圈的标志,这个圆圈的环绕回到自身之中,因而总是取得轮回着的相同者。

因此,查拉图斯特拉就表现为下面这个命题的辩护人,即:一切存在者都是权力意志,作为创造着、冲撞着的意志,权力意志忍受着痛苦,因而就在相同者的永恒轮回中意愿自身。 103

以上面这个陈述句,我们已经把查拉图斯特拉的本质带向一个定义了——正如我们在课堂里讲的那样。我们可以记下这个定义,把它铭记在记忆中,有机会时就按需要把它端出来。对于我们端出来的东西,我们甚至还可以特别地用尼采著作中的一些句子来加以证明。这些被加了着重号的句子告诉我们谁是查拉图斯特拉。

在上面提到的“痊愈者”一节中，我们读到（第 314 页）：

> **你**（即查拉图斯特拉）**是永恒轮回的教师**……！

而且，在整部著作的序言中（第 3 节），尼采写道：

> **我**（即查拉图斯特拉）**教你们做超人**。

根据这些句子来看，查拉图斯特拉这位辩护人乃是一位“教师”。看来他教的是两样东西：相同者的永恒轮回与超人。不过，人们首先还看不到：他教的东西是否以及如何是共属一体的。但即使这种联系得到了澄清，也依然可以置疑：我们是否在倾听这位辩护人，我们是否向这位教师学习。倘若没有这种倾听和学习，我们就决不能真正地知道谁是查拉图斯特拉。因此，仅仅把一些句子摆在一起，以表明这位辩护人和教师关于自身的说法，那还是不够的。我们必须关注，他是**如何**说出这些句子的，在何种时机并且以何种意图来说的。查拉图斯特拉并没有由自己向自身说出这个关键句子：“你是永恒轮回的教师！”这是他的动物们对他说的。在这部著作的序言一开头，更为清楚地是在这个序言结尾处（第 10 节），尼采就指出了他的这些动物们。在该序言结尾处，尼采说：“……太阳已近正午，这时他（查拉图斯特拉）疑惑地望着高空，因为他听到空中传来一声尖锐的鸟鸣。看哪！一只鹰正在空中翱翔，兜着大圈子，而且身上还悬挂着一条蛇，这蛇似乎并不是它的猎物，而像是一个朋友，因为蛇就盘绕在它的头颈上”。在这种神

110

秘的拥抱中，我们已可猜想，在鹰的盘旋和蛇的盘绕中，循环和圆环如何围绕起来。于是圆环闪闪发光，它被叫做 anulus aeternitatis［永恒的圆环］：图章戒指和永恒之年。在两只动物的样子中我们就可以看到，它们本身在盘旋和盘绕之际归属于何处。因为它们决不只是作出循环和圆环，而是适应于循环和圆环，从而获得它们的本质。在两只动物的样子中，显现出那个与疑惑地望着高空的查拉图斯特拉相关的东西。因此之故，尼采继续说：

> “它们是我的动物！”查拉图斯特拉说道，心中充满了喜悦。
>
> 太阳下最高傲的动物，太阳下最聪明的动物呵——它们外出探听消息。
>
> 它们想要知道，查拉图斯特拉是不是还活着。说真的，我还活着吗？

只有当我们在“权力意志”的意义上来理解“生命”这个不确定的词语时，查拉图斯特拉的问题才保持着它的份量。查拉图斯特拉是要问：我的意志是不是符合于那种作为权力意志而完全支配着存在者整体的意志？

他的动物们在探查查拉图斯特拉的本质。他问自己，他是否依然是、或者说是否已经是他本来所是的那个人。尼采遗稿中有一则关于《查拉图斯特拉如是说》的笔记（第十四卷，第 279 页）：

> “我有时间**等待**我的动物们吗？如若它们是**我的**动物，它

们该知道怎样找到我的。”查拉图斯特拉的沉默。

因此，他的动物们在上面引用过的段落中，即在“痊愈者”一节中，对他讲了下面的话（我们不可忽视其中加了重点号的句子）：

> 因为，查拉图斯特拉呵，你的动物们完全知道，你是谁，你必须成为谁：看啊，**你是永恒轮回的教师**——这就是**你的**命运！

于是我们即可明见：查拉图斯特拉必须首先变**成**他所是的那个人。查拉图斯特拉害怕这样一种变法。这种害怕贯穿这部旨在
105 对他进行描绘的著作。这种害怕决定了整部著作的风格，以及它犹豫不决的、总是再三延缓的进程。这种害怕已经在其道路的开端处扼杀了查拉图斯特拉的自信和狂妄。谁如果没有预先从全部往往听起来狂妄、而且往往只是做出陶醉样子的谈话中听出这种害怕，那他就决不可能知道谁是查拉图斯特拉。

如果查拉图斯特拉首先应当变成为永恒轮回的教师，他也不能立即就开始这样一种教导。因此，在其道路开端处有另一句话：“**我教你们做超人**”。

不过，对于“超人”这个词，我们必须首先避免在通常意见中出现的所有错误而纷乱的理解。尼采以“超人”这个名称恰恰不是指以往某个巨大的人。他也不是指这样一个人种，一个抛却人道，把完全的任意性当成规律、把巨大的狂怒当成法则的种类。而毋宁说，完全从这个词的字面上来看，超人乃是那样一个人，他超出以往的人，只是为了首先把以往的人带入其依然悬而未决的本质之中，并且把他固定于其中。尼采遗稿中有一则关于《查拉图斯特拉如是说》的笔记说（第十四卷，第 271 页）：

> 查拉图斯特拉不想**失去**人类的过去，而是想把一切都抛入浇铸之中。

可是，这种对超人的紧急呼唤从何而来呢？为什么以往的人再也不够了？因为尼采认识到这样一个历史性时刻，人在这个时刻准备开始对整个地球的统治。在这方面，尼采是第一个思想家，他着眼于首次出现的世界历史提出了一个决定性的问题，并且对此问题的形而上学意义作了深入的思索。这个问题就是：处于其以往的本质之中的人已经为接受对地球的统治地位作好了准备么？如果还没有作好准备，那么，对以往的人必须怎么办，才能使 106
他“听命”于地球，从而实现这个预言，这个来自一个古老遗言的预言？是不是以往的人必须**超越**他自己，才能够响应这一使命呢？如果是这样，那么，得到正确思考的“超人”（Über-mensch）就不可能是一种放纵无羁的、肆无忌惮的、冲入空虚之中的幻想的产物。不过，“超人”的特性同样也不是以历史学的方式、通过一种对现时代的分析就可以找到的。因此，我们决不能在那些人物身上来寻找超人的本质形态，这些人物作为一种表面的和被误解的权力意志的主要机能，被推到权力意志的不同组织形式的前列。当然，我们应当马上看到一点：这种思想，这种对一个教导超人的教师的形象进行追踪的思想，关涉于我们，关涉于欧洲，关涉于整个地

球——不仅现在如此，而且今后尤加。情形就是这样，完全无赖于我们对这种思想进行肯定还是进行斗争，无赖于我们是忽视这种思想还是以错误的调子来仿效这种思想。每一种本质性的思想都毋庸置疑地贯穿于一切拥护者和反对者。

因此，我们应该首先学会如何向这位教师学习，即便这仅仅意味着我们要超出这位教师来进行追问。只有这样，我们才能有朝一日经验到谁是尼采的查拉图斯特拉。要不然，我们就决不能经验到这一点。

诚然，我们还得来思索一下：这种超出尼采思想的追问可能是他的思想的继续呢，抑或必定成为一个返回步伐(Schritt zurück)。

而在此之前，我们还得想一想，这种“返回”(Zurück)是不是仅仅意指一种在历史学上可确定的、人们想要重新恢复的过去(例如歌德的世界)，或者，这种“返回”是不是指示着某个曾在之物，它的开端(Anfang)始终还有待回忆，才能成为一个开始(Beginn)，一个通过早先(die Frühe)而得以涌现出来的开始。[①]

但我们现在只能限于对查拉图斯特拉作少许暂时的了解。要实事求是地做到这一点，我们最好尝试跟着走上查拉图斯特拉这位教师所走过的最初几步。他有所指示地进行教导。他先行观入
107 超人的本质，并且把它带入一种可见的形象中。查拉图斯特拉只是一位教师，并不就是超人本身。再说了，尼采也不是查拉图斯特拉，而是一个试图思索查拉图斯特拉之本质的探问者。

---

① 参看海德格尔：“阿那克西曼德之箴言”，载《林中路》，美茵法兰克福 1994 年，第 325 页以下；中译本，孙周兴译，上海 1997 年，第 332 页以下。——译注

超人超越以往的人和当今的人，因而是一种过渡，一座桥梁。为了能在学习中跟随那个教人做超人的教师，我们必须——仍用比喻来说——达到这座桥梁。当我们注意到以下三点时，我们就相当完整地思考了这种过渡：

第一、过渡者离弃什么。

第二、过渡本身。

第三、过渡者过渡到何处。

最后指出的这个方面，是我们必须看在眼里的；我们尤其要看牢的是过渡者，而在此之前，我们还必须看清那个要把过渡者指示出来的教师。如若没有对这个“何处”的先行洞见，这种过渡就还没有方向盘，过渡者必须摆脱的东西就还是不确定的。但另一方面，过渡者被召唤到何处，这只有在它已经过渡到那里之后才能完全显示出来。对过渡者来说，尤其是对作为教师要把这种过渡指示出来的人来说，也就是对查拉图斯特拉本身来说，这个“何处”始终还在某个遥远的地方。这种遥远持留着。只消这种遥远持留着，它就在一种切近之中，也即在那个东西中，后者由于想念着遥远、朝向遥远而把遥远之为遥远保存下来。向遥远的有所想念的切近，就是我们德语中所谓的渴望（Sehnsucht）。我们错误地把 Sucht（欲求、癖好）一词与“寻求”（suchen）、“受驱动”（getriebensein）联系起来。但“Sucht”这个古词意味着：疾病、苦难、痛苦——正如在黄疸病（Gelbsucht）、肺结核（Schwindsucht）等词语中的用法。

渴望乃是遥远之切近的痛苦。[①]

① 此句原文为：Die Sehnsucht ist der Schmerz der Nähe des Fernen。——译注

过渡者要去的“何处”就是它的渴望的归宿。过渡者以及对过渡者有所指示的那个教师——正如我们已经听到过的那样——就在向其最本己的本质返回的途中。他是痊愈者。在《查拉图斯特
108 拉如是说》第三卷中，紧接着“痊愈者”一节，之后那一节文字标题为“大渴望”。随着这节文字，即第三卷的倒数第三节，《查拉图斯特拉如是说》全书达到了它的顶峰。在一则笔记遗稿中（第十四卷，第 285 页），尼采指出：

> 一种**神性的**苦难乃是《查拉图斯特拉如是说》第三卷的内容。

在“大渴望”这节文字中，查拉图斯特拉与自己的灵魂谈话。根据对西方形而上学具有决定性意义的柏拉图学说，思想的本质基于灵魂与其自身的对话。思想的本质就是 λόγος，ὅν αὐτὴ πρὸς αὑτὴν ἡ ψυχὴ διαξέρχεται περὶ ὧν ἂν σκοπῇ，即：在灵魂向来洞见到的东西周围，灵魂本身在通向自身的道路上所经历的有所道说的自行聚集（柏拉图：《泰阿泰德篇》，189e；参看《智者篇》，263e）。

在与自己的灵魂的对话中，查拉图斯特拉思考着他的“最深邃的思想”（“痊愈者”，第一条；参看第三卷，“幻觉与谜团”，第二条）。“大渴望”一节的开头，查拉图斯特拉讲了下面这番话：

> 噢，我的灵魂，我已教你说“今日”犹如说“往后”和“往昔”，教你跳自己的圆舞，超越所有的“这里”、“那里”和“远处”。

“今日”(Heute)、“往昔”(Ehemals)、“往后”(Einst)这三个词是大写的,并且放在括号里面。它们指称的是时间的基本特征。查拉图斯特拉把三者说出来的方式,指示着查拉图斯特拉本人在其本质的基础上今后必须对自己道说的东西。而这个东西是什么呢?“往后”和“往昔”,将来和过去,如同“今日”一样。而今日就如同过去之物和将来之物。时间的所有这三个阶段合拢为相同者,作为相同者进入一种惟一的当前之中,进入一个持续的现在(Jetzt)之中。形而上学把这个持续的现在称为“永恒”(Ewigkeit)。尼采也是根据作为持续现在的永恒来思考时间的三个阶段的。但对尼采来说,持续的东西并不在于一种持立(Stehen),而是在于相同者的复返。如若查拉图斯特拉教他的灵魂进行那种道说,那他就是相同者的永恒轮回的教师。这种轮回乃是既欢乐又痛苦的生命的不可穷尽的丰富性。这样一种生命正是相同者的永恒轮回的教师的“大渴望”的目标所在。 109

因此之故,在同一节中,这种“大渴望”也被叫做“充溢之渴望”(die Sehnsucht der Über-Fülle)。

“大渴望”多半乞灵于它从中汲取惟一慰藉(亦即信赖)的那个东西。取代“慰藉”这个较为古老的词语(相关于动词“信赖”、“相信”),[①]我们德语中有“希望”(Hoffnung)一词。“大渴望”把满怀渴望的查拉图斯特拉调校和规定入他的“最大希望”之中。

但什么东西使他抱着这种“大希望”,把他引向这种“大希

① 此句中“慰藉”原文为 Trost,海德格尔认为它与动词“信赖”(trauen)、“相信”(zutrauen)相关。——译注

望”呢？

何者是桥梁，让他过渡到超人，并且让他在此过渡中离开以往的人类、从而能够摆脱以往的人类？

上述问题的答案是在《查拉图斯特拉如是说》一书的准备性的第二卷中给出的。我们可以从这部著作的独特结构中看出这一点。这部著作要显明的是过渡者的过渡。在这里，在“关于塔兰图拉毒蛛”一节中，尼采让查拉图斯特拉说：

> 因为人要解除复仇；这在我就是通向至高希望的桥梁，也是长久的暴风雨之后的一道彩虹。

对于人们关于尼采哲学所持的流行意见来说，这话必定显得多么稀奇古怪。尼采不是被看作权力意志的鼓吹者，暴政和战争的催命鬼，“金色野兽”的狂暴兽行的鼓噪者么？

“人要解除复仇”这个句子在文中甚至被加了重点号。尼采思想思及对复仇精神的解除。他的思想想为一种精神效力，这种精神作为摆脱了复仇欲的自由，先行于任何一种单纯的兄弟结义，但也先行一切单一的惩罚意愿；那是这样一种精神，它先于一切和平努力，先于任何对战争的推动，处于一种想要通过条约来建立和保
110 障和平的精神之外。这样一种摆脱了复仇的自由空间同样也处于和平主义、暴政以及斤斤计较的中立态度之外。同样地，它也处于一种放任事物和逃避牺牲的软弱态度之外，也处于那种不惜一切代价盲目采取行动的做法之外。

这种摆脱了复仇的自由精神包含着尼采所讲的自由灵魂。

“**人要解除复仇**”——哪怕我们仅仅粗略地把这种自由精神视为尼采思想的基本特征,则迄今为止始终还在流传的尼采形象就必然要分崩离析了。

尼采说:“因为**人要解除复仇**:这在我就是通向至高希望的桥梁”。他因此也以准备性的隐蔽语言道出,他的“大渴望”目标何在。

但尼采在此理解的复仇是什么呢?在他看来,对复仇的解除究竟是什么?

我们只能满足于对这两个问题作初步的澄清。这种澄清也许会让我们更清晰地看到尼采讲的那座桥梁,那座要引导这种思想、使之从以往的人过渡到超人的桥梁。随着这种过渡,过渡者的目的地得以显露出来。于是我们也许就更能明白,何以查拉图斯特拉作为生命、痛苦、循环的辩护人,是一个同时传授相同者的永恒轮回**和**超人的教师。

但是,为什么如此关键性的东西竟取决于对复仇的解除呢?这种复仇精神栖身于何处?在《查拉图斯特拉如是说》第二卷倒数第三节中,尼采为我们给出了一个答案。这一节的标题是“救赎”。其中写道:

> **复仇精神**:我的朋友,这是迄今为止人类的最佳沉思;而且,哪里有痛苦,哪里就有惩罚。

通过这个句子,尼采首先把复仇与人类迄今为止的整个沉思连系在一起了。这里所谓的沉思(Nachdenken)并不是指任何一 111

种思索(Überlegen),而是指那种思想,人与存在者的关系就基于这种思想,回荡于这种思想中。只要人与存在者打交道,人就着眼于存在者之存在情况、存在者如何存在、存在者想要如何存在和应当如何存在,来表象存在者——简言之,就是着眼于存在者之存在来表象存在者。这种表-象(Vor-stellen)就是思想。

根据尼采的上述句子,这种表象迄今为止都是由复仇精神规定的。人把他们如此这般被规定的与存在者的关系看作最佳关系。

无论人如何把存在者之为存在者表象出来,人都是着眼于存在者之存在来表象存在者的。通过这个着眼点,人就总是已经超出存在者并且超越到存在那里。"向……超越"(hinüber)在希腊语中叫 μετά。因此,人对存在者之为存在者的每一种关系本身都是形而上学的。[①] 当尼采把复仇理解为贯穿并且规定人与存在者之关联的精神时,他自始就对复仇作了形而上学的思考。

复仇在此并不是一个单纯的道德论题,对复仇的解除也并不是道德教育的任务。同样地,复仇和复仇欲也不是一个心理学的课题。尼采是在形而上学上看复仇之本质和意义。但究竟什么是复仇呢?

如果我们以必需的远见首先遵循字面含义,我们也就能从中得到一个暗示。Rache、rächen、wreken、urgere,意思是:推撞、驱赶、跟踪、追踪。在何种意义上复仇是一种追踪呢?复仇其实并不

① 此处中译文未能显出此处μετά与"形而上学"(Metaphysik)之前缀 meta-的联系。——译注

只是力图猎取某物，捕捉某物，占有某物。它也不只是要猎获它所追踪的东西。复仇性的追踪先行反抗它的复仇对象。它以下述方式反抗其复仇对象，即：贬低其对象，以便在被贬低者面前把自己置于优越地位，从而恢复自己的、被看作惟一决定性的作用。因为复仇欲受到战败和受损的感觉的折磨。在创作《查拉图斯特拉如 112
是说》一书的那几个年头里，尼采曾写下下面这样一个句子：

> 我奉劝所有殉道者思量一下，是不是复仇欲驱使他们走此极端。（《全集》第十二卷，第三版，第 298 页）

什么是复仇？现在我们暂时可以说：复仇乃是反抗性的、有所贬低的追踪。而这样一种追踪能承担和贯穿迄今为止的一切沉思，迄今为止从存在者之存在方面对存在者的表象吗？如若复仇精神理当获得上面所讲的形而上学意义，那么，我们就必须根据形而上学的机制来看待这种意义。为了使我们能在相当程度上成功地获得这种看法，让我们现在来关注一下：在现代形而上学范围内，存在者之存在以何种本质特征显现出来。存在的这种本质特征在谢林那里得到了经典的表达。谢林在《关于人类自由之本质及与之相关的对象的哲学探讨》（1809 年）一书中对此作了表述。其中有三句话如下：

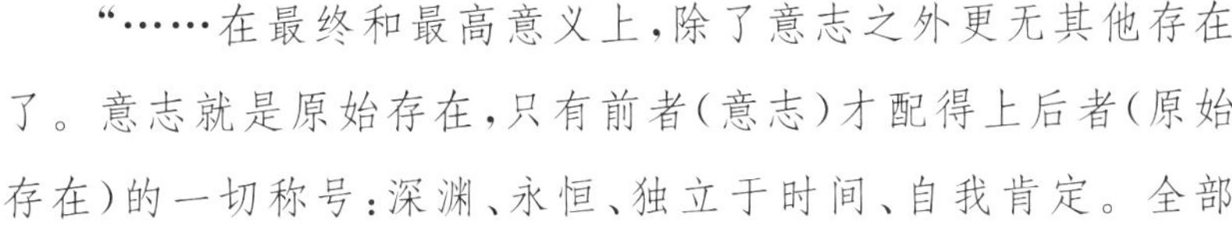

> “……在最终和最高意义上，除了意志之外更无其他存在了。意志就是原始存在，只有前者（意志）才配得上后者（原始存在）的一切称号：深渊、永恒、独立于时间、自我肯定。全部

哲学惟求找到这种最高表达”。[1] (F. W. 谢林《哲学文集》,第一卷,兰茨胡特 1809 年,第 419 页)

谢林在意志(Wollen)中寻找形而上学思想自古就判给存在的那些称号的最终和最高的、因而也是完善的形态。但在这里,这种意愿的意志并不是指人类心灵的能力。“意志”一词在此指的是存在者整体之存在。这种存在就是意志。这听来让我们诧异,而且,只要我们对西方形而上学的主导思想还是生疏的,那它也就是令人诧异的。只要我们还没有思考这些主导思想,而只是不断报道这些思想,那么,我们对它们就依然是生疏的。举例说来,人们可以用历史学的方式把莱布尼茨关于存在者之存在的陈述准确地
113 确定下来,而不去思考他所思的东西的细节,也就是当莱布尼茨从单子出发把存在者之存在规定为 perceptio[知觉]和 appetitus[欲望]的统一体,即表象和欲求的统一体(实即意志)时所思的东西。莱布尼茨所思的东西,在康德和费希特那里作为理性意志(Vernunftwille)表达出来,而后者又在黑格尔和谢林那里得到了不同方式的沉思。当叔本华把他的主要著作立题为《作为意志和表象的世界》(而不是人)时,他指的是同一个东西。当尼采把存在者之原始存在(Ursein)认作权力意志时,他思考的亦是同一个东西。

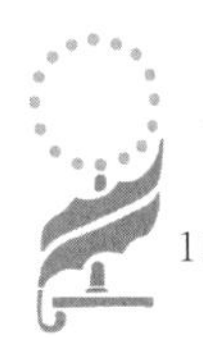

在这里,存在者之存在概无例外地显现为意志,这并非基于某

① 谢林在这里并没有使用名词的 der Wille(意志),而是使用了动名词形式 das Wollen(意愿),但在此语境中,作为“原始存在”(das Urseyn)的 das Wollen 显然等同于“意志”(der Wille)。——译注

几个哲学家编造出来的关于存在者的观点。存在作为意志显现出来,个中意思并不是通过任何博学多才就能发现的;它惟有在思想中才能得到究问,才能作为有待思想的东西而被评价为值得追问的东西,并且因此作为某种被思之物而保存于记忆中。

对现代形而上学来说,存在者之存在显现为意志;这在现代形而上学特别地得到了表达。但人之为人,是由于人通过思想与存在者相对待,并且因此被保持在存在之中。人的思想必须在其本己的本质中应合于它所对待的东西,即作为意志的存在者之存在。

现在,尼采告诉我们,迄今为止的思想都是由复仇精神规定的。假如尼采是在形而上学上思考复仇之本质的,那么他又是如何思考的呢?

在《查拉图斯特拉如是说》第二卷中(前面已指出的"救赎"一节),尼采让他的查拉图斯特拉说:

> 这个,的确,只有这个,才是复仇本身:意志对时间和它的"过去"的憎恶"。

着眼于令人憎恶的东西和复仇中反抗性的东西来规定复仇之本质,因而也就是着眼于一种憎恶来规定复仇之本质,这种做法吻合于那种独特的、我们用来标示复仇的追踪。不过,尼采不只是说:复仇是憎恶(Wider-wille)。仇恨也是憎恶。尼采说:复仇是意 114
志的憎恶。但"意志"指的是存在者整体之存在,而不光是人的意愿。通过把复仇刻划为"意志的憎恶",复仇的反抗性追踪首先还处在与存在者之存在的关联范围内。如果我们注意到复仇之憎恶针对的是什么，则个中情形就变得清清楚楚了。复仇乃是“意志对时间和它的‘过去’的憎恶”。

对于这个复仇之本质的规定，初读之下，甚至再三读之，人们都会认为，其中所强调的复仇与“时间”的关系是令人惊异的、不可理喻的、甚至是随心所欲的。只要人们还没有进一步思索这里的“时间”一词的意思，人们甚至就必定会有这种看法。

尼采说：复仇是“意志对时间……的憎恶”。他并没有说：对某种时间性的东西。他也没有说：对时间的某个特殊性质。他径直就说：“对时间……的憎恶”。

当然，紧接着还有一些词语：“对时间和它的‘过去’”。但这其实是说：复仇是对时间中的“过去”的憎恶。人们完全有理由指出：时间不仅包括“过去”，而且同样本质性地也包括“将来”和“现在”；因为时间不只是由过去决定的，而且也是由将来和当前决定的。因此，如果说尼采以强调语气突出了时间中的“过去”(Es war)，那么，在他对复仇之本质的刻划中，他显然决不是指“这种”时间本身，而是指某个特殊方面的时间。但“这种”时间本身的情形又如何呢？其情形是：它运行着。而且它之运行是通过消逝。时间中将来者决不为停留而到来，而是为运行而到来。何往？进入消逝之中。有一个人死了，我们就说，“他与世长辞了”。[1] 时间性的东西被看作消逝性的东西。

115 尼采把复仇规定为“意志对时间和它的‘过去’的憎恶”。这个

① 此句原文为“Er habe das Zeitliche gesegnet”，可以根据字面直译为：他为时间性的东西祝福。——译注

补充上去的规定并不意味着在忽视时间的其他两个特性的情况下片面地强调一个个别的时间特性，相反，它标示出在其整个本真的时间本质中的时间的基本特征。以“时间和它的‘过去’”这个短语中的“和”，尼采并没有转向一种对某个特殊时间特性的单纯添加。这个“和”在这里的意思就如同：“而且就是”。[①] 复仇是意志对时间的憎恶，而且也就是说：对消逝及其消逝之物的憎恶。对意志来讲，消逝之物乃是它不再能对准的那个东西，它的意愿不断地与之抵触的那个东西。时间和它的“过去”乃是意志不能翻动的绊脚石。作为消逝的时间乃是意志所遭受的逆反物。作为如此这般遭受着的意志，意志本身就成了对消逝的遭受，这种遭受进而意求它自己的消逝，而且因此要求一切都是值得消逝的。对时间的憎恶贬低消逝之物。人世、尘世以及属于尘世的一切，是根本就不应该存在的东西，根本上也不具有真正的存在。柏拉图早就称之为叫 μὴ ὄν，即非存在者。

我们上面所引的谢林那几个句子仅仅表达了一切形而上学的主导观念。根据他的说法，“独立于时间、永恒”乃是存在的原始称号。

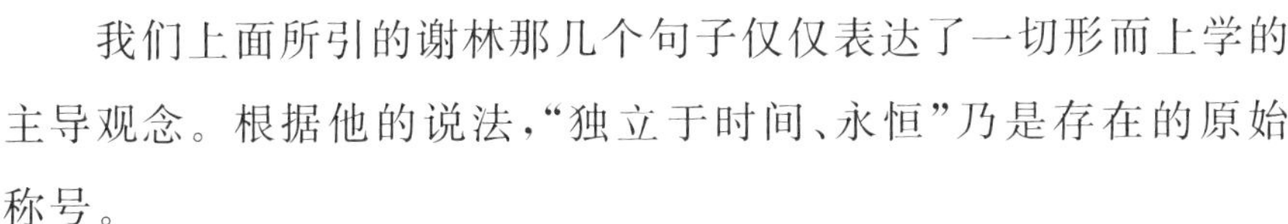

但是，对时间的最深憎恶却不在于那种对人世的单纯贬低。对尼采来说，最深的复仇在于那种沉思，它把超时间的理想设定为绝对的，以此来衡量，时间性的东西就不得不把自己贬降为根本不存在的东西了。

---

① 德语中“和”(und)一般为并列连词，但海德格尔认为这里的“和”具有“而且就是”、“而且这就是说”的递进意味。——译注

但只要人贬低人世，只要复仇精神决定了人的沉思，那么，人如何能达到对地球的统治地位，又如何能担当对地球本身的照料呢？如果要紧的是对地球之为地球的拯救，那么复仇精神就必须首先消失。因此，对查拉图斯特拉来说，对复仇的解除乃是通向至高希望的桥梁。

116 可是，这种摆脱对消逝的憎恶的解除关键在哪里？难道在于一种对一般意志的解脱么？是不是在叔本华和佛教意义？只要存在者之存在按照现代形而上学的学说来看就是意志，那么，解除意志或许就等于解除存在，因而也就等于落入空洞的虚无之中。对尼采来说，虽然对复仇的解除就是对逆反之物的解除，对意志中的反抗之物和贬降者的解除，但决不是要从一切意愿中摆脱出来。这种解除是把憎恶从它的否定(Nein)中解开来，并且使之对一种肯定(Ja)敞开。这种肯定肯定什么呢？恰恰就是复仇精神的憎恶所否定的东西，即：时间、消逝。

这种对时间的肯定就是这样一种意志，即要消逝持留而不让它降为虚无之物。但消逝如何能够持留呢？只有这样：它作为消逝并非总是一味行进，而是始终在到来中。只有这样：消逝和它的消逝之物在其到来中作为相同者返回来。但这种返回本身却只有当它是一种永恒的返回时才是一种持留的返回。按照形而上学学说来看，“永恒”这个称号属于存在者之存在。

对复仇的解除乃是从对时间的憎恶过渡到那种意志，后者表象着相同者的永恒轮回中的存在者。而在这里，意志成为循环的代言人。

换种说法：惟当存在者之存在作为相同者的永恒轮回摆到人

面前来，人才能穿越那座桥梁，解除复仇精神，成为穿越者、超人。

查拉图斯特拉乃是教超人的教师。但他之所以教这种学说，仅仅是因为他是相同者的永恒轮回的教师。这个关于相同者的永恒轮回的思想，按地位来看乃是第一个思想，是“最深邃的”思想。因此，这位教师到最后才道出这个思想，而且也还总是犹犹豫豫地。

谁是尼采的查拉图斯特拉？他是一位教师，这位教师所教的学说想使迄今为止的沉思解脱复仇精神，而进入对相同者的永恒 117
轮回的肯定。

作为永恒轮回的教师，查拉图斯特拉教超人。按照一个遗稿的笔记（《全集》第十四卷，第 276 页），该学说有一个复唱句：“复唱句：‘**惟有爱能判决**’——（创造性的爱，它由于自己的作品而忘乎所以）”。

作为永恒轮回和超人的教师，查拉图斯特拉教的并不是两个不同的东西。他所教的东西本身是一体的，因为一方要求另一方与之相应合。这样一种应合，它现身出场的地方以及它自行隐匿的方式，就是查拉图斯特拉这个形象本身所隐含的东西，但同时也是这个形象所显示、因而首先使之变得值得思想的东西。

不过，这位教师知道，他所教的始终是一个视象，一个谜团。他坚持这种深思熟虑的知识。

我们今人由于现代科学的独特统治地位而卷入一种奇怪的谬误中了。这种谬误以为，知识是从科学中获得的，思想服从科学的审判。但是，一位思想家所能道说的惟一之物，在逻辑上或者在经验上都是既不能证明也不能反驳的。它也不是一种信仰的事情。我们只有在追问和运思之际才能看见它。而我们由此看见的东西总是显现为**值得**追问的东西。

为了我们洞见这个谜的面貌，看到在查拉图斯特拉这个形象中显示出来的东西，让我们重新来关注他的动物的样子。那是在他漫游之初向他显现出来的：

>……这时他疑惑地望着高空，因为他听到空中传来一声尖锐的鸟鸣。看哪！一只鹰正在空中翱翔，兜着大圈子，而且身上还悬挂着一条蛇，这蛇似乎并不是它的猎物，而像是一个朋友，因为蛇就盘绕在它的头颈上。
>
>“它们是我的动物！”查拉图斯特拉说道，心中充满了喜悦。

118 而我们前面故意只部分地引用的“痊愈者”一节第一段如是说：

>我，查拉图斯特拉，生命的辩护人，痛苦的辩护人，循环的辩护人——我呼唤你，我那最深邃的思想！

在第三卷的“幻觉与谜团”一节第二段中，查拉图斯特拉用同一个词来命名相同者的永恒轮回的思想。在那里，查拉图斯特拉首次试图在与侏儒的争辩中来思考被他视为自己的渴望对象的那个东西的神秘性。相同者的永恒轮回对查拉图斯特拉来说虽然还是一个视象，但却是一个谜团。它无论在逻辑上还是经验上都既不能证明亦不能反驳。根本上，这适合于每一个思想家的一切重要思想：被看见的东西，但却是一个谜团——值得追问的(frag-würdig)的谜团。

谁是尼采的查拉图斯特拉？我们现在可以作如下公式化的回

答：查拉图斯特拉是相同者的永恒轮回的教师和超人的教师。但现在我们也许能超越单纯的公式，更为清晰地看到：查拉图斯特拉并不是一位教两个不同东西的教师。查拉图斯特拉教超人，是因为他是相同者的永恒轮回的教师。反之亦然：查拉图斯特拉教相同者的永恒轮回，是因为他是超人的教师。两种学说在一个循环中共属一体。通过两者的循环，这种一体的学说符合于存在之物，符合于那个循环，后者作为相同者的永恒轮回构成存在者之存在，亦即生成中的持留者。

当这种学说穿越那座桥梁，那座被叫做复仇精神之解除的桥梁，这时，它这种学说及其思想就进入这样一种循环中了。由此就能克服迄今为止的思想了。

在完成《查拉图斯特拉如是说》这部著作后不久，也就是在
1885 年，尼采有一则笔记，后被人们编为《权力意志》这部遗著的 119
第 617 条。这则笔记的标题加有重点号："要点重述"。尼采在此以一种异乎寻常的敏锐目光把他自己思想的要义集中表达在几个句子中。而在这段文字的一个加了括号的旁注中，尼采特别点明了查拉图斯特拉。这个"要点重述"的开头一句是："给生成打上存在之特征的烙印——这乃是最高的权力意志"。[①]

---

① 尼采《权力意志》第 617 条全文如下：

"要点重述：

给生成打上存在之特征的烙印——这乃是最高的权力意志。

双重的伪造，一方面是基于感官的伪造，另一方面是基于精神的伪造，旨在保存一个存在者世界，一个持久之物、等价之物等等的世界。

一切皆轮回，这是一个生成世界向存在世界的极度接近——此乃观察的顶峰"。——译注最高的权力意志，亦即一切生命中最有生命活力者，就是要把消逝表象为在相同者的永恒轮回中的不断生成，并且因而使这种消逝变得持续而稳定。这种表象(Vorstellen)乃是一种思想，它就像尼采强调指出的那样，为存在者“打上”其存在的“烙印”。这种思想把生成——它包含着一种持续的冲撞、痛苦——纳入其照料范围，置于其庇护之下。

这种思想克服了迄今为止的沉思，克服了复仇精神吗？抑或在这样一种烙印中——它把一切生成都纳入相同者的永恒轮回的照料之中——不是也还隐含着一种对单纯消逝的憎恶，从而也还隐含着一种极其超凡脱俗的复仇精神吗？

一旦我们提出这个问题，就会散布一个假象，仿佛我们是想指责尼采，说他自己就成了他恰恰要克服的那种人；仿佛我们抱有这样一个看法：通过这样一种清算，这位思想家的思想受到了反驳。

然而，忙忙碌碌的反驳意愿是永远达不到一位思想家的道路的。它属于那种小心眼，公众就需要发泄这种小心眼来维持自己。此外，尼采本人早就先行认识到了我们的问题的答案。在《查拉图斯特拉如是说》之前不久，尼采还出版了一部著作，即《快乐的科
120 学》(1882年)。在这部著作倒数第二节第341条中，尼采以“最大的重负”为题首次阐发了他的“最深邃的思想”，接着的最后一节(第342条)逐字逐句地被采用到《查拉图斯特拉如是说》一书中，作为此书序言部分的开头。

在遗著中(《全集》第十四卷，第404页以下)，我们可以看到尼采为《快乐的科学》一书写的前言草稿。其中有一段文字如下：

> 一种通过战争和胜利而变得强健的精神，对它来说，征服、冒险、危险、甚至痛苦，已经变成了需要；一种对凛冽高空的适应，对冬日漫游的适应，对任何意义上的冰霜和山脉的适应；一种极其精细的狠毒和终极的复仇恶意——因为这其中就有**复仇**，对生命本身的复仇，当一个受苦受难者**把生命置于他的保护之下**时。

除了说查拉图斯特拉的学说并不带来对复仇的解除，我们此外还能说些什么呢？我们就这样说罢。不过，我们这样说，决不是人们所谓的对尼采哲学的反驳。我们这样说，甚至也不是对尼采思想提出异议。相反，我们这样说，是为了把我们的目光转向这样一回事情：连尼采思想也在迄今为止的沉思精神中活动。何以如此呢？这正是我们要关心的。当迄今为止的思想的这种精神被解释为复仇精神时，它的决定性本质是否被触及到了——这个问题我们且放一放。无论如何，迄今为止的思想就是形而上学，而尼采的思想也许就实现了形而上学的完成。

由此，在尼采思想中，这种思想本身不再能思考的那个东西就得以显露出来了。这样一种滞后于所思的情形，乃是一种思想的创造性的标志。哪里有一种思想把形而上学带向完成，这种思想就在一种特别的意义上指示着未曾被思的东西，既清晰又模糊。但看清这一点的眼睛在哪里呢？

形而上学的思想基于一种区分，即真实存在的东西与相比之下构成非真实存在者的东西之间的区分。对于形而上学之**本质**来说，关键却并不在于：这里所谓的区分表现为超感性与感性的对 121

立，而倒是在于：这种区分在某种分裂（Zerklüftung）意义上始终是第一性的和基本的。即便柏拉图式的在超感性与感性之间的等级次序被颠倒过来了，感性在尼采以狄奥尼索斯（*Dionysos*）之名给予命名的那种意义上得到更本质性的和更宽广的经验，这时候，这种区分也还继续持存着。因为查拉图斯特拉的"大渴望"所追求的充溢，乃是生成的不可穷尽的持存性，而权力意志就作为这种持存性在相同者的永恒轮回中意愿自身。

尼采把自己思想中根本的形而上学特性带向了极端的憎恶形式，而且是以他最后一部著作《瞧，这个人——人如何成其所是》的最后几行来表达的。尼采是在 1888 年 10 月撰写这部著作的。但直到二十年之后它才首次公诸于世，且印数受限；1911 年被收入大八开本版《全集》第十五卷。《瞧，这个人》的最后几行如下：

——人们理解我了吗？——**狄奥尼索斯反对十字架上的受难者**……。

谁是尼采的查拉图斯特拉？他是狄奥尼索斯的辩护人。这就是说：查拉图斯特拉乃是教师，他以他的超人学说并且为了这种超人学说而传授相同者的永恒轮回。

上述句子为我们的问题给出了答案吗？没有。即便我们为了追随查拉图斯特拉的道路（哪怕只是他跨越桥梁的第一步）而听从那些被用来解释这个句子的提示，这个句子也没有给出答案。但这个貌似一个答案的句子却可以使我们留神，使我们更聚精会神地回到那个被我们当作标题的问题那里。

谁是尼采的查拉图斯特拉?这个问题现在就是问:谁是这位
教师?谁是这个在形而上学的完成阶段上从形而上学范围内显现
出来的形象?惟在西方形而上学历史中,形而上学的每一个思想 122
家的本质形象以这种方式特别地被创造出来,或者让我们更贴切
地从字面上讲,就是被编造出来(er-dacht);惟在西方思想的开端
处,在巴门尼德那里,而且在那里也只是以隐约的轮廓。

对查拉图斯特拉这个形象来说本质性的事情始终是,这位教师教某个本身共属一体的双重的东西,即:永恒轮回与超人。在某种程度上讲,查拉图斯特拉本身就是这种共属一体。从这个角度看,查拉图斯特拉也还是一个谜团,我们几乎还没有看见的一个谜团。

“相同者的永恒轮回”乃是表示存在者之存在的名称。“超人”乃是表示响应这种存在的人之本质的名称。

从何而来存在与人之本质共属一体呢?如果存在不是人的一个制作品,人也不只是存在者范围内的一个特例,那么,两者如何共属一体呢?

只要思想还老是停留在以往关于人的概念上,则存在与人之本质的共属一体性竟能得到探讨吗?照此看来,人就是 animal rationale,即理性的动物。有两个动物(即鹰和蛇)伴随着查拉图斯特拉,**它们**告诉他,为了成为他本身他必须变成谁——这难道是偶然的,或者仅仅是一种诗歌上的修饰吗?在这两个动物的形象中,高傲与聪明的结合应当为思想者显露出来。但我们必须知道尼采是如何思考两者的。在写作《查拉图斯特拉如是说》那个时期,尼采有一则笔记写道:

> 在我看来，**谦逊**与**高傲**是紧紧联在一起的……两者的共同点在于：清醒的、可靠的评价目光”。(《全集》第十四卷，第99页)

在另一处，尼采写道：

> 人们多么愚蠢地谈论**高傲**——基督教甚至使人感到高傲是**罪恶的**！关键在于，谁若**要求自己伟大**、**想达到伟大**，他就
> 123 必然感到离其他没有此种要求的人十分遥远——这种**距离**被
> 其他人解释为‘摆架子’；但他只把它(即距离)认作持续不断的工作、战斗、胜利，夜以继日。关于这一切，其他人一无所知！(同上，第101页)

鹰：最高傲的动物；蛇：最聪明的动物。而且，两者被嵌入它们于其中回荡的那个循环中，被嵌入围绕着它们的本质的那个圆圈中；而循环与圆圈再度嵌合在一起。

作为永恒轮回**与**超人的教师，查拉图斯特拉是谁？对于这个谜团，我们可在两个动物的样子上看出。在这个样子上，我们可以直接而更容易地确定，我们阐释工作力图显示的值得追问的东西是什么，那就是：存在与人这个生物的关联。

> 看哪！一只鹰正在空中翱翔，兜着大圈子，而且身上还悬挂着一条蛇，这蛇似乎并不是它的猎物，而像是一个朋友，因为蛇就盘绕在它的头颈上。

“它们是我的动物!”查拉图斯特拉说道,心中充满了喜悦。

关于相同者的永恒轮回的注解

尼采本人也亦深知,他的“最深邃的思想”始终是一个谜团。我们就更不可自以为能解开这个谜团。西方形而上学的这个最后思想的模糊性不至于诱使我们,通过某种借口来回避这种思想。

这里所谓借口,根本上只有两种:

或者人们说,尼采这个思想乃是一种“神秘主义”,不该放到我们的思想面前来。

或者人们说,这种思想已经老掉牙了。它归结于那种早就众所周知的关于世界事件的循环论观念。在西方哲学范围里,这个 124
循环论观念首先可以在赫拉克利特那里得到证实。

第二个答复如同所有此类答复一样,根本就没有说出什么来。因为,如果对于一种思想,人们断定它在诸如莱布尼茨那里就“已经”有了,甚至在柏拉图那里就“已经”有了,这对我们来说又有何助益呢?如果这种说法使莱布尼茨和柏拉图的思想处于同一种模糊性中,与人们以为已经通过这些历史学上的指引而得到了澄清的那些思想一样,那么,这种说法又有何用呢?

而第一个借口认为尼采关于相同者的永恒轮回的思想乃是一种古怪的神秘主义。就此借口而言,或许现在这个时代可以教给我们另一种东西;但前提是,思想已经受命去揭示现代技术的**本质**。

现代动力机的本质,除了是相同者的永恒轮回的一个构成分枝,此外还能是什么呢?但这种机器的本质既不是某种机器方面的东西，也不是某种机械力学上的东西。同样地，对于尼采关于相同者的永恒轮回的思想，我们也不能在某种机械力学意义上来加以解释。

尼采是从狄奥尼索斯精神的角度来解说和经验他那最深邃的思想的。这一点只能说明，尼采依然不得不在形而上学上、而且仅仅以形而上学方式来思考他这个思想。然而，这一点并不否认，这种最深邃的思想隐含着某种未曾被思的东西，某种同时也对形而上学思想锁闭起来的未曾被思的东西。[①]（可参看我的讲座稿《什么叫思想?》，1951—1952 年冬季学期，1954 年印行成书，马克斯·尼迈耶出版社，图宾根。）[②]

① 对此可参看洛维特！尼采的相同者之永恒轮回的哲学？第 222 页!!［参编者后记］。——作者边注

② 现被辑为《全集》第八卷，美茵法兰克福 2002 年。——译注

第 二 部

什么叫思想？[1]

当我们亲自思想时，我们才通达那召唤思想的东西。而为了 129
让这样一种尝试获得成功，我们就必须准备学习思想。

一旦我们投身于这种学习，我们也就已经承认了：我们还不能够思想。

然而，人却被视为能思想的动物。人有理由被看作这样一个东西。因为人是理性的生物。而理性，即 *ratio*，是在思想中展开自身的。作为理性的生物，只要人愿意，他是必定能思想的。可是，也许人意愿思想，其实却不能思想。说到底，在这种思想意愿中，人意求太多，因而所能太少。

就人具有思想的可能性而言，人是能思想的。只不过，这种可能性尚未保证我们真的能够思想。因为，能够做某事意味着：使某事按其本质进入我们自身之中，[2]迫切地守护这种进入。但我们

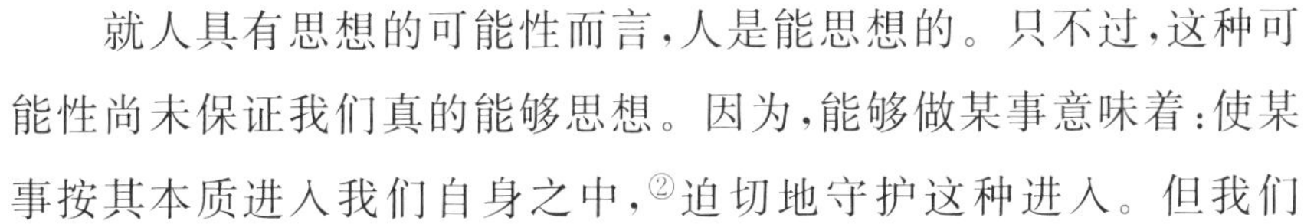

---

① 本文标题 Was heißt Denken? 亦可译为“何谓思想？”，但因为其中的动词 heißen 也有“召唤、叫”的意思，而且特别是因为海德格尔在本文中主要取后一种意义，所以我们把它译为“什么叫思想？”。在下面的正文中，我们视上下文的具体情况，有时把 heißen 译为“叫”，有时也把它译为“召唤”。——译注

② 1967 年第三版：参与某事——。——作者边注

往往只能够做我们喜欢的东西，[1]我们由于允许其进入而对之产生好感的东西。实际上我们只喜欢那个东西，它向来预先从自身而来喜欢我们，而且是在我们的本质上喜欢我们，因为它倾向于这种本质。通过这样一种倾向，我们的本质就被占有了。[2] 倾向就是允诺(Zuspruch)。这种允诺向我们的本质发出诉求，把我们呼唤到本质之中，并且使我们守持在这种本质中。真正说来，守持意味着守护。[3] 可是，只有当我们从自身而来亲身保持那个守持我们的东西时，使我们守持在本质中的东西才能守持我们。当我们不让它脱出记忆时，我们就保持它了。记忆乃是思想之聚集。向何处聚集呢？向那个使我们守持在本质中的东西，因为它同时已经在我们这里得到了思虑。何以这个守持我们的东西必须已经得到了思虑呢？因为它本来就是有待思虑的东西(das zu-Bedenkende)。如果它被思虑，那它就获得了思念。我们为它迎面送去思念(An-denken)，因为我们把它当作我们的本质的允诺来加以喜欢。

130 惟当我们喜欢那个本身有待思虑的东西时，我们才能够思想。

为了进入这种思想之中，就我们这方面来说，我们就必须学习思想。什么是学习呢？人学习，是使他的有为和无为与那个向来从本质上被允诺给他的东西适应起来。我们学习思想，我们的做法就是去关注有待思虑的东西。

---

[1] 注意其中“能够”(Vermögen)与“喜欢”(Mögen)之间的字面和意义联系。——译注

[2] 本有中的需用(Brauch im Ereignis)。——作者边注

[3] 此处“守持”原文为 Halten，“守护”原文为 Hüten，下句中的“保持”原文为 behlaten。——译注

我们的语言把朋友的本质内涵、源自朋友的东西称为友好之物。相应地，我们现在也把本身有待思虑的东西称为可思虑之物。[1] 一切可思虑之物给予我们思想。但是，之所以有这样一种给予，始终仅仅是因为可思虑之物已经从自身而来成为有待思虑的东西了。因此之故，从现在开始，在下面讨论中，我们把自古以来、因而总是不断给予思想，并且先于一切地、因而永远给予思想的东西称为最可思虑的东西。

什么是最可思虑的东西呢？在我们这个可思虑的[2]时代里，它在哪里显示自己呢？

这个最可思虑的东西显示于：我们尚未思想。尽管世界状况持续不断地变得大可思虑，我们始终尚未思想。诚然，这个过程似乎更多地要求人们毫不迟疑地行动起来，而不是在各种协商谈判和国际会议上空话连篇，不是囿于单纯地提出应当做什么以及必须怎样做之类的观念。由此看来，缺少的是行动而决不是思想。

然而——多少世纪以来直至现在，也许人们早已是行动过多而思想过少。

但在今天，到处都更加显露出对哲学的热烈而持久的兴趣，几乎人人都想知道哲学究竟是什么东西，这时候，如何能断言我们尚未思想？

哲学家就是**这些**思想家。之所以这样说，是因为**这种**思想原是在哲学中发生的。没有人会否认，今天人们对哲学是有某种兴

[1] 此处“有待思虑的东西”德语原文为 das zu-Bedenkende，“可思虑之物”原文为 das Bedenkliche，均与动词“思虑”（bedenken）相关。——译注

[2] 1967 年第三版：无可思虑的？——作者边注

131 趣的。不过,就人们对“兴趣”的理解而言,难道还有什么东西是今天的人们不感兴趣的么?

兴-趣的意思是:处于事物之下,在事物之中,置身于某个事物的中心并且寓于这个事物。① 可是,对当今的兴趣来说,重要的只是有趣的东西(das Interessante)。这个有趣的东西让人见异思迁,过一会儿就对它满不在乎,并用另一个有趣的东西来取而代之,而后者与它所取代的前一个有趣的东西一样也很少与人相干。今天人们常常以为,发现某物是有趣的,就是对它表示了莫大的尊敬。实际上,人们在做这种断定时,早已把这个有趣的东西抛入漠然无殊和索然乏味的境地中了。

人们对哲学表现出某种兴趣,这决没有证明人们已准备思想。我们经年累月地钻研伟大思想家们的论文和著作,这一事实仍不能担保我们自身正在思想,或者哪怕只是准备去学习思想。这种哲学研究活动甚至可能最顽固地给我们造成一种假象:我们在思想,因为我们确实在“做哲学”嘛。

但断言我们尚未思想,却仍然显得僭妄。不过这个断言另有一种意思。它说的是:在我们这个可思虑的时代里最可思虑的东西显示于我们尚未思想。这个断言表明那最可思虑的东西显示自身。这个断言决不敢做出一种轻蔑的判断:到处流行的只是无思状态而已。所谓我们尚未思想,这个断言也不是要严厉谴责一种疏忽。可思虑的东西乃是给予思想的东西。它从自身而来呼唤我们,要我们

---

① 海德格尔在此把“兴趣”(Interesse)一词写作 Inter-esse,其中前缀 Inter-有“进入”、“在……之中”等义,esse 则可解为拉丁文的“存在”。——译注

朝向它，而且有所运思地朝向它。可思虑的东西决不只是由我们提出来的。它决不仅仅依赖于我们对它的表象。可思虑的东西有所给予，它给予我们去思想。它给予自身具有的东西。[1] 它具有它本 132
身之所是。多半从自身而来给予思想的东西，即最可思虑的东西，应当在我们尚未思想这一点上显示出来。现在这说的是什么呢？说的是：我们尚未特地进入那个领域之中，即从自身而来先于其他一切、并且为了其他一切东西而已经得到思虑的东西的领域。为什么我们尚未进入那个领域之中呢？兴许是因为我们人尚未充分朝向那依然有待思虑的东西吗？若然，则所谓我们尚未思想，就只是我们人这方面的一个耽搁而已。那么，对于这个缺陷，就一定可以通过人方面的适当措施，以一种人性的方式来加以弥补了。

可是，我们尚未思想，决不只是因为人尚未充分朝向那个从自身而来需要得到思虑的东西。而毋宁说，我们尚未思想，乃是由于那个有待思想的东西（das zu-Denkende）本身从人那里扭身而去，甚至久已从人那里扭身而去了。

我们立即就想知道，这里所指的扭身而去是何时以及以何种方式发生的。此前我们会更好奇地问：我们究竟如何能够知道这样一件事件。如果对于最可思虑的东西，我们竟然作一个断言，主张真正给予我们思想的东西并不是在某个历史学上可确定的时间里从人那里扭身而去的，相反地，有待思想的东西自始就保持在这样一种扭身而去中，那么，上面这类问题就会纷至沓来。但是，惟在一种朝向已经出现的地方，才会发生这种扭身而去。如果那最可

① 1967年第三版：它给予（Es gibt）。——作者边注

思虑的东西保持在一种扭身而去中，那它就已经发生了，而且只是在它的朝向范围内发生的，也就是说，它已经给予人去思想。尽管有种种扭身而去的情况，但有待思想的东西已经向人的本质有所允诺了。因此，我们历史中的人也总是已经以一种本质性的方式进行了思想。他甚至思想了最深邃的东西。有待思想的东西始终已经托付给这种思想了，当然是以一种奇特的方式。这就是说，迄今为止的思想压根儿没有思考：有待思想的东西在此仍然隐匿了。

133 但我们到底在说些什么呢？上面所言难道不是一连串奇特的空洞断言吗？证据何在呢？上面所端出的说法与科学还有一点儿关系吗？如果我们尽可能长久地坚持在这样一种对前面所讲的东西的抵抗态度中，那是好事。因为惟有这样，我们才能守住为一种助跑所必需的距离，从这种助跑而来，某个人或者另一个人也许就能成功地跳跃（Sprung）[①]，跃入对最可思虑的东西的思想之中。

这就是说，有一点是真实的：前面所说的东西以及下面整个探讨都与科学毫不相干，而且恰恰是在这种探讨可以成为一种思想的情况下。这一事态的原因在于：科学不思想。科学不思想，因为从其行为方式及其辅助手段来看，科学从来就不能思想——亦即不能以思想家的方式思想。科学不能**思想**，这并不是一个缺陷，而倒是一个优点。惟此优点为科学确保了一种可能性，使之有可能以研究的方式进入一个个别的对象领域，并且定居于其中。科学不思想。对通常的表象来说，这是一个有失体统的命题。我们就让这个命题保持其有失体统的性质吧，即便它跟着一个后置从句：

① 1967年第三版：参看《同一律》[拟辑为《全集》第十一卷]。——作者边注

与一切人的所作所为一样,科学也依赖于思想。不过,只有当科学与思想之间存在的鸿沟已经变得清晰可见,而且成为一道不可跨越的鸿沟时,科学与思想的关系才是一种真正的富有成果的关系。从科学到思想没有桥梁,而只有跳跃。这一跳跃把我们带向何方呢?不仅仅是另一面,而是一个全然不同的地方。随之而敞开出来的东西是决不能证明的,如果证明意味着:通过推论链条从适恰的前提推导出关于某个事态的命题。对那个在遮蔽自身的同时从自身显现出来、因而一味变得显明的东西,谁要是还想做一番证明或者已经做过一番证明,那他就绝不是根据一种更高级和更严格的知识尺度去下判断。他只是以一种尺度去**计算**,而且是用一种不合适的尺 134
度。因为,仅仅如此这般通过在自行遮蔽中显现而昭示自己的东西,我们也只能以下面的办法来应合它,即:我们要指明并且向自己发出指示,让自行显示的东西进入它所特有的无蔽状态之中而显现出来。这种简单的指引(das Weisen)就是思想的基本特征,就是通向那个自始一直**给予**人去思想的东西的道路。所谓证明,也就是根据适恰的前提进行推导,放过了一切东西。但指引,通过一种指明而向到达开启,却只放过少数,而且这少数也属稀罕。

在我们这个可思虑的时代里,最可思虑的东西显示于我们尚未思想。我们尚未思想,是因为有待思想的东西从人那里扭身而**去**,而绝非仅仅因为人没有充分朝向有待思想的东西。有待思想的东西从人那里扭身而去。它向人扣留自身,从而对人隐匿自身。但被扣留者总是已经被端到我们面前了。以这种扣留方式自行隐匿的东西并没有消失。可是,对于以此方式自行隐匿的东西,我们究竟如何知道一鳞半爪呢?我们如何能够哪怕仅仅给它一个命名呢？自行隐匿者拒绝到达。只不过——这种自行隐匿(Sichentziehen)[①]并非一无所有。在这里，隐匿就是扣留，而且作为这样一种扣留，它就是——本有(Ereignis)。自行隐匿的东西可能更本质性地关涉于人，比人所触及的在场者更内在地要求人。人们喜欢把现实造成的震惊状态(Betroffenheit)视为构成现实之现实性的东西。但现实造成的震惊状态恰恰可能把人与那个关涉于他的东西隔离开来，——这种关涉是以一种相当神秘的方式，它通过自行隐匿而脱弃于人。因此之故，隐匿，有待思想者的自行隐匿，现在就可能作为本有(Ereignis)而比一切现实之物更具当下性。

135 以上述方式对我们隐匿自身的东西诚然是从我们这里抽离了，但同时它恰恰也把我们一起抽去，以其方式抽吸我们。自行隐匿的东西似乎是完全不在场的。但这是骗人的假象。自行隐匿的东西仍然在场，也即以抽吸我们的方式在场，无论我们是立即注意到它还是根本就没有注意到它。抽吸我们的东西已经允诺了到达。如果我们进入这种隐匿之吸引中，那我们就被引向那个通过自行隐匿而抽吸我们的东西。

但如果作为如此这般被抽吸者，我们被引向……那个吸引我们的东西，那么，我们的本质就已经被烙印了，亦即被这种“被引向……”(auf dem Zuge zu...)烙印了。作为如此这般被烙印者，我们自身就指向那个自行隐匿者。我们根本不只是我们，而仅仅是我们在指向自行隐匿者时所是的东西。这种指引就是我们的本质。

① 参看《同一与差异》[拟辑为《全集》第十一卷]。——作者边注

我们通过显示到自行隐匿者之中而存在。作为向那里显示的东西,人是显示者。而且,人并非首先是人,然后此外、也许偶尔还是一个显示者,而毋宁说:由于被吸引到自行隐匿者中、被引向这个东西中并且因而向隐匿显示,人才是人。人的本质就在于成为这样一个显示者。

凡按其最本己的机制来看本身就是某个显示者的,我们称之为标志(Zeichen)。既然被引入自行隐匿者之中,那么人就是一个标志。

但因为这个标志显示着这样一个自行隐匿者,所以这种显示并不能直接表明在此自行隐匿的东西。可见,这个标志始终是不具有表明作用(Deutung)的:

在一首赞美诗的草稿中,荷尔德林写道:

> 我们是一个标志,无所表明
> 我们毫不痛苦,在异乡
> 几乎已经失去了语言。

除了诸如《蛇》《仙女》《标志》等标题外,荷尔德林这首赞美诗的草稿也被冠以《摩涅莫绪涅》[①]之题。我们可以把这个希腊词语译成德语,那就是:回忆、记忆(Gedächtnis)。我们德语中用的是中性名词:das Gedächtnis。但我们也说:认识、权限;又说:葬 136

---

① 摩涅莫绪涅(Mnemosyne):希腊神话中的记忆女神。宙斯化作牧神与她生了缪斯。她教导人们记忆,并给每件东西取名。——译注

礼、事件。[①] 例如，在康德的语言用法中，他几乎同时既用阴性名词“认识”又用中性名词“认识”。[②] 所以，我们可以毫不勉强地把希腊语的阴性名词 Μνημοσύνη 翻译为德语阴性名词：die Gedächtnis（回忆、记忆）。

因为荷尔德林把希腊词语 Μνημοσύνη 当作一个泰坦族人[③]的名字来命名。她是天地之女。作为宙斯的新娘，摩涅莫绪涅九夜之后成为缪斯的母亲。戏与舞，歌与诗，都归于摩涅莫绪涅的怀抱。显然，这个词语在此不同于那种心理学上所说的把过去掌握在表象中的能力。回忆思念已被思想过的东西。但作为缪斯之母，“回忆”（Gedächtnis）并不是任意地思念随便哪种可思想的东西。回忆在此乃是思想之聚集，这种思想聚集于那种由于始终要先于一切获得思虑而先行已经被思想的东西。回忆聚集对那种先于其他一切有待思虑的东西的思念。这种聚集在自身那里庇护、并且在自身中遮蔽着那种首先要思念的东西，寓于一切本质性地现身、并且作为本质之物和曾在之物允诺自身的东西。回忆，即被聚集起来的对有待思想的东西的思念，乃是诗的源泉。因此，诗的本质就居于思想中。传说（Mythos）即道说（Sage）告诉我们这一点。

① 德语中“认识”（die Erkenntnis）、“权限”（die Befugnis）为阴性名词；“葬礼”（das Begräbnis）、“事件”（das Geschehnis）为中性名词。海德格尔在此是要指明：德语中以-nis 结尾的名词既可以是中性的，也可以是阴性的；故我们亦可把中性的 das Gedächtnis 改为阴性的 die Gedächtnis，以后者来翻译阴性的希腊名词 Μνημοσύνη。——译注

② 德语名词“认识”一般为阴性，即：die Erkenntnis。中性名词 das Erkenntnis 通常意为“判决”，并无“认识”之义。——译注

③ 泰坦（Titan）：又译“提坦”，希腊神话中的巨人，因反抗宙斯而被后者推入地狱的巨神族成员。——译注

诗的道说乃是最古老的道说，不只是因为根据纪年它是最古老的，而是因为按其本质来看，它亘古以来始终是最值得思想的东西。诚然，只要我们根据逻辑学交给我们的那些信息来表象思想，只要我们还没有认真地对待一切逻辑学都已经固定于一种特殊的思想方式这样一回事情，那么，我们就将不可能注意到，诗何以居于思念。

一切诗歌皆源出于思念之虔诚。在《摩涅莫绪涅》这个标题 137
下，荷尔德林诗云：

> 我们是一个标志，无所表明……

我们是谁呢？我们即今天的人。这个“今天”已经长久地持续，而且还将长久地持续，其长度之久长，是任何一种历史学的纪年法都无法为之提供一个尺度的。在同一首赞美诗《摩涅莫绪涅》中，荷尔德林说：“久长矣/ 这个时代”——也就是那个时代，我们在其中成为一个无所表明的标志。我们是一个标志，而且是一个无所表明的标志，这难道不足以促动我们思想吗？也许，荷尔德林在这些诗句以及下面的诗句中所讲的东西，就属于向我们显示自身的最可思虑的东西，属于我们尚未思想这样一回事情。但是，我们尚未思想，这一点的依据是不是就在于我们是一个无所表明的标志而且是毫不痛苦的？或者，我们是一个无所表明的标志而且是毫不痛苦的，是因为我们尚未思想吗？倘若后面这一点是正确的，那么，或许正是思想首先赠予终有一死的人以痛苦，而且把一种表明（Deutung）带给标志（终有一死的人即作为这种标志而存在）。于是，这样一种思想也才会把我们置入一种与诗人之诗的对话之中，而诗人之道说概无例外地要在思想中寻求其回声。如果我们胆敢把荷尔德林的诗意话语纳入思想领域中，我们诚然须得小心提防，不能不借思索地把荷尔德林的诗意言说与我们正要思考的东西等同起来。诗意言说与思想言说决不是相同的东西。不过，一方与另一方却能够以不同方式言说同一个东西。当然，这一点惟当诗与思之间的鸿沟纯粹而确定地张开时才有望成功。只要诗经常是一种崇高的思而思经常是一种深刻的诗，诗与思之间的鸿沟就张开了。荷尔德林也是知道这一点的。他这种知道，我们可以从他的两段诗中得知。这两段诗的标题为：

138

苏格拉底和阿西比亚德斯

神圣的苏格拉底啊，为何你总是崇拜
这位青年？难道你不知道更伟大的？
为何你的双眼仰望着他，
带着爱意，犹如望着诸神？

第二段给出答案：

思想最深刻者，热爱生机盎然，
深谙世故者，懂得青春至高，
智者最终
往往喜爱美丽事物。

与我们相关的诗句是：

思想最深刻者,热爱生机盎然。

可是,在这个诗句中,我们太容易不却理会那些真正具有道说作用、因而主导性的词语。这些具有道说作用的词语是动词。如果我们以常人不习惯的不同方式来重读这个诗句,我们就听出了这个诗句的动词性:

思想最深刻者,**热爱**生机盎然。

“思想”和“热爱”这两个动词的紧密接近构成这个诗句的中心。[1] 据此看来,热爱的基础就在于我们已经思想了最深刻的东西。这样一种“已经思想”也许来自那种回忆,甚至诗以及与之相随的所有艺术都基于这种回忆的思想。可是什么叫“思想”呢?举例说来,什么叫游泳,我们决不是通过一篇讨论游泳的论文来了解的。只消我们跳进河里,这一跳就会告诉我们什么叫游泳了。这样我们才能了解到进行游泳必须依据的要素。但思想赖以进行的要素是何种要素呢?

假如我们尚未思想这个断言是真实的,那么,它同时也就是 139
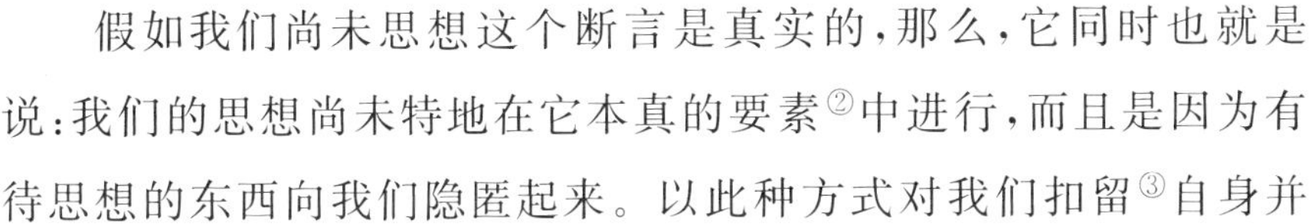
说:我们的思想尚未特地在它本真的要素[2]中进行,而且是因为有待思想的东西向我们隐匿起来。以此种方式对我们扣留[3]自身并

① 这个诗句的德语原文为:Wer das Tiefste gedacht, liebt das Lebendigste。其中相邻的两个动词“思想”(gedacht)和“热爱”(liebt)位于中心位置。——译注

② 1967年第三版:或者是隐匿——被隐匿状态、拒绝,思想的要素——四重整体(Ge-Viert)之拒绝。——作者边注

③ 预感(ahnen)。——作者边注

且因此还未经思想的东西，我们从自身出发不可能把它逼入到达之中，即便假定了有利情形，即：我们已经清晰地预先思入对我们扣留自身的东西。

所以我们能做的只有一件事，那就是等待，直到有待思想的东西向我们允诺。但在这里，**等待**绝不是说：我们暂且还要推延思想。等待在此意味着：期待着未被思想者，而且是在已经被思想者范围内期待着在已经被思想者中依然遮蔽着的未被思想者。通过这样一种等待，我们就已经有所运思地踏上了一条通向有待思想者的道路。这条道路可能是一条歧途。但它或许是惟一相称的道路，能够响应于那个给予思虑的东西。

然而，我们究竟应当从哪里发觉那个先于其他一切而给予人以思想的东西呢？最可思虑的东西是怎样向我们显示自身的呢？我们说过：在我们这个大可思虑的时代里，最可思虑的东西显示于以下事实，即：我们尚未思想，尚未以我们特地响应最可思虑者的方式进行思想。我们至今还没有进入思想的特有本质[①]之中，以便在其中居留。在这个意义上讲，我们尚未本真地(eigentlich)[②]思想。不过这恰恰就是说：我们已经思想，但尽管有种种逻辑学，我们却尚未特别地与思想据以本真地思想的要素相亲熟。因此我们甚至尚未
140 充分地知道，以往的思想就其是一种思想而言已经在何种要素中活动。[③] 以往思想的基本特征乃是觉知(Vernehmen)。[④] 觉知的能力

---

① 1967年第三版：入于其要素中。——作者边注

② 本有(Ereignis)。——作者边注

③ 1967年第三版：存在学差异。——作者边注

④ 1967年第三版：存在学差异。——作者边注

被叫做理性。[①]

理性觉知什么呢？觉知逗留于何种要素中，使得一种思想由此而发生？觉知乃是对希腊词语 νοεῖν［思想］的翻译，这个希腊词语意味着：发觉某个在场者，有所发觉之际预取之，并且把它当作在场者加以采纳。这种有所预取的发觉乃是一种表象（Vorstellen），在简单、广泛同时又本质性的意义上的一种表象，即：我们让在场者如其站立和放置那样站立和放置在我们面前。[②]

可是，在早期希腊思想家中间，那个为迄今为止的西方思想树立标尺的思想家，[③]当他讨论思想时，他绝不仅仅、而且决不首先关注我们所谓的单纯的思想。而毋宁说，思想的本质规定恰恰在于：它的本质始终是从作为觉知的思想所觉知的东西——亦即在其存在中的存在者——出发得到规定的。

巴门尼德说（残篇第八第 34—36 行）：

ταὐτὸν δ᾽ἐστὶ νοεῖν τε καὶ οὕνεκεν ἔστι νόημα.

οὐ γὰρ ἄνευ τοῦ ἐόντος, ἐν ὧι πεφατισμένον ἐστιν,

εὑρήσεις τὸ νοεῖν·

“而觉知与（这个）觉知[④]为之而存在的东西是同一的。

因为没有它（即觉知）在其中成为被言说者的存在者之存

① ratio（λέγειν［言说］）。——作者边注

② 还不是“对象”。——作者边注

③ 指巴门尼德。——译注

④ 1967 年第三版：（Vernehmung［觉知］）。——作者边注

在，你就找不到觉知。[1]

从巴门尼德的这些话中可以明见：思想作为觉知从存在者之
141 存在中接受其本质。但在这里，对于希腊人来说，接着对于直到今天为止的整个西方思想来说，何谓存在者之存在呢？对这个过于简单、因而迄今为止从未提出的问题，答案是：存在者之存在意味着在场者之在场，现时出场者之现时出场。[2] 这个答案乃是向模糊境地的一次跳跃（Sprung）。

作为觉知的思想所觉知的东西，乃是在其现时出场中的出场者。在出场中，思想取得它作为觉知的本质。依此看来，思想乃是现时出场者的那种呈现（Präsentation），后者把我们投置到在其在场状态中的在场者那里，并且因此把它摆置到我们面前，以便我们能够站立于在场者面前，在在场者范围内忍受这种站立。作为这样一种呈现，思想把在场者投置入与我们的关系之中，把它置回到我们这里。因此之故，呈现就是再现（Re-präsentation）。[3] *Re-paesentatio*［**再现**］这个词乃是后来流行的表示表象的名称。[4]

以往思想的基本特征乃是表象（Vorstellen）。根据关于思想

---

① 这是海德格尔本人做的译文。在本书第十篇文章“命运”中，海德格尔引用了W. 克兰茨的译文：“思想和被思想的存在是同一的；因为你找不到一个思想是没有它们所表达的存在者的”。——译注

② 在此上下文中，我们以“在场”译 Anwesen，以“出场、现时出场”译 Präsenz。两者含义难以明白区分。——译注

③ 1967 年第三版：反思。——作者边注

④ 呈现因素与现时出场——消失了！一个“现时出场者”（Präsent）——一个“赠品”。小礼物。——作者边注

的古老学说，这种表象实行于 λόγος［逻各斯］，这个词在此意味着陈述、判断。关于思想、λόγος［逻各斯］的学说因此就被叫做逻辑学。当康德把思想的基本行为（即判断）规定为一种对象表象的表象时，他以一种简单的方式接受了传统对于作为表象的思想的标识（《纯粹理性批判》，A68，B93）。例如，如果我们下判断说“这条路是石头路”，那么，在这个判断中，关于对象（即路）的表象就从它那方面得到了表象，亦即被表象为石头的。①

思想的基本特征乃是表象。在表象中觉知展开自身。表象本身乃是再现。但为什么思想基于觉知呢？为什么觉知在表象中展开自身呢？为什么表象就是再现呢？

以哲学的做派，就仿佛在这里根本就没有什么可追问的了。 142

但以往的思想基于表象，而表象基于再现，这一点源远流长。其渊源隐蔽于一种毫不显眼的事件中：在西方历史的开端处，为着西方历史的整个过程，存在者之存在显现为现时出场（Präsenz）、在场（Anwesen）。存在显现为在场者之在场，这种显现本身就是西方历史的**这个**开端——假如我们不只是按照发生事件来表象历史，而是首先按照那个通过历史自始贯通一切发生事件而被发送出来的东西来思考历史。

存在意味着在场。但现在，我们已经觉醒了，注意到我们所谓的在场状态把我们的思想指引向何方，这时候，存在的这个容易轻描淡写的基本特征，即在场，就变得神秘莫测了。

在场者乃是进入无蔽状态之中、并且在无蔽状态范围内本质性

① 1967 年第三版：参看“康德的‘存在’论题”［见《全集》第九卷］。——作者边注

地现身的持续者。惟在无蔽状态已然起支配作用的地方，在场才会发生。而在场者，就其进入无蔽状态而持续来说，才是当前的。

因此之故，在场不仅包含无蔽状态，也包含当前。这个在在场中起支配作用的当前乃是时间的一个特征。但时间的本质是决不能通过传统的时间概念来把握的。

可是，在已经作为在场而显现的存在中，与其中起支配作用的当前和时间的本质一样，在其中起支配作用的无蔽状态也同样还是未经思想的。也许，作为时间本质（Zeitwesen），无蔽状态与当前是共属一体的。只要我们觉知着在其存在中的存在者，只要我们——用现代讲法——表象着在其对象性中的对象，那么，我们就已经在思想了。[①] 以此方式，我们思想久矣。但只消存在者之存

143 在在作为在场状态显现出来之际基于何处这一点还是未经思想的，那么，我们仍然尚未本真地思想。

存在者之存在的本质渊源[②]是未经思想的。本真地有待思想的东西还被扣留着。它尚**未**对我们来说成为值得思想的。因此，我们的思想尚未特别地进入到它的要素[③]之中。我们尚未本真地思想。因此之故，我们要**追问**：什么叫思想？

① 1967年第三版：再现与反思。——作者边注

② **存在学差异**。——作者边注

③ 1967年第三版："要素"——本有（Ereignis）。——作者边注

筑·居·思[①]

在本文中，我们试图对栖居和筑造作出思考。我们这种关于 147
筑造的思考并不自以为要发明建筑观念，甚或给建筑活动制定规则。我们这种思想尝试根本不是从建筑艺术和技术方面来描述筑造的，而是要把筑造纳入一切**存在**之物所属的那个领域中，以此来追踪筑造。

我们问：

一、什么是栖居？

二、在何种意义上筑造归属于栖居？

一

看起来，我们似乎只有通过筑造才能获得栖居。筑造以栖居为目标。可是，并非所有的建筑物都是居所。桥梁和候机室，体育场和发电厂，是建筑物，但并不是居所；火车站和高速公路，水坝和商场，是建筑物，但并不是居所。不过，上述建筑物依然处于我们的栖居的领域当中。这个领域超出了这些建筑物，而又不限于居

① 在正文中，我们也把这三个词译为：筑造、栖居、思想。——译注

所。卡车司机以高速公路为家，但那里并没有他的住宿地；女工以纺织厂为家，但那里并没有她的居所；总工程师以发电厂为家，但他并不住在那里。上述建筑物为人提供住处。人靠它们而居住；但如果栖居意味着我们占用某个住宿地的话，那么，人就并不居住在这些建筑物中。当然，在今天的住房困难条件下，占用某个住宿地就已经令人心安和开心了；住宅建筑可以为人们提供住宿地，今天的居所甚至可以有良好的布局，便于管理，价格宜人，空气清新，光照充足，但是：居所本身就能担保一种**栖居**（*Wohnen*）的发生吗？而那些并非居所的建筑物，就它们服务于人的栖居而言，本身还是从栖居方面得到规定的。倘若这样的话，栖居在任何情形下就都会是支配一切筑造的目的了。栖居与筑造相互并存，处于目的与

148 手段的关系中。然而，只要我们仅仅持这种看法，我们就把栖居和筑造看作两种分离的活动，从中表象出某种正确的东西。但同时，我们通过目的-手段的模式把本质性的关联伪装起来了。

因为筑造不只是获得栖居的手段和途径，筑造本身就已经是一种栖居。谁向我们道出此点的呢？究竟谁给我们一个尺度，让我们去测度栖居和筑造的本质？假如我们留心语言的特有本质的话，关于一件事情的本质的呼声（Zuspruch）就会从语言而来走向我们。无疑地，时下在全球范围内喧嚣着一种放纵而又圆滑的关于被言说的东西的说、写和播。人的所作所为俨然**他**就是语言的构成者和主人，而实际上，**语言**才是人的主人。也许首要地，正是由人所推动的对**这种**支配关系的颠倒，把人的本质逐入阴森之境（das Unheimische）。我们注重言说的细心，这固然是好的；但只要在这里语言也还仅仅作为表达的工具为我们效力，那么，这种注

重就还无所助益。在我们人能够从自身而来一道付诸言说的所有呼声中，语言乃是最高的、处处都是第一性的呼声。

那么，什么叫筑造呢？古高地德语中表示筑造的词语，即"buan"，意味着栖居。后者表示：持留、逗留。动词筑造也即栖居的真正意义对我们来说已经失落了。一丝隐隐的痕迹还保留在"邻居"（Nachbar）一词中。邻居就是"Nachgebur"、"Nachgebauer"，是在切近处居住的人。动词 buri，büren，beuren 和 beuron，意思都是居住、居住场所。眼下无疑地，buan 这个古词不仅告诉我们筑造说到底就是栖居，而且同时也暗示我们必须如何来思考由此词所命名的栖居。说到栖居，我们通常以为是一种行为，是人类在其他许多行为方式之外也在做的一种行为。我们在这里工作，在那里居住。我们不单单是居住着——这近乎无所事事；我们还从事职业活动，我们经商，旅行，在途中居住，一会儿在此地，一会儿在彼地。筑造原始地意味着栖居。在筑造一词还源始地言说之处，它同时也道出了栖居的本质所及的范围。筑造，即古高地德语中的 buan，bhu，beo，也就是我们现代德语中的"是"（bin），如在下列说法中：我是（ich bin），你是（du bist），以及命令式 bis，sei。那么，什么叫"我是"呢？含有"是"（bin）的意思的古词 bauen 给出回答："我是"、"你是"意味着"我居住"、"你居住"。我是和你是的方式，即我们人据以在大地上存在（*sind*）的方式，乃是 Buan，即居住。所谓人存在，也就是作为终有一死者在大地上存在，意思就是：居住。古词 bauen 表示：就人居住而言，人存在（*sei*）；但这个词同时也意味着：爱护和保养，诸如耕种田地，养植葡萄。这种筑造只是守护着植物从自身中结出果实的生长。在爱护和保养意义上的筑造不是置造(Herstellen)。相反,船舶建筑和寺庙建筑却以某种方式置造出它们的作品本身。在这里,与保养相区别,筑造乃是一种建立。作为保养的筑造(即拉丁语的 colere,cultura)和作为建筑物之建立的筑造(即拉丁语的 aedificare)——这两种筑造方式包含在真正的筑造即栖居中。但对于人类的日常经验来说,作为栖居的筑造,也即在大地上存在,自始就是——正如我们的语言十分美好地说出的那样——“习以为常的东西”。[①] 因此之故,这种筑造便让路给栖居所实行的多样方式,让路给保养和建立活动。这些活动随后取得了筑造这个名称,并借此独占了筑造的事情。筑造的真正意义,即栖居,陷于被遗忘状态中了。

这一事件初眼看来似乎只是纯粹字面上的意义变化的过程。而实际上,其中隐藏着某种决定性的东西,那就是:栖居并没有被

150 经验为人的存在;栖居尤其没有被思考为人之存在的基本特征。

仿佛是语言把筑造即栖居的真正意义收回去了,但这却证明了此类意义的原始性;因为在语言的根本话语中,它所真正要道说的东西很容易为了那些浅显的意思而落入被遗忘状态之中。对于这一过程的奥秘,人们几乎还未曾思索。语言从人那里收回了它的简单的和高级的言说。不过,语言的原初呼声并没有因此而喑哑,它只是缄默不语而已。而人却不去留意这种沉默。

然而,如果我们倾听到语言在筑造一词中所道说的东西,我们就能觉知如下三点:

---

① 这里似应注意“习以为常的东西”(Gewohnte)与“栖居、居住”(Wohnen)两个德语词语之间的联系。——译注

一、筑造乃是真正的栖居。

二、栖居乃是终有一死的人在大地上存在的方式。

三、作为栖居的筑造展开为那种保养生长的筑造与建立建筑物的筑造。

如果我们考虑到这三点，我们就能获悉一种暗示，并且觉察到下面的事情：只要我们对任何筑造本就是一种栖居这回事情不加思索，那么，我们甚至不能充分地**追问**——更遑论实事求是地加以决断了——建筑物的筑造本质上是什么。我们栖居，并不是因为我们已经筑造了；相反地，我们筑造并且已经筑造了，是因为我们栖居，也即**作为栖居者**而存在。但栖居的本质何在呢？让我们再来倾听一下语言的呼声：古萨克森语中的“wuon”和哥特语中的“wunian”，就像 bauen 这个古词一样，也意味着持留、逗留。而哥特语中的“wunian”更清楚地告诉我们应如何经验这种持留。Wunian 意味着：满足，被带向和平，在和平中持留。和平（Friede）一词意指自由，即 Frye，而 fry 一词意味着：防止损害和危险，“防 151
止……”也就是保护。自由的真正意思是保护。保护（Schonen）本身不仅在于，我们没有损害所保护的东西。真正的保护是某种**积极的事情**，它发生在我们事先保留某物的本质的时候，在我们特别地把某物隐回到它的本质之中[①]的时候，按照字面来讲，也就是在我们使某物自由（即 einfrieden）的时候。栖居，即被带向和平，意味着：始终处于自由（das Frye）之中，这种自由把一切都保护在其

① 1967 年第三版：本己之物（本有）。——作者边注

本质之中。**栖居的基本特征就是这样一种保护**。它贯通栖居的整个范围。一旦我们考虑到，人的存在基于栖居，并且是作为终有一死者逗留在大地上，这时候，栖居的整个范围就会向我们显示出来。

但“在大地上”就意味着“在天空下”。两者**一道**意指“在神面前持留”，并且包含着一种“向人之并存的归属”。从一种**原始的**统一性而来，天、地、神、人“四方”(die Vier)归于一体。[①]

大地是效力承受者，开花结果者，它伸展于岩石和水流之中，涌现为植物和动物。当我们说大地，我们就已经一道思及其他三方，但并没有思索四方之纯一性(Einfalt der Vier)。

天空是日月运行，群星闪烁，四季轮转，是昼之光明和隐晦，是夜之暗沉和启明，是节气的温寒，是白云的飘忽和天穹的湛蓝深远。当我们说天空，我们就已经一道思及其他三方，但并没有思索四方之纯一性。

诸神是有所暗示的神性(Gottheit)使者。从神性那神圣的支配作用中，神显现而入于其当前，或者自行隐匿而入于其掩蔽。当我们指出诸神，我们就已经一道思及其他三方，但并没有思索四方之纯一性。

152 终有一死者乃是人。[②] 人之所以被叫作终有一死者，是因为人能够赴死。赴死意味着能够承受**作为**死亡的死亡。惟有人赴

---

① 此处“天、地、神、人”乃是我们对“天空”(der Himmel)、“大地”(die Erde)、“诸神”(die Göttlichen)、“终有一死者”(die Sterblichen)的简译。——译注

② 海德格尔把人称为“终有一死者”(die Sterblichen)，意在突出强调人的有限性。在某些语境里，我们也译之为“终有一死的人”；在少数情况下也简译之为“人”。——译注

死，而且只要人在大地上，在天空下，在诸神面前持留，人就不断地赴死。当我们指出终有一死者，我们就已经一道思及其他三方，但我们并没有思索四方之纯一性。

我们把这四方的纯一性称为四重整体（*das Geviert*）。终有一死的人通过栖居而在四重整体中存在。但栖居的基本特征乃是保护。终有一死者把四重整体保护在其本质之中，由此而得以栖居。相应地，栖居着的保护也是四重的。

终有一死者栖居着，因为他们拯救大地——“拯救”一词在此取莱辛还识得的那种古老意义。拯救不仅是使某物摆脱危险；拯救的真正意思是把某物释放到它本己的本质之中。拯救大地远非利用大地，甚或耗尽大地。对大地的拯救并不是要控制大地，也不是要征服大地——后者不过是无限制的掠夺的一个步骤而已。

终有一死者栖居着，因为他们接受天空之为天空。他们一任日月运行，群星游移，一任四季的幸与不幸。他们并不使黑夜变成白昼，使白昼变成忙乱的烦躁不安。

终有一死者栖居着，因为他们期待着作为诸神的诸神。他们怀着希望向诸神提出匪夷所思的东西（das Unverhoffte）。[①] 他们期待着诸神到达的暗示，并没有看错诸神缺失的标志。他们并不为自己制造神祇，并不崇拜偶像。在不妙中他们依然期待着已经隐匿了的美妙。[②]

① 得以突兀地让“窥听”（“Verhoffen”lassen）——但借此（以这种让）以更隐蔽的方式抑制起来。——作者边注

② 此句中的“不妙”（Unheil）、“美妙”（Heil）与“神圣者”（das Heilige）有着字面和意义联系。——译注

终有一死者栖居着，因为他们把他们本己的本质——也即他们有能力承受作为死亡的死亡——护送到对这种能力的使用中，
153 借以得一好死。把终有一死者护送到死亡的本质中，这决不意味着：把作为空洞之虚无的死亡设定为目标；它的意思也不是说：由于盲目地死盯着终结而使栖居变得暗沉不堪。

在拯救大地、接受天空、期待诸神和护送终有一死者的过程中，栖居发生为对四重整体的四重保护。保护意味着：守护四重整体的本质。[①] 得到守护的东西必定得到庇护。但如果栖居保护着四重整体，那么，它在哪里保藏着四重整体的本质呢？终有一死者如何实现作为这种保护的栖居呢？倘若栖居仅仅[②]是一种在大地上、在天空下、在诸神面前和与人一道的逗留，那么，终有一死者就决不能实现这种作为保护的栖居。而毋宁说，栖居始终已经是一种在物那里的逗留。作为保护的栖居把四重整体保藏在终有一死者所逗留的东西中，也即在物（Dingen）中。

不过，这种在物那里的逗留并不是作为某个第五方而仅仅依附于前述的四重保护，相反，在物那里的逗留乃是在四重整体中的四重逗留一向得以一体地实现的惟一方式。栖居通过把四重整体的本质[③]带入物中而保护着四重整体。但只有当物本身作为物而被允许在其本质中，[④]物本身才庇护着四重整体。这又是如何发

① 1967 年第三版：但如果拒绝又如何？对拒绝的顺应——更多地把它最本己的居有（Er-eignen）在道说（Sage）中显示出来——何时？那么……。——作者边注

② 1967 年第三版：不清楚！不再是存在学差异了。——作者边注

③ 1967 年第三版：特有之物——。——作者边注

④ 1967 年第三版：本己之物。——作者边注

生的呢？乃是由于终有一死者爱护和保养着生长的物，并特别地建立着那些不生长的物。保养和建立就是狭义上的筑造。就**栖居**把四重整体保藏在物之中而言，栖居作为这种保藏乃是**一种筑造**。由此，我们便踏上了第二个问题的道路。

二 154

在何种意义上筑造归属于栖居？

对这个问题的回答将向我们阐明：根据栖居的本质来看，筑造真正是什么。我们且限于讨论物之建立意义上的筑造，并且要问：什么是一个被筑造的物？作为例子，一座桥可帮助我们思考。

桥"轻松而有力地"飞架于河流之上。[①] 它不只是把已经现成的河岸连接起来了。在桥的横越中，河岸才作为河岸而出现。桥特别地让河岸相互贯通。通过桥，河岸的一方与另一方相互对峙。河岸也并非作为坚固陆地的无关紧要的边界线而沿着河流伸展。桥与河岸一道，总是把一种又一种广阔的后方河岸风景带向河流。它使河流、河岸和陆地进入相互的近邻关系之中。桥把大地**聚集**为河流四周的风景。它就这样伴送河流穿过河谷。桥墩立足于河床，承载着桥拱的曲线；桥拱一任河水漂流而去。河水也许宁静欢快地不断流淌，在暴风雨和解冻期，冲天的洪水也许以骇人的巨浪冲击桥墩，而桥已经为天气及其无常本质作好了准备。即便在桥覆盖河流之处，它也堵住了它的冲天水流，因为这时候，它把水流

① 1967 年第三版：架桥、渡过（überbrücken）：河岸之间的河流。——作者边注

纳入拱形的桥洞，又从中把水流释放出来。

桥让河流自行其道，同时也为终有一死的人提供了道路，使他们得以往来于两岸。桥以多重方式伴送人们。城里的桥从城堡通向教堂广场，乡镇前的桥把车水马龙带向周围的村子。水溪上毫不
155 起眼的石板桥为丰收的车队提供了从田野到村子的通道，承荷着从乡间小路到公路的伐木车辆。高速公路上的桥被编织入进行计算的、尽可能快的长途交通的网络中。始终而且各不相同地，桥来回伴送着或缓或急的人们的道路，使他们得以达到对岸，并且最后作为终有一死者达到彼岸。桥飞架于河流和峡谷之上，或以高高的桥拱，或以低低的桥拱；不论是牢记还是遗忘了这种飞架的桥面道路，终有一死的人，总是已经在走向最后一座桥的途中的终有一死者，从根本上都力求超越他们的习惯和不妙，从而把自己带到诸神的美妙面前。作为飞架起来的通道，桥在诸神面前**聚集**——不论诸神的在场是否得到了专门的思考，并且明显地犹如在桥的神圣形象中得到了人们的**感谢**，也不论诸神的在场是否被伪装了，甚或被推拒了。

桥以**其**方式把天、地、神、人**聚集**于自身。

按照我们德语中的一个古老词语，聚集（Versammelung）被叫做“物”（thing）。桥是一物——而且是**作为**前面所述的对四重整体的聚集。诚然，人们以为，桥首先和本来**纯然只是**一座桥而已。随后偶尔地，桥可能还表达出某些东西。进而，作为这样一种表达，桥才成为象征，才成为说明我们前面所指出的所有东西的例子。然而，只要是一座真正的桥，桥就决非首先是一座单纯的桥，尔后是一个象征。桥同样也并不首先是一个象征——就它表达出某种严格讲来并不属于它的东西而言的一个象征。如果我们严格

地看待桥,它就绝不显示为表达。桥是一个物,而且**仅仅是这一物**。仅仅吗?作为这一物,桥聚集着四重整体。

无疑,我们的思想自古以来就习惯于**过于贫乏**地估计物的本质。这在西方思想的进程中导致人们把物表象为一个未知的带有 156
可感知特性的X。由此看来,**那已经包含在这一物的聚集着的本质中的**一切,当然都向我们显现为事后被穿凿附会地说明的配件了。可是,倘若桥不是一个物,那它就决不会是一座单纯的桥了。

诚然,桥是一个**独具**方式的物;因为它以**那种**为四重整体提供一个**场所**(*Stätte*)的方式聚集着四重整体。但只有那种**本身**是一个**位置**(*Ort*)的东西才能为一个场所设置空间。位置并不是在桥面前现成的。当然啰,在桥出现之前,沿着河流已经有许多能够为某物所占据的地点了。其中有一个地点作为位置而出现,而且是**通过桥**而出现的。所以说到底,桥并非首先站到某个位置上,相反,从桥本身而来才首先产生了一个位置。桥是一个物,它聚集着四重整体,但它乃是以那种为四重整体提供一个场所的方式聚集着四重整体。根据这个场所,一个空间由之得以被设置起来的那些场地和道路才得到了规定。

以这种方式成为位置的物向来首先提供出诸空间。"空间"一词所命名的东西由此词的古老意义道出。空间(Raum),即Rum,意味着为定居和宿营而空出的场地。一个空间乃是某种被设置的东西,被释放到一个边界(即希腊文的πέρας[边界、界限])[①]中的东

① 亚里士多德:τόπος πέρας τοῦ περιέχοντος σώματος ἀκίνητον——ὁ τόπος ἀγγεῖον ἀμετακίνητον[空间是包容着物体的边界——是不动的容器][《物理学》,212a5sqq]。——作者边注

西。边界并不是某物停止的地方，相反，正如希腊人所认识到的那样，边界是某物赖以**开始其本质**的那个东西。因此才有ὁρισμός即边界这个概念。空间本质上乃是被设置起来的东西（das Eingeräumte），被释放到其边界中的东西。这个被设置的东西一向得到了允诺，因而通过一个位置，也就是通过桥这种物而被接合，亦即被聚集起来。**因此，诸空间乃是从诸位置那里而不是从“这个”空间那里获得其本质的**。①

作为位置而提供一个场所的那些物，我们眼下先称之为建筑物。之所以这样称，乃因为它们是通过有所建立的筑造而被生产
157 出来的。不过，只有当我们首先思考了那些物的本质，那些本身为其置造而需要筑造（作为生产）的物的本质，我们才能经验到这种生产也即筑造必定具有何种方式。这些物乃是位置，它们为四重整体提供一个场所，这个场所一向设置出一个空间。在这些作为位置的物的本质中，包含着位置与空间的关联，但也包含着位置与在位置那里逗留的人的联系。因此之故，我们现在要尝试通过下面简短的思索，来说明这些被我们称为建筑物的物的本质。

首先，位置与空间处于何种联系中？其次，人与空间的关系是何种关系？

桥是一个位置。作为这样一个物，桥提供出一个容纳了天、地、神、人的空间。桥所提供出来的空间包含着距桥远近不同的一些场地。而这些场地眼下可以被看作单纯的地点，其间有一种可

① 复数的“诸空间”（die Räume）是海德格尔在“天、地、神、人”之“四重整体”意义上所思的空间，区别于单数的“这个”空间（“der”Raum），后者是“广延”意义上的空间，海德格尔也称之为“数学上被设置的空间”。——译注

测的距离；一种距离，即希腊语的 σταδιον，始终已经被设置空间了，而且是通过单纯的地点（Stellen）而被设置空间的。如此这般由地点所设置的东西乃是一种特有的空间。作为距离，作为 Stadion，空间乃是拉丁语中表示 Stadion 的同一个词向我们道出的东西，即一个"spatium"[空间、距离]，一个间隔（Zwischenraum）。因此，人与物之间的近和远就可能成为单纯的疏离，成为间隔之距离。现在，在一个仅仅被表象为 spatium[空间、距离]的空间中，桥只显现为在一个地点上的某物，这个地点无论何时都可能为其他某个东西所占据，或者可能由一种单纯的标记所替代。不止于此，从作为间隔的空间中还可以提取出长度、高度和深度上各个纯粹的向度。这种如此这般被抽取出来的东西，即拉丁语的 abstractum[抽象物]，我们把它表象为三个维度的纯粹多样性。不过，这种多样性所设置的空间也不再由距离来规定，不再是一个 spatium，而只还是 extensio——即延展。但作为 extensio[延展、广延]的空间还可以被抽象，被抽象为解析-代数学的关系。这些 158
关系所设置的空间，乃是对那种具有任意多维度的多样性的纯粹数学构造的可能性。我们可把这种在数学上被设置的空间称为"这个"空间。但在此意义上的"这个"空间并不包含诸空间和场地（die Räume und Plätze）。我们在其中找不到位置，也即找不到桥这种物。恰好相反地，在由位置所设置的诸空间中，总是有作为间隔的空间，而且在这种间隔中，又总有作为纯粹延展的空间。无论何时，spatium[空间、距离]和 extensio[延展、广延]都给出可能性，使我们能够根据距离、路线和方向来测度物和物所设置的空间，并且计算这些尺度。但是，尺寸及其维度决不仅仅由于它们普

遍地适用于一切延展之物，也就成了那些可以用数学来测度的诸空间和诸位置之本质的**根据**。至于其间甚至连现代物理学也如何已经为事情本身所逼，不得不把宇宙空间的空间性媒介表象为一种由作为动力中心的物体所决定的场的统一性，这个情形我们在此不能予以探讨了。

我们日常所穿越的空间①是由位置所设置的；其本质植根于建筑物这种物之中。如果我们注意到位置与诸空间、诸空间与空间之间的这种联系，我们就获得了一个依据，借以思考人与空间的关系。

说到人与空间，这听起来就好像人站在一边，而空间站在另一边似的。但实际上，空间决不是人的对立面。空间既不是一个外在的对象，也不是一种内在的体验。并不是有人，此外还有**空间**；因为，当我说“一个人”并且以这个词来思考那个以人的方式存

159 在——也即栖居——的东西时，我已经用“人”这个名称命名了那种逗留，那种在寓于物的四重整体之中的逗留。即便当我们与那些并不在可把捉的近处存在的物发生关系时，我们也在物本身那里逗留了。我们不仅仅在内心中——正如人们所教导的那样——表象遥远的物，以至于只有作为遥远之物的替代品的关于物的观念在我们内心和脑袋里穿行。如果我们全体现在从这里出发来回忆海德堡那座古桥，那么，对那个位置的怀念决不是这里在场的诸位心里的一种纯粹体验，而毋宁说，我们**对**这座古桥的思念的本质就包含着下面这样一回事情，即：这种思念**在自身中经受**着那个位

① 1967 年第三版：通常的“诸空间”（Räume）。——作者边注

置的遥远。我们从这里出发寓于那座桥而存在,而不是寓于我们意识中的一个观念内容而存在。我们由此出发甚至能够更切近于那座桥以及它所设置的空间,能够比那个日常把那座桥当作无关紧要的河上通道来利用的人切近得多。诸空间以及与诸空间相随而来的“这个”空间,总是已经被设置于终有一死者的逗留之中了。诸空间自行开启出来,因为它们被纳入人的栖居之中。终有一死者**存在**,这就是说:终有一死者**在栖居之际**根据他们在物和位置那里的逗留而经受着诸空间。而且,只是因为终有一死者依其本质经受着诸空间,他们才能穿行于诸空间中。但在行走中我们并不放弃那种停留。而毋宁说,我们始终是这样穿行于空间的,即:我们通过不断地在远远近近的位置和物那里的逗留而已经承受着诸空间。当我走向这个演讲大厅的出口处,我已经在那里了;倘若我不是在那里的话,那么我就根本不能走过去。我从来不是仅仅作为这个包裹起来的身体在这里存在;而不如说,我在那里,也就是已经经受着空间,而且只有这样,我才能穿行于空间。

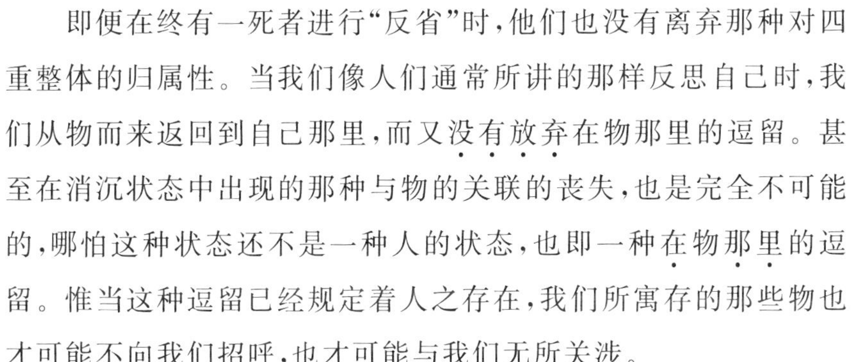

即便在终有一死者进行“反省”时,他们也没有离弃那种对四重整体的归属性。当我们像人们通常所讲的那样反思自己时,我们从物而来返回到自己那里,而又**没有放弃**在物那里的逗留。甚至在消沉状态中出现的那种与物的关联的丧失,也是完全不可能的,哪怕这种状态还不是一种人的状态,也即一种**在物那里**的逗 160
留。惟当这种逗留已经规定着人之存在,我们所寓存的那些物也才可能**不**向我们招呼,也才可能与我们**无**所关涉。

人与位置的关联,以及通过位置而达到的人与诸空间的关联,乃基于栖居之中。人与空间的关系无非就是从根本上得到思考的栖居。

当我们以我们所尝试的方式来沉思位置与空间之间的联系，而同时也来对人与空间的关系作出沉思，这当儿，就有一道光线落到作为位置而存在、并且被我们称为建筑物的那些物的本质上了。

桥是这样一种物。由于位置把一个场地安置在诸空间中，它便让天、地、神、人之纯一性进入这个场地中。位置在双重意义上为四重整体设置空间。[①] 位置**允纳**四重整体，位置**安置**四重整体。这两者，即作为允纳的设置空间和作为安置的设置空间，乃是共属一体的。作为这种双重的设置空间（Einräumen），位置乃是四重整体的一个庇护之所（Hut），或者如同一个词所说的那样，是一个Huis，一座住房（Haus）。此类位置上的这样一种物为人的逗留提供住所。这种物乃是住所，但未必是狭义上的居家住房。

这种物的生产就是筑造。筑造的本质在于：它应合于这种物的特性。这种物乃是位置，它们提供出诸空间。因此，由于筑造建立着位置，它便是对诸空间的一种创设和接合。因为筑造生产出位置，所以随着对这些位置的诸空间的接合，必然也有作为 spatium［空间、距离］和 extensio［延展、广延］的空间进入建筑物的物性构造中。不过，筑造从不构成“这个”空间。既不直接地构成，也
161 不间接地构成。但由于筑造生产出作为位置的物，它依然比所有几何学和数学更切近于诸空间的本质和“这个”空间的本质来源。筑造建立位置，位置为四重整体设置一个场地。从天、地、神、人相

① 1967年第三版：设置空间（Ein-räumen）——：准许、设置——配置（Aus-statten）！（场所）。——作者边注

互共属的纯一性中，筑造获得它对位置的建立的指令。从四重整体中，筑造接受一切对向来由被创设的位置所设置的诸空间的测度和测量的标准。建筑物保藏着四重整体。它们乃是以自己的方式保护着四重整体的物。保护四重整体——拯救大地，接受天空，期待诸神，护送终有一死者——这四重保护乃是栖居的素朴本质。因此，说到底，真正的建筑物给栖居以烙印，使之进入其本质之中，并且为这种本质提供住所。

上面所刻划的筑造乃是一种别具一格的让栖居（Wohnen-lassen）。如果筑造确实是这种让栖居，那它就已经响应了四重整体的呼声。一切计划，一切本身为图样设计开启出相应区域的计划，都建基于这样一种响应。

一旦我们试图根据“让栖居”来思考有所建立的筑造的本质，我们就能更清晰地经验到，那种生产的依据为何——而筑造就是作为这种生产来实行的。通常我们把生产看作一种活动，其成就导致一个结果，即完成了的建筑。我们可以如此这般来表象生产：我们把捉到某种正确的东西，但决没有触及其本质——其本质乃是一种有所带出的生产。因为筑造带来四重整体，使之进入一物（比如桥）之中，并且带出作为一个位置的物，使之进入已经在场者之中——后者现在才通过这个位置而被设置了空间。[①]

生产（Hervorbringen）在希腊语中被叫做τίκτω。希腊语的τέχνη，即技术，也带有前面这个动词的词根 tec。对希腊人来说，τέχνη的意思既不是艺术，也不是手工艺，而是：这样或那样地让某

① 1967 年第三版：生产（her-vor-bringen）。——作者边注

162 物作为此物或彼物进入在场者之中而显现出来。希腊人是从让显现的角度来思考τέχνη即生产的。[①] 如此这般来思考的τέχνη自古以来就遮蔽在建筑的构造因素中了。近来，它还更为明确地遮蔽在动力技术的技术因素中了。但是，无论根据建筑艺术，还是根据结构工程，还是根据两者的单纯结合，我们都不能充分思考筑造生产的本质。哪怕我们在原始希腊的τέχνη意义上一味地把筑造生产思考为让显现，那种把作为在场者的被生产者带入已经在场者之中的让显现，筑造生产的本质**也还不能**得到适当的规定。

筑造的本质是让栖居。筑造之本质的实行乃是通过接合位置的诸空间而把位置建立起来。**惟当我们能够栖居，我们才能筑造**。让我们想一想两百多年前由农民的栖居所筑造起来的黑森林里的一座农家院落。在那里，使天、地、神、人**纯一地**进入物中的迫切能力把这座房屋安置起来了。它把院落安排在朝南避风的山坡上，在牧场之间靠近泉水的地方。它给院落一个宽阔地伸展的木板屋顶，这个屋顶以适当的倾斜度足以承荷冬日积雪的重压，并且深深地下伸，保护着房屋使之免受漫漫冬夜的狂风的损害。它没有忘记公用桌子后面的圣坛，它在房屋里为摇篮和棺材——在那里被叫做死亡之树（Totenbaum）——设置了神圣的场地，并且因此为同一屋顶下的老老少少预先勾勒了他们的时代进程的特征。筑造了这个农家院落的是一种手工艺，这种手工艺本身起源于栖居，依然需要用它的作为物的器械和框架。

① 海德格尔认为后世以“技术”翻译希腊词语τέχνη实为大错，而应当译之为“生产”或者“带出来”（Hervorbringen），后者不是狭义的技术制作，而是广义的“让显现”。——译注

惟当我们能够栖居时,我们才能筑造。指出黑森林里的一座农家院落,这决不意味着,我们应该并且能够回归到这座院落的筑造,而不如说,我们是要用一种曾在的(*gewesenen*)栖居来阐明栖居如何能够筑造。

但栖居乃是终有一死者所依据的存在的基本特征。也许我们 163
这种对栖居和筑造的沉思的尝试将稍稍清晰地揭示出:筑造归属于栖居以及它如何从栖居中获得其本质。倘若栖居和筑造已经变得值得追问、并且因而已经保持为某种值得思想的东西,则我们的收获便足够矣。

不过,思想本身在相同意义上就像筑造一样——只不过是以另一种方式——归属于栖居,这一点也许可由我们这里所尝试的思路来加以证实。

筑造和思想以各自的方式对栖居来说是不可或缺的。但只要两者并不相互倾听,而是互不搭界地搞自己一套,那么,两者对栖居来说也是难以达到的。如果筑造和思想这两者都归属于栖居,如果两者保持在它们的限度之内,并且认识到一方如同另一方都来自一种长期经验和不懈实践的场所,那么,两者就能够相互倾听。

我们试图沉思栖居的本质。这条道路上的下一个步骤兴许是这样一个问题:在我们这个令人忧虑的时代里,栖居的状态又如何?所到之处,人们都在凿凿有据地谈论住房困难。不仅谈谈而已,人们也在出力。人们试图通过筹措住房、促进住房建设、规划整个建筑业,来排除这种困难。不论住房短缺多么艰难恶劣,多么棘手逼人,栖居的真正困境并不仅仅在于住房匮乏。真正的居住困境甚至比世界战争和毁灭事件更古老,也比地球上的人口增长和工人状况更古老。真正的栖居困境乃在于:终有一死的人总是重新去寻求栖居的本质,他们**首先必须学会栖居**。倘若人的无家可归状态就在于人还根本没有把**真正的**栖居困境**当作这种**困境来思考,那又会怎样呢?而一旦人去**思考**无家可归状态,它就已然不
164 再是什么不幸了。正确地思之并且好好地牢记,这种无家可归状态乃是把终有一死者**召唤**入栖居之中的惟一呼声。

然而,终有一死者除了努力尽**自身**力量由自己把栖居带入其本质的丰富性之中,此外又能如何响应这种呼声呢?而当终有一死者根据栖居而筑造并且为了栖居而运思之际,他们就在实现此种努力。

物

时间和空间中的一切距离都在缩小。过去人们要以数周和数 167
月的时间才能达到的地方，现在坐上飞机一夜之间就可以到了。早先人们要在数年之后才能了解到的或者根本就了解不到的事情，现在通过无线电随时就可以立即知道了。植物的萌芽和生长，原先完全在季节的轮换中遮蔽着，现在人们却可以通过电影在一分钟内把它展示出来。电影显示出各种最古老文化的那些遥远遗址，仿佛它们眼下就在今天的街道交通中。此外，电影同时展示出摄影机以及操作人员，由此还证实了它所展示的东西。电视机达到了对一切可能的遥远距离的消除过程的极顶。电视机很快就会渗透并且控制整个交往联系机关。

人类在最短时间内走过了最漫长的路程。人类把最大的距离抛在后面，从而以最小的距离把一切都带到自己面前。

不过，这种对一切距离的匆忙消除并不带来任何切近；因为切近并不在于距离的微小。在路程上离我们最近的东西，通过电影的图象，通过收音机的声响，也可能离我们最远。在路程上十分疏远的东西，也可能离我们最近。小的距离并不就是切近。大的距离也还不是疏远。

如果在我们把最长的路程缩短为最短的间距之后，切近也还付诸阙如，那么，到底什么是切近呢？如果我们对距离的不断消除甚至拒绝了切近的出现，那么，究竟什么是切近呢？如果与切近的缺失一道，连疏远也杳无影踪，那么，到底什么是切近呢？

如果通过对大距离的消除，一切都变得同样地疏远同样地切近，那么，这里到底发生了什么事情呢？在这种同样中，一切既不远也不近，变得仿佛没有距离了——这种千篇一律的同样究竟是什么呢？

168 一切都被冲入这种千篇一律的无距离状态之中，都搅在一起了。那又怎么样呢？难道把一切都推入无距离状态中，不比把一切都搞得支离破碎更可怕吗？

人类关注着原子弹的爆炸可能会带来的东西。人类没有看到久已到来并且久已发生的事情，也就是——只还作为它最后的喷出物——原子弹及其爆炸从自身喷射出来的东西，更不用说氢弹了，因为从最广大的可能性来看，氢弹的引爆可能就足以毁灭地球上的一切生命。如果令人惊恐的东西已经发生，那么，这种无助的畏惧还在指望着什么呢？

令人惊恐者(das Entsetzende)就是那个东西，它使一切存在者从它原先的本质中脱离出来。这个令人惊恐者是什么呢？它以万物**如何**在场的方式自行显示并且自行遮蔽，也即以这样的方式：尽管有种种对距离的克服，存在者的切近却仍然杳无影踪。

切近(Nähe)的情形究竟如何呢？我们如何才能经验到它的本质呢？表面上看来，我们是不能径直发现切近的。而不如说，要做到这一点，我们就要去追踪在切近中存在的东西。在切近中存在的东西，我们通常称之为物(Ding)。但什么是物呢？迄今为止，对于物之为物，就如同对于切近一样，人们还极少作过思索。壶是一个物。什么是壶呢？我们说：是一个器皿；它把其他东西容纳于自身。在壶中起着容纳作用的是壶底和壶壁。这个容器本身又有一个把手，可供人们把握。作为器皿，壶是某种自立的东西。这种自立标明壶是某种独立的东西。作为一个独立之物的自立（Selbststand），壶区别于一个对象（Gegenstand）。如若我们把一个独立之物摆在我们面前，无论是在直接的感知中，还是在回忆性的想象中，这个独立之物就可能成为对象。然而，物之物性因素既不在于它是被表象的对象，根本上也不能从对象之对象性的角度来加以规定。

不论我们是否对壶进行表象，壶都保持为一个器皿。作为器皿，壶立于自身中。但说这个容器立于自身中，这是什么意思呢？器皿的这种自立已经把壶规定为一物了么？实际上，壶作为器皿而站立，只是因为它已经被带向一种站立（Stehen）了。但这是已经发生的事情，而且是通过一种摆置（Stellen）而发生的，也就是通过置造（Herstellen）发生的。陶匠用专门为此选择和准备好的泥土制造出这个陶制的壶。壶由泥土做成。通过壶由以构成的东西，壶也能站立于大地上，或是直接地，或是间接地通过桌凳的媒介。通过这样一种置造而构成的东西，就是自立的东西。如果我们把壶看作被置造的器皿，那么，表面看来，我们就是把它把握为一个物，而绝没有把它把握为一个纯粹的对象。

或者，即使是现在，我们始终也是还把壶当作一个对象了么？确实如此。虽然壶不再仅仅被视为纯粹表象的对象，但对于这种表象来说，壶却还是一个对象，是由一种置造摆到我们面前并且置放于我们对面的对象。看起来，自立乃是壶之为物的标志。而事实上，我们是从置造方面来设想这种自立的。这种自立乃是置造的目的所在。但即使如此，这种自立始终还是从对象性的角度被思考的，尽管被置造者的对立（Gegenstehen）不再基于单纯的表象。然而，从对象和自立的对象性出发，没有一条道路是通向物之物性因素的。

什么是物之物性呢？什么是物自身呢？只有当我们的思想首先达到了物之为物时，我们才能达到物自身。

壶是一个作为器皿的物。虽然这个起容纳作用的东西需要一种置造，但陶匠带来的被置造状态决不构成壶之为壶所特有的东西。壶之为器皿，并不是因为被置造出来了；相反，壶必须被置造出来，是因为它是这种器皿。

170 的确，置造使壶进入其本己因素之中。但壶之本质的这种本己因素决不是由置造所制作出来的。从制作过程中释放出来后，自为地立身的壶已然集自身于容纳作用。在置造过程中，壶当然必须预先向置造者显示出它的外观（Aussehen）。但这种自行显示者，即外观（εἶδος［爱多斯］，ἰδέα［相］），只是从一个角度标志出这把壶，也就是从这个器皿作为有待置造者与制造者相对立的角度标志出这把壶。

可是，具有这种外观的器皿作为这把壶是什么，作为这种壶-物（Krug-Ding）的壶是什么，如何是？这是决不能通过对外观即ἰδέα［相］的观察得到经验的，更不消说由此得到合乎实事的思考了。因此之故，柏拉图这位从外观方面来表象在场者之在场状态的思想家，并没有思考物之本质，亚里士多德以及所有后来的思想家也不出其右。而毋宁说，柏拉图把一切在场者经验为置造之对象了，而且这对于后世来说是决定性的。如若不说“对象”，我们可更准确地说：“站出者”（Herstand）。在站出者（Her-Stand）的全部本质中，起支配作用的是一种双重的站立（Her-Stehen）：一方面，是“源出于……”意义上的站出，无论这是一种自行生产还是一种被置造；另一方面，站出的意思是被生产者站出来而站入已然在场的东西的无蔽状态之中。

然而，对站出者和对立者意义上的在场者的一切表象都决不能达到物之为物。壶之物性因素在于：它作为一个容器而存在。当我们装满一把壶时，我们发觉这个器皿的容纳作用。显然，是壶底和壶壁承担着容纳作用。但别忙！当我们装满一壶酒时，难道我们是在把酒注入壶壁和壶底么？我们顶多能说，我们把酒倒在壶壁之间、壶底之上。壶壁和壶底当然是这个器皿中不透水的部分。不过，这个不透水的部分也还不是起容纳作用的东西。当我们灌满壶时，液体就在充灌时流入虚空的壶中。这种虚空（die Leere）乃是器皿的具有容纳作用的东西。壶的虚空，壶的这种虚无（Nichts），乃是壶作为有所容纳的器皿之所是。

可是，壶其实是由壁和底构成的。壶通过这些构成物而站立 171
起来。一个站立不住的壶会是什么呢？至少是一个做坏了的壶；可见总还是一把壶，也就是这样一个壶，它虽然容纳，但却不断地倾倒下来而让所容纳的东西流出。然而，只有一个器皿才可能流空。

构成壶并且使壶得以站立的壁和底，并不是真正起容纳作用的东西。而如果真正起容纳作用的东西在于壶之虚空，那么，在转盘上塑造成壶壁和壶底的陶匠就并没有真正地制作这把壶。他只是塑造陶土而已。不对——他只是塑造虚空而已。为这种虚空，进入虚空之中并且从虚空而来，他把陶土塑造成形体。首先而且始终地，陶匠把握到不可把捉的虚空，并且把它置造出来，使之成为有容纳作用的东西而进入器皿形态中。壶之虚空决定着任何置造动作。器皿的物性因素绝不在于它由以构成的材料，而在于起容纳作用的虚空。

然则壶果真是虚空的吗？

物理科学让我们确信，壶里面充满着空气以及所有空气混合物。当我们诉诸壶之空虚，以便规定在壶中起容纳作用的东西时，我们便让自己为一种半诗性的考察方式所迷惑了。

可是，一旦我们勉强以科学的方式来探究现实的壶的现实性，就有一种不同的实情显示出来。我们把酒注入壶中，就只是排去了先前充满壶的空气，并且代之以一种液体。从科学的角度来看，把壶充满也就是把一种充满状态换成另一种充满状态。

这些物理学上的说法是正确的。科学通过这些说明来表象某种现实之物，以之为客观目标。但是——这种现实之物就是这把壶吗？不是的。科学始终只能针对它的表象方式预先已经允许的东西，亦即对它来说可能的对象。

172 人们说，科学的知识是强制性的。的确如此。但它的强制力在哪里呢？在我们眼下的情形里，就在于那种强制，它迫使我们放弃盛满酒的壶，而代之以其中可盛液体的空穴。科学使壶这个物(Krug-Ding)变成某种虚无的东西，因为它不允许物成为决定性的现实之物。

科学知识在它自己的区域里，亦即在对象区域里，是强制性的。早在原子弹爆炸之前，科学知识就已经把物之为物消灭掉了。原子弹的爆炸，只不过是对早已发生的物之消灭过程的所有粗暴证实中最粗暴的证实：它证实了这样一回事情，即物之为始终是虚无的。物之物性始终被遮蔽、被遗忘了。物之本质从未达乎显露，也即从未得到表达。这就是我们所讲的对物之为物的消灭过程的意思。这种消灭是十分可怕的，因为它在自身前面具有两重的蒙蔽：其一是这样一种看法，即认为科学先于其他一切经验，击中了现实之物的现实性；其二是这样一种假象，似乎尽管我们对现实之物作了科学的研究，但物依然可能是物，而这是有前提的，其前提就是：物根本上向来已经是现身成其本质的物了。但是，倘若物向来已经作为在其物性中的物显示出自身，那么，物之物性早就该人白于天下了。这样的话，它早就该要求思想去思它了。然而，事实上，物之为物依然受到了阻挡，依然是虚无的，而且在此意义上依然被消灭掉了。这种情形已经发生过，而且还在发生着，它如此根本地发生着，以至于不仅物不再被允许成为物，而且物根本上还决不能作为物向思想显现出来了。

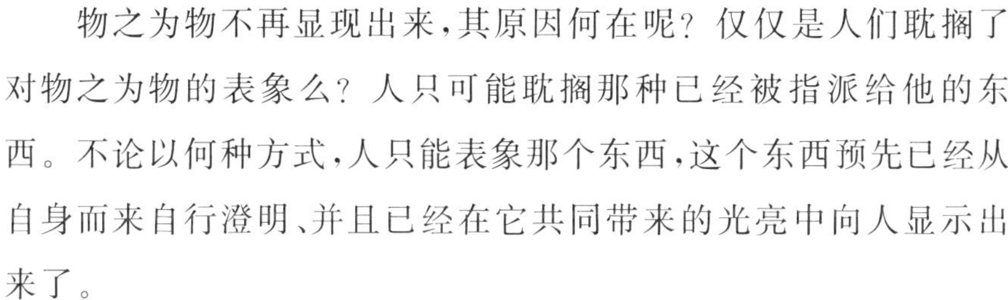

物之为物不再显现出来，其原因何在呢？仅仅是人们耽搁了对物之为物的表象么？人只可能耽搁那种已经被指派给他的东西。不论以何种方式，人只能表象那个东西，这个东西预先已经从自身而来自行澄明、并且已经在它共同带来的光亮中向人显示出来了。

那么，物之为物究竟是什么？其本质尚未能显现出来的物究 173
竟是什么呢？

难道物还从未完全进入那个切近处，以至于人还不能充分地学会对物之为物的关注么？什么是切近呢？我们已经发过此问。为了经验这种切近，我们已经探究过切近处的壶。

壶之壶性因素基于何处？前面我们突然中断了对壶的考察，而且是在那样一个时刻，当时出现了一个咄咄逼人的假象：仿佛关于现实的壶的现实性，科学能够给予我们一种启发。我们已经把这个器皿的作用，它的容纳作用，即虚空，表象为一个充满了空气的空穴。后者其实就是虚空，而从物理学上来看，却并非壶的虚空。我们并没有让壶的虚空成为它自己的虚空。我们并没有注意这个器皿中起容纳作用的东西。我们未曾考虑过，这种容纳作用本身是如何成其本质的。因此之故，我们势必也就忽略了壶所容纳的东西。对于科学的表象来说，酒变成了一种纯粹的液体，这种液体又成了物质的一种一般的、处处都可能出现的固态。我们没有去思索，壶容纳什么以及它如何容纳。

壶之虚空如何容纳呢？它通过承受被注入的东西而起容纳作用。它也通过保持它所承受的东西而起容纳作用。虚空以双重方式来容纳，即：承受和保持。因此“容纳”(fassen)一词是有歧义的。但对倾注的承受，与对倾注的保持，却是共属一体的。而它们的统一性是由倾倒(Ausgießen)来决定的，壶之为壶就取决于这种倾倒。虚空的双重容纳就在于这种倾倒。作为这种倾倒，容纳才真正如其所是。从壶里倾倒出来，就是馈赠。在倾注之馈赠中，这个器皿的容纳作用才得以成其本质。容纳需要作为容纳者的虚空。起容纳作用的虚空的本质聚集于馈赠中。但馈赠比单纯的斟出更为丰富。使壶成其为壶的馈赠聚集于双重容纳之中，而且聚集于倾注之中。我们把群山之聚集称为山脉。同样地，我们把入于倾注的双重容纳的聚集——这种聚集作为集合才构成馈赠的全 174
部本质——称为赠品。[①] 壶之壶性在倾注之馈品中成其本质。连空虚的壶也从这种赠品而来保持其本质，尽管这个空虚的壶并不允许斟出。但这种不允许为壶所特有，而且只为壶所特有。与之相反，一把镰刀，或者一把锤子，在此就无能为力了，做不到对这种馈赠的放弃。

倾注之馈赠可以是一种饮料。它给出水和酒供我们饮用。

在赠品之水中有泉。在泉中有岩石，在岩石中有大地的浑然蛰伏。这大地又承受着天空的雨露。在泉水中，天空与大地联姻。在酒中也有这种联姻。酒由葡萄的果实酿成。果实由大地的滋养与天空的阳光所玉成。在水之赠品中，在酒之赠品中，总是栖留着天空与大地。而倾注之赠品乃是壶之壶性。故在壶之本质中，总是栖留着天空与大地。

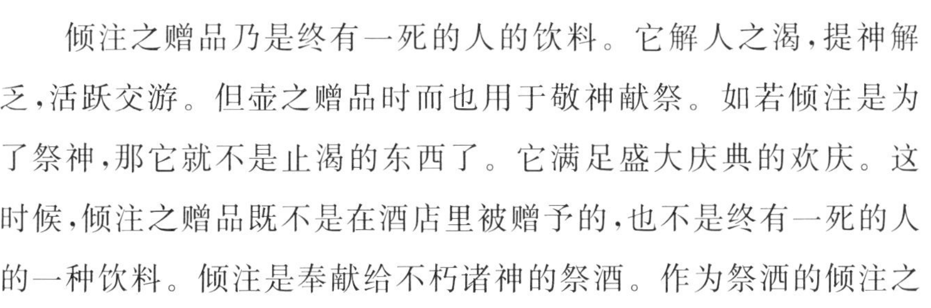

倾注之赠品乃是终有一死的人的饮料。它解人之渴，提神解乏，活跃交游。但壶之赠品时而也用于敬神献祭。如若倾注是为了祭神，那它就不是止渴的东西了。它满足盛大庆典的欢庆。这时候，倾注之赠品既不是在酒店里被赠予的，也不是终有一死的人的一种饮料。倾注是奉献给不朽诸神的祭酒。作为祭酒的倾注之赠品乃是真正的赠品。在奉献的祭酒之馈赠中，倾注的壶才作为馈赠的赠品而成其本质。奉献的祭酒乃是“倾注”一词的本意，即：

① 在德文中，前缀 Ge-有“聚集”之义，故“山脉”(Gebirge)是“群山”(Berge)之聚集，相应地，“赠品”(Geschenk)是“馈赠”(Schenken)的聚集。——译注

捐赠(Spende)和牺牲(Opfer)。“倾注”(Guß)、“流注、倾注”(gießen)在希腊文中叫作 χέειν,在印度日耳曼语系中叫作 ghu。其意思就是牺牲(opfern)。在它得到本质性的完成之际,这种倾注才充分地得到思考,并且真正地被表达为:捐赠、牺牲,因而也是
175 馈赠。惟因此之故,倾注的本质一旦委顿,就可能变成为单纯的斟入和斟出,直到最后在通常的酒馆里腐烂掉。倾注并不是单纯的倒进倒出。

在作为饮料的倾注之赠品中,终有一死的人以自己的方式逗留着。在作为祭酒的倾注之赠品中,诸神以自己的方式逗留着,它们复又接收作为捐赠之赠品的馈赠之赠品。在倾注之赠品中,各各不同地逗留着终有一死的人和诸神。在倾注之赠品中逗留着大地和天空。在倾注之赠品中,**同时**逗留着大地与天空、诸神与终有一死者。这四方(Vier)是共属一体的,本就是统一的。它们先于一切在场者而出现,已经被卷入一个惟一的四重整体(Geviert)中了。

在倾注之赠品中逗留着四方之纯一性(die Einfalt der Vier)。

倾注之赠品乃是赠品,因为它让大地与天空、诸神与终有一死者栖留。[①] 不过,栖留(Verweilen)现在不再是某个现成的东西的单纯坚持。栖留有所居有(Verweilen ereignet)。它把四方带入它们的本己要素的光亮之中。从其纯一性而来,这四方相互信赖。在这种相互依存中统一起来,这四方乃是无蔽的。倾注之赠品让四方之四重整体的纯一性得以栖留。而在赠品中,壶之为壶成其

① 带入栖留之中。——作者边注

本质。赠品聚集那属于馈赠的东西：双重的容纳、容纳者、虚空和作为捐赠的倾倒。在赠品中被聚集起来的东西集自身于这样一回事，即在有所居有之际让四重整体栖留。这种多样化的质朴聚集乃是壶的本质因素。我们德语里用一个古老的词语来命名这种聚集。这个古老的词语叫做：thing［物］。壶的本质是那种使纯一的四重整体入于一种逗留的有所馈赠的纯粹聚集。壶成其本质为一物。壶乃是作为一物的壶。但物如何成其本质呢？物物化。物化聚集。[①] 在居有着四重整体之际，物化聚集着四重整体的逗留(Weile)，使之入于一个当下栖留的东西(ein je Weiliges)，即：入于此一物，入于彼一物。

对于如此这般得到经验和思考的壶之本质，我们给予“物” 176
(Ding)这个名称。在这里，我们是根据已得思考的物之本质来思考这个名称的，也就是根据作为聚集着-居有着的四重整体之栖留来思考这个名称的。但同时，我们也回忆起古高地德语中的 thing 一词。这种语言史的说明容易诱使我们误解我们现在对物之本质的思考的方式。看起来，仿佛我们现在所思的物之本质是从偶然抓住的 thing 这个古高地德语的名称中捉摸出来的。人们会生出一种疑心，怀疑我们现在所尝试的对物之本质的经验乃是基于一种词源学游戏的随心所欲。有一种意见凝固下来，并且已经流行开来，这种意见认为：我们在此并不思索本质之实情，而只是在玩弄词典。

① 此为海德格尔的典型言说。“物物化”原文为：Das Ding dingt。“物化聚集”原文为：Das Dingen versammelt。——译注

然而，实际情况恰恰与上述担心相反。确实，古高地德语中的thing一词意味着聚集，而且尤其是为了商讨一件所谈论的事情、一种争执的聚集。因此，古德语词语thing和dinc就成了表示事情(Angelegenheit)的名称；它们表示人们以某种方式予以关心、与人相关涉的一切东西，因而也是处于言谈中的一切东西。处于言谈中的东西，罗马人称之为res；在希腊语中，εἴρω(ῥητός，ῥήτρα，ῥῆμα)的意思是：谈论某事，讨论某事。res publica的意思并不是国家，而是显然关涉到每个公民、"拥有"每个公民并且因此被公开讨论的东西。

只是因为res意味着这种与人相关涉的事情，所以才能产生出res adversae和res secundae这样的词语合成；前者是指对人不利的事情，后者是指对人有利的事情。虽然各种词典正确地把res adversae译为厄运，把res secundae译为好运；但词典极少能表达人们经过深思而说出的这些词语的意思。因此，实际上，在这里以及在其他情形下，我们的思想并不乞灵于词源学，相反地，词源学
177 始终不得不去思索这些词语作为话语未经展开地指称的东西的本质实情。

罗马词语res表示与人相关涉的东西，事情、争执、事件。罗马人也用causa一词来表示这个意思。causa一词真正的和起先的意思绝不是"原因"；causa指的是事件(Fall)，因而也是指这样一种情况，即某事发生并且到时候了。只是因为causa几乎与res同义，都有"事件"的意思，所以，causa这个词后来才获得了原因的含义，即一种作用的因果性的意思。古德语词语thing和dinc，由于它有聚集之义，亦即为商讨某个事情的聚集，才最适合于被用

来恰当地翻译罗马词语 res，即关涉者（das Angehende）。但从罗马语的那个与 res 相应的词语中，从具有事件和事情之意义的 causa 一词中，又发展出罗曼语的 la cosa 和法语的 la chose；那就是我们所说的“物”（das Ding）。在英语中，thing 一词还保留着罗马词语 res 的丰富的命名力：英语中所讲的“他知道他的事情”（he knows his things），意思就是说，他明白他的“事情”（Sachen），知道与他相关涉的事情；英语中讲的“他知道如何处理事情”（he knows how to handle things），意思是说，他知道必须如何去应付事情，也就是应付各个具体事情的症结所在；“那是一件大事”（that's a great thing），意思是说，那真是一件伟大的（美好的、巨大的、壮丽的）事情，亦就是一件出于自身、与人相关涉的事情。

不过，在这里，关键的东西绝不是我们上面简略提及的诸如 res、Ding、causa、cosa 以及 chose、thing 等词语的语义历史，而是某种完全不同的、迄今根本尚未得到思索的东西。罗马词语 res 指的是以某种方式与人相关涉的东西。这种相关涉的东西乃是 res 的实在。res 的实在性（realitas）在罗马人那里被经验为关涉（Angang）。然而，罗马人从没有恰当地思考他们如此这般地经验到的东西的本质。而毋宁说，罗马人由于采纳了晚期希腊哲学，就在希腊的 ὄν［存在者］意义上来表象 res 的 realitas［实在性］。ὄν［存在者］，即拉丁文中的 ens，意味着站出者（Herstand）意义上的在场者。res 变成了 ens，变成了被置造者和被表象者意义上的在 178
场者。罗马人原始地经验到的 res（即关涉）的独特的实在性（realitas），作为在场者的本质，始终被埋没了。相反地，res 这个名称在后世，特别是在中世纪，被用来表示每一个 ens qua ens［作为存

在者的存在者],即每一个以任何方式在场的东西,即便它与ens rationis[理智存在者]一样仅仅在表象中站出来和在场。与res一词相同的情况也发生在dinc这个相应的名称上;因为dinc指的是以无论某种方式存在的任何东西。因此,艾克哈特大师既用dinc这个词来表示上帝,又用这个词来表示心灵。在他看来,上帝是“至高无上的物”(hoechste und oberste dinc),心灵是一个“伟大的物”(groz dinc)。这位思想大师绝不是想说,上帝和心灵都是像一块石头一样的东西,即某个质料性的对象;在这里,dinc乃是一个表示某种根本存在的东西的细心而审慎的名称。所以,艾克哈特大师借用狄奥尼修斯·阿雷欧帕杰塔[①]的一句话,说:diu minne ist der natur, daz si den menschen wandelt in die dinc, die er minnet[爱具有这样一种本性,它改变人,使人进入他所爱之物中]。

因为在西方形而上学的用语中,物(Ding)一词指的是根本上以某种方式存在的某种东西,所以,“物”(Ding)这个名称的含义的变化,就与那种对存在者的解释的变化亦步亦趋。康德以一种与艾克哈特大师相同的方式来谈论物,并且以此名称来表示存在着的某物。但是,在康德那里,存在者变成了表象的对象,而表象是在人类自我的自身意识中运行的。在康德那里,自在之物(das Ding an sich)意味着:自在之对象。对康德来说,“自在”(An-sich)这个特征的意思是:对象本身就是对象,而没有与人类表象

① 狄奥尼修斯·阿雷欧帕杰塔(Dionysius Areopagita):五世纪希腊新柏拉图主义哲学家普罗克洛(Proclus,约410—485年)的化名。——译注

发生关系，亦即没有那种首先使对象立于表象面前的“对立”(das Gegen)。严格地按照康德的方式来看，“自在之物”意味着一个对象，这个对象对我们来说并不是对象，因为它是在没有一种可能的对立的情况下站立的，也就是说，对于与之相对的人类表象来说，它并不是一个对象。

然而，无论是哲学所使用的“物”(Ding)这个名称的早已被用滥了的一般含义，还是“物”(thing)这个词语的古高地德语的含义，都丝毫不能帮助我们去经验、并且充分地思考我们现在关于壶之本质所说的东西的本质来源。实际情形恰好相反，从thing一词的古老用法中得来的一个含义要素，也即“聚集”(versammeln)，倒是道出了我们前面所思的壶的本质。 179

壶是一个物，这既不是在罗马人所讲的res的意义上来说的，也不是在中世纪人们所表象的ens的意义上来说的，更不是在现代人所表象的对象意义上来说的。壶是一个物，因为它物化。从这种物之物化(Dingen des Dinges)出发，壶这种在场者的在场才首先得以自行发生，并且得以自行规定。

今天，一切在场者都同样地近，又同样地远。无间距的东西占了上风。但是，所有对距离的缩短和消除都没有带来任何切近。什么是切近(die Nähe)呢？为了发现切近之本质，我们已经思索过切近的壶。我们已经寻找过切近之本质，并且已经发现了作为物的壶的本质。而在这种发现中，我们同时也体察到切近之本质。物物化(Das Ding dingt)。物化之际，物居留大地和天空，诸神和终有一死者；居留之际，物使在它们的疏远中的四方相互趋近，这一带近即是近化(das Nähren)。近化乃切近的本质。切近使疏远近化(Nähe nähert das Ferne),并且是作为疏远来近化。切近保持疏远。在保持疏远之际,切近在其近化中成其本质。如此这般近化之际,切近遮蔽自身并且按其方式保持为最切近者。

物并不是“在”切近“之中”,仿佛这种切近是一个容器似的。切近在作为物之物化的近化中运作。

物化之际,物居留统一的四方,即大地与天空,诸神与终有一死者,让它们居留于在它们从自身而来统一的四重整体的纯一性中。

大地(die Erde)承受筑造,滋养果实,蕴藏着水流和岩石,庇护着植物和动物。

当我们说到大地,我们同时就已经出于“四方”之纯一性而想到了其他三方。

180 天空(der Himmel)是日月运行,群星闪烁,是周而复始的季节,是昼之光明和隐晦,夜之暗沉和启明,是节日的温寒,是白云的飘忽和天穹的湛蓝深远。

当我们说到天空时,我们同时就已经出于“四方”之纯一性而想到了其他三方。

诸神(die Göttlichen)是暗示着的神性使者。从对神性的隐而不显的支配作用中,神显现而成其本质。神由此与在场者同伍。

当我们说到诸神,我们同时就出于“四方”之纯一性而一起想到了其他三方。

终有一死者(die Sterblichen)乃是人类。人类之所以被叫做终有一死者,是因为他们能够赴死。赴死(Sterben)意味着:有能力承担作为死亡的死亡。只有人赴死。动物只是消亡而已。无论在它之前还是在它之后，动物都不具有作为死亡的死亡。死亡乃是无之圣殿（der Schrein des Nichts）；无在所有角度看都不是某种单纯的存在者，但它依然现身出场，甚至作为存在本身之神秘（Geheimnis）而现身出场。作为无之圣殿，死亡庇护存在之本质现身于自身之内。作为无之圣殿，死亡乃是存在之庇所（das Gebirg des Seins）。现在，我们把终有一死者称为终有一死者——并不是因为他们在尘世的生命会结束，而是因为他们有能力承担作为死亡的死亡。终有一死者是其所是，作为终有一死者而现身于存在之庇所中。终有一死者乃是与存在之为存在的现身着的关系。

与之相反，形而上学则把人表象为 animal［动物］，表象为生物。即使 ratio［理性］完全支配了 animalitas［动物性］，人之存在还是由生命和体验来规定的。理性的生物必须首先**变成**终有一死者。

当我们说到终有一死者，我们就出于四方之纯一性而一起想到其他三方。

大地和天空、诸神和终有一死者，这四方从自身而来统一起来，出于统一的四重整体的纯一性而共属一体。四方中的每一方都以它自己的方式映射着其余三方的现身本质。同时，每一方又都以它自己的方式映射自身，进入它在四方的纯一性之内的本己之中。这种映射（Spiegeln）并不是对某个摹本的描写。映射在照亮四方中的每一方之际，居有它们本己的现身本质，而使之进入纯 181
一的相互转让（Vereignung）之中。以这种居有着-照亮着的方式映射之际，四方中的每一方都与其他各方相互游戏。这种居有着的映射把四方中的每一方都开放入它的本己之中，但又把这些自由的东西维系为它们的本质性的相互并存的纯一性。

这种进入自由域的维系着的映射乃是游戏(Spiel),这种游戏出于转让过程的合抱起来的支持而使四方中的每一方都与其他每一方相互信赖。四方中没有哪一方会固执于它自己的游离开来的独特性。而毋宁说,四方中的每一方都在它们的转让之内,为进入某个本己而失去本己。[①] 这样一种失去本己的转让就是四重整体的映射游戏(Spiegel-Spiel)。由之而来,四方之纯一性才得到了信赖。

天、地、神、人[②]之纯一性的居有着的映射游戏,我们称之为世界(Welt)。世界通过世界化而成其本质。这就是说:世界之世界化(das Welten von Welt)既不能通过某个它者来说明,也不能根据某个它者来论证。之所以不能说明和论证,并不是由于我们人类的思想无能于这样一种说明和论证。而不如说,世界之世界化之所以不可说明和论证,是因为诸如原因和根据之类的东西是与世界之世界化格格不入的。一旦人类的认识在这里要求一种说明,它就没有超越世界之本质,而是落到世界之本质下面了。人类的说明愿望根本就达不到世界化之纯一性的质朴要素中。当人们把统一的四方仅仅表象为个别的现实之物,即可以相互论证和说明的现实之物,这时候,统一的四方在它们的本质中早已被扼杀了。

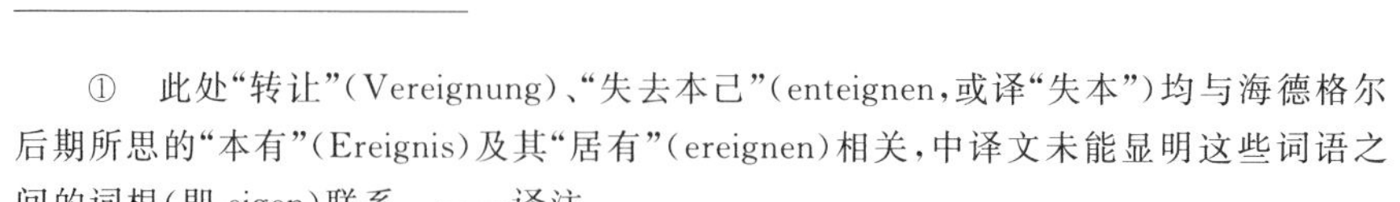

① 此处“转让”(Vereignung)、“失去本己”(enteignen,或译“失本”)均与海德格尔后期所思的“本有”(Ereignis)及其“居有”(ereignen)相关,中译文未能显明这些词语之间的词根(即 eigen)联系。——译注

② 此处“天、地、神、人”是“天空、大地、诸神、终有一死者”的简译。——译注

四重整体之统一性乃是四化(Vierung)。但这种四化决不是这样进行的,即:它包括四方并且作为这样一个包括者而事后附加到四方上。四化同样也并不限于这样一回事情,即:四方,一度现成的四方,只是相互并列而已。

四化作为纯一地相互信赖者的有所居有的映射游戏而成其本质。四化作为世界之世界化而成其本质。世界的映射游戏乃是居有之圆舞(der Reigen des Ereignens)。因此,这种圆舞也并不只 182
是像一个环那样包括着四方。这种圆舞乃是起环绕作用的圆环(Ring),在嵌合之际起支配作用,因为它作为映射而游戏。它在居有之际照亮四方,并使四方进入它们的纯一性的光芒之中。这个圆环在闪烁之际使四方处处敞开而归本于它们的本质之谜。世界的如此这般环绕着的映射游戏的被聚集起来的本质乃是环化(das Gering)[①]。在映射着游戏着的圆环的环化(das Gering)[②]中,四方依偎在一起,得以进入它们统一的、但又向来属己的本质之中。如此柔和地,它们顺从地世界化而嵌合世界。

柔和地、柔顺的、柔韧地、顺从地、轻巧地,在我们古德语中叫做“ring”和“gering”。世界化的世界的映射游戏,作为圆环之环化,强行释放(entringt)[③]统一的四方进入本己的顺从之中,进入它们的本质的圆环之中。从圆环之环化的映射游戏而来,物之物化得以发生。

---

① 四方之共属一体的有所纯一化(einfalten)的嵌合的聚集。——作者边注

② 什么聚集入环绕者(das Ringende)中——有所闭合的维系——但它又解放——敞开者之真实——自由之物——。——作者边注

③ 解放。——作者边注

物居留四重整体。物物化世界(Das Ding dingt Welt)。每一个物都居留四重整体,使之入于世界之纯一性的某个向来逗留之物(ein je Weiliges)中。

如果我们让物化中的物从世界化的世界而来成其本质,那么,我们便思及物之为物了。如此这般思念之际,我们一任自身为物的世界化本质所关涉了。如此思来,我们就为物之为物所召唤了。在词语的严格意义上讲来,我们乃是受限制者(die Be-Dingten)。[①] 我们已经把一切无限制者的狂妄抛弃了。

如果我们思物之为物,那我们就是要保护物之本质,使之进入它由以现身出场的那个领域之中。物化乃是世界之近化(Nähern)[②]。近化乃是切近之本质。只要我们保护着物之为物,我们便居住于切近中。切近之近化乃是世界之映射游戏的真正的和惟一的维度。

183 在对距离的种种消除活动中,切近付诸阙如。切近之缺失已经使无间距的东西占居了统治地位。在切近之缺失中,我们上面所讲意义上的物作为物被消灭掉了。但究竟物之为物何时以及如何存在呢?我们置身于无间距的东西的统治下,仍有此一问。

物之为物何时以及如何到来?物之为物并非**通过**人的所作所为而到来。不过,若**没有**终有一死的人的留神关注,物之为物也不会到来。达到这种关注的第一步,乃是一个返回步伐(Schritt zurück),即从一味表象性的、亦即说明性的思想返回来,回到思念

---

① 按其字面含义,这里的“受限制者”(die Be-Dingten)亦可译为“被物化者”。——译注

② 世界的纯一性在何处逗留。——作者边注

之思(das andenkende Denken)。

然而,从一种思想回到另一种思想,这种返回步伐绝不只是态度的转变。它决不可能是这样一种态度的转变,原因仅仅在于:一切态度连同它们转变方式,都拘执于表象性思想的区域中。的确,这个返回步伐离开了纯粹态度的区域。这个返回步伐寓于一种应合(Entsprechen),这种应合——在世界之本质(Weltwesen)中为这种本质所召唤——在它自身之内应答着世界之本质。对于物之为物的到达,一种纯然的态度之转变无能为力,正如今天作为对象立身于无间距者中的一切东西都不能简单地转变为物。如果我们仅只避开对象,仅只回忆从前的古老对象,那些也许一度会变成物甚至作为物而在场的对象,那么,物之为物也是决不会到来的。

物是从世界之映射游戏的环化中生成、发生的。惟当——也许是突兀地——世界作为世界而世界化(Welt als Welt wcltet),圆环才闪烁生辉;而天、地、神、人的环化从这个圆环中脱颖而出(entringt)[①],进入其纯一性的柔和之中。

依此环化,物化本身是轻柔的(gering)[②],而且每个当下逗留之物也是柔和的,毫不显眼地顺从于其本质。柔和的是这样的物:壶和凳、桥和犁。但树木和池塘、小溪和山丘也是物,也以各自的 184
方式是物。苍鹰和狍子、马和牛,也是物,每每以自己的方式物化着。每每以自己的方式物化之际,镜子和别针、书和画、王冠和十字架也是物。

① 消解入自由之境中——环化(das Gering):进入自行解放的聚集——自行顺从——进入四方的共属一体中。——作者边注

② 抑制于毫不显眼者中——质朴之物。——作者边注

但是，与无数处处等价的对象相比，与过量的作为生物的人类群体相比，物在数量上也是轻微的。

惟有作为终有一死者的人，才在栖居之际通达作为世界的世界。惟从世界中结合自身者，终成一物。①

后　　记

致一位青年学生的信

弗莱堡，1950 年 6 月 18 日

亲爱的布希纳先生！

谢谢您的来信。您提的问题很是重要，您的论据也不错。不过，仍然要思索一下，这些问题是否触及到要害了。

您问：存在之思想从何处获得（简言之）指引？

在这里，您不可把“存在”（Sein）当作一个客体，把思想当作一个主体的单纯活动。思想，诸如以那个演讲（《物》）为基础的思想，决不只是对某个现成事物的表象。“存在”绝不与现实性或者直接被确定的现实之物相同一。存在也绝不与那种“不再存在”或者“尚未存在”相对立；后面这两者本身都属于存在之本质。甚至形而上学在某种程度上也已经对这样一
185 回事情作了猜度；形而上学是在它的诚然几乎尚未得到理解的样态学说中作出这种猜度的——而按照形而上学的样态学说，可能性与现实性和必然性一样，同样都属于存在。

① 此句德语原文为：Nur was aus Welt gering，wird einmal Ding，我们在此根据英译文译出，英译文作：Only what conjoins itself out of world becomes a thing。参看海德格尔：《诗・语言・思》，英文版，纽约 1971 年，第 182 页。——译注

在存在之思想中，从来不会只有一个现实之物被表象出来，也不会只有这个被表象者被冒充为惟一真实的东西。思“存在”，这意思是说：应合存在之本质的要求（Anspruch）。这种应合（Entsprechen）来自存在之本质的要求，并且向此要求释放自己。应合是一种在此要求面前的退回，因此也是一种入于此要求的语言之中的进入。但是，属于存在之要求的，乃是早先被揭示了的曾在者（Ἀλήθεια［无蔽］、Λόγος［逻各斯］、Φύσις［涌现、自然］），同样还有在存在之遗忘状态的可能转向中（进入存在之本质的保存中）公布出来的那个东西的隐蔽到达。这种应合必须出于长期的专心、并且在对倾听的持续考验中去关注所有这一切，以便聆听一种存在之要求。但是，恰恰在这里，这种应合也有可能听错。在这种思想中，误入歧途的可能性极大。这种思想决不能像数学知识那样来证明自己。而另一方面，这种思想同样也不是任意专断，相反，它维系于存在之本质命运（das Wesensgeschick des Seins），尽管它自身决不作为陈述而具有约束性，而毋宁说只是一种可能的动因，促使我们踏上应合之路，而且是以那种对已经达乎语言的存在的全部审慎和专心踏上应合之路。

上帝和神性者的缺失就是不在场状态（Abwesenheit）。不过，所谓不在场并非一无所有，而不如说，不在场乃是那种恰恰首先要居有的在场状态，[1]也就是隐蔽而丰富的曾在者

① 不同的在场方式；也包括不在场（Abwesen）中的在场——从何种在场状态而来的不（Ab-）——？——作者边注

和如此这般聚集起来的本质现身者(das Gewesene und so versammelt Wesende)的在场状态,是希腊世界中、预言的犹太教中和耶稣布道中的神性者的在场。这种“不再”本身就是一种“尚未”,也就是它不可穷尽的本质的隐蔽到达的“尚未”。由于存在从来不是仅仅直接现实的东西,故对存在的守护绝不能与一个保卫藏在某个建筑物中的珍宝的警卫的作用相提
186 并论。对存在的守护绝不是盯住某个现成之物不放。就其本身来看,在现成之物中,是决不能找到存在之要求的。守护就是留神关注,关注曾在的和将来的存在之命运。这种留神关注来自长久的、不断自我更新的审慎态度,后者关注着那个指令,即存在是如何发出其要求的。在存在之命运中,绝没有一种单纯的相继序列:现在是集置(Gestell),然后是世界和物;而不如说,在存在之命运中,总是有一种消逝以及早先和晚期的共时性。在黑格尔的《精神现象学》中,有 Ἀλήθεια[无蔽]在场,尽管它已经发生了变化。

作为应合,存在之思想是一件十分令人迷惑的事情,因此是一件十分贫乏的事情。也许说到底,思想乃是一条无可回避的道路,这条道路并不想成为拯救之路,也并不带来任何新的智慧。这条道路充其量乃是一条乡间小路(Feldweg),一条穿过乡间的道路,它不光是谈论一种放弃,而且已经放弃了,即放弃了对一种约束性的学说和一种有效的文化成就或精神行为的要求。所有这一切都取决于那个充满迷误的返回步伐,即返回到一种思索,这种思索关注着那个在存在之命运中预先确定的存在之被遗忘状态的转向(Kehre)。这个从形

而上学的表象性思想中脱身出来的返回步伐并不摈弃这种表象性思想，但它开启出达乎存在之真理（Wahr-heit des Seins）的要求的那种远景，而应合就在存在之真理中立身和运作。

我常常碰到这样一种情形，而且恰恰是在我周围亲近的人那里碰到这样一种情形：人们非常乐意而且专心地听我讲壶之本质，但当我谈到对象性、被置造状态的站出和来源时，当我谈到集置时，他们便立刻充耳不闻了。可是，我讲的所有这些东西都必然地共属于那种对物的思想，这种思想思及世界的可能到达，而且在如此这般思考之际，也许最微不足道地、毫不显眼地有助于使这样一种到达进入已经被开启出来的人之本质的领域。

我在这个演讲中取得了一些奇怪的经验，其中有这样一种经验：有人对我的思想发问，问我的思想是从何处获得它的指引的，仿佛这个问题仅仅对于我的这种思想才是必要的。187
相反，没有人想到问一问：柏拉图是从何处得到指引，才把存在思考为 ἰδέα［相］的，康德是从何处得到指引，才把存在思考为对象性之先验性质，思考为断定（即被设定性）的。

然而，也许会有一天，这些问题的答案恰恰可以从一些思想尝试中获得，这些思想尝试与我的思想尝试一样，看起来好像是无法无天的任意之举。

我不能向您提供任何凭证，借以在任何时候都轻而易举地证明我所说的话是否与现实相符合。当然啰，您也没有向我要这样的凭证。

在这里，一切都是有所考验地倾听着的应合的道路。道路总难免有变成歧途的危险。行这样的道路，要求做行走方面的练习。练习需要手艺。愿您在真正的急难中保持在此道路上，并且去学会思想的手艺，坚持不渝（un-ent-wegt）而又不畏歧途。

致以亲切的问候！

“……人诗意地栖居……”

这个诗句引自荷尔德林后期一首以独特方式流传下来的诗 191
歌。这首诗的开头曰:“教堂的金属尖顶,在可爱的蓝色中闪烁……”(斯图加特第二版,第一卷,第372页以下;海林格拉特版,第六卷,第24页以下)。为了得体地倾听“……人诗意地栖居……”这个诗句,我们就必须审慎地将它回复到这首诗歌中。因此,我们要思量这个诗句。我们要澄清此诗句即刻就会唤起的种种疑虑。因为否则的话,我们就不会有开放的期备姿态,去追踪这个诗句从而应答这个诗句。

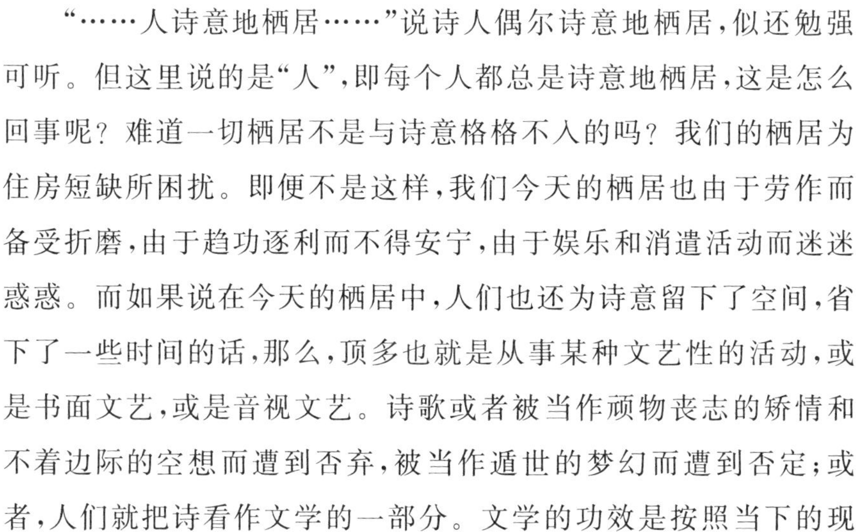

“……人诗意地栖居……”说诗人偶尔诗意地栖居,似还勉强可听。但这里说的是“人”,即每个人都总是诗意地栖居,这是怎么回事呢?难道一切栖居不是与诗意格格不入的吗?我们的栖居为住房短缺所困扰。即便不是这样,我们今天的栖居也由于劳作而备受折磨,由于趋功逐利而不得安宁,由于娱乐和消遣活动而迷迷惑惑。而如果说在今天的栖居中,人们也还为诗意留下了空间,省下了一些时间的话,那么,顶多也就是从事某种文艺性的活动,或是书面文艺,或是音视文艺。诗歌或者被当作顽物丧志的矫情和不着边际的空想而遭到否弃,被当作遁世的梦幻而遭到否定;或者,人们就把诗看作文学的一部分。文学的功效是按照当下的现实性之尺度而被估价的。[①] 现实本身由形成公共文明意见的组织所制作和控制。这个组织的工作人员之一(既是推动者又是被推动者)就是文学行业。这样,诗就只能表现为文学。甚至当人们在教育上和科学上考察诗的时候,它也还是文学史的对象。[②] 西方的诗被冠以“欧洲文学”这样一个总名称。

192 但是,如果诗的惟一存在方式自始就在文学中,那么,又如何能说人之栖居是以诗意为基础的呢?“人诗意地栖居”这个诗句毕竟也只是出于某个诗人之口,而且正如我们所知,这还是一个应付不了生活的诗人。[③] 诗人的特性就是对现实熟视无睹。诗人们无所作为,而只是梦想而已。他们所做的就是耽于想象。仅有想象被制作出来。“制作”在希腊文中叫Ποίησις。人之栖居可以被认为是诗歌(Poesie)和诗歌的(poetisch)吗?这一点实际上只能假定:有谁远离于现实而不愿看到,今天的历史性的和社会性的人——社会学家称之为集体[④]——的生活处于何种状况中。

然而,在我们如此粗略地宣布栖居与作诗(Dichten)的不相容之前,最好还是冷静地关注一下这位诗人的诗句。这个诗句说的是人之栖居。它并非描绘今天的栖居状况。它首先并没有断言,栖居意味着占用住宅。它也没有说,诗意完全表现在诗人想象力的非现实游戏中。如此,经过深思熟虑,谁还胆敢无所顾虑地从某个大可置疑的高度宣称栖居与诗意是格格不入的呢?也许两者是

① 诗人作为码字者,这种“文学生产者”。——作者边注

② 诗艺学(Poetologie):文学与反思——。——作者边注

③ 这里显然是指荷尔德林的精神错乱。——译注

④ 工业社会。——作者边注

相容的。进一步讲，也许两者是相互包含的，也即说，栖居是以诗意为根基的。如果我们真的作此猜断，那么，我们就必得从本质上去思栖居和作诗。如果我们并不回避此种要求，我们就要从栖居方面来思考人们一般所谓的人之生存。而这样一来，我们势必要放弃通常关于栖居的观念。根据通常之见，栖居只不过是人的许多行为方式中的一种。我们在城里工作，在城外栖居。在旅行时， 193
我们一会儿住在此地，一会儿住在彼地。这样来看的栖居始终只是住所的占用而已。

当荷尔德林谈到栖居时，他看到的是人类此在（Dasein）的基本特征。而他却从与这种在本质上得到理解的栖居的关系中看到了“诗意”。

当然，这并不意味着：诗意只不过是栖居的装饰品和附加物。栖居的诗意也不仅仅意味着：诗意以某种方式出现在所有的栖居当中。这个诗句倒是说：“……人诗意地栖居……”，也即说，作诗才首先让一种栖居成为栖居。作诗是本真的让栖居（Wohnenlassen）。不过，我们何以达到一种栖居呢？通过筑造（Bauen）。作诗，作为让栖居，乃是一种筑造。

于是，我们面临着一个双重的要求：一方面，我们要根据栖居之本质来思人们所谓的人之生存；另一方面，我们又要把作诗的本质思为让栖居，[①]一种筑造，甚至也许是**这种**突出的筑造。如果我们按这里所指出的角度来寻求诗的本质，我们便可达到栖居之

① 对此可参看：约翰·彼特·海贝尔，家之友——［载《全集》第十三卷］。——作者边注

本质。

但我们人从何处获得关于栖居和作诗之本质的消息呢？一般而言，人从何处取得要求，得以进入某个事情的本质中？人只可能在他由以接受这个要求之处取得此要求。人从语言之允诺（Zuspruch）中接受此要求。无疑地，只有当并且只要人已然关注着语言的特有本质，此事才会发生。但围绕着整个地球，却喧嚣着一种放纵无羁而又油腔滑调的关于言语成果的说、写、播。人的所作所为俨然是语言的构成者和主宰，而实际上，语言才是人的主人。一旦这种支配关系颠倒过来，人便想出一些奇怪的诡计。语言成为
194 表达的工具。作为表达，语言得以降落为单纯的印刷工具。甚至在这样一种对语言的利用中人们也还坚持言说的谨慎。这固然是好事。但仅只这样，决不能帮助我们摆脱那种对语言与人之间的真实的支配关系的颠倒。因为真正地讲来，是语言说话。人只是在他倾听语言之允诺从而应合于语言之际才说话。在我们人可以从自身而来一道付诸言说的所有允诺中，语言乃是最高的、处处都是第一位的允诺。语言首先并且最终地把我们唤向某个事情的本质。但这不是说，语言，在任何一种任意地被把捉的词义上的语言，已经直接而确定地向我们提供了事情的透明本质，犹如为我们提供一个方便可用的对象事物一样。而人得以本真地倾听语言之允诺的那种应合，乃是在作诗之要素中说话的道说（Sagen）。一位诗人愈是诗意，他的道说便愈是自由，也即对于未被猜度的东西愈是开放、愈是有所期备，他便愈纯粹地任其所说听凭于不断进取的倾听，其所说便愈是疏远于单纯的陈述——对于这种陈述，人们只是着眼于其正确性或不正确性来加以讨论的。

……人诗意地栖居……

诗人如是说。如果我们把荷尔德林的这个诗句置回到它所属的那首诗中,我们便可更清晰地倾听此诗句。首先,我们来倾听两行诗;我们已经把上面这个诗句从这两行诗中分离开来。这两行如下:

充满劳绩,但人诗意地,
栖居在这片大地上。

诗行的基调回响于"诗意的"一词上。此词在两个方面得到了强调,即:它前面的词句和它后面的词句。

它前面的词句是:"充满劳绩,但……"。听来就仿佛是,接着 195
的"诗意的"一词给人的充满劳绩的栖居带来了一种限制。但事情恰好相反。限制是由"充满劳绩"这个短语道出的;对此,我们必须加上一个"虽然"来加以思考。虽然人在其栖居时做出多样劳绩。因为人培育大地上的生长物,保护在他周围成长的东西。培育和保护(colere,cultura)乃是一种筑造。但是,人不仅培养自发地展开和生长的事物,而且也在建造(aedificare)意义上进行筑造,因为他建立那种不能通过生长而形成和持存的东西。这种意义上的筑造之物不仅是建筑物,而且也包括手工的和由人的劳作而得的一切作品。然而,这种多样筑造的劳绩决没有充满栖居之本质。相反地,一旦种种劳绩仅只为自身之故而被追逐和赢获,它们甚至就禁阻着栖居的本质。这也就是说,劳绩正是由其丰富性而处处把

栖居逼入所谓的筑造的限制中。筑造遵循着栖居需要的实现。农民对生长物的培育，建筑物和作品的建造，以及工具的制造——这种意义上的筑造，已经是栖居的一个本质结果，但不是栖居的原因甚或基础。栖居之基础必定出现在另一种筑造中。虽然人们通常而且往往惟一地从事的、因而只是熟悉的筑造，把丰富的劳绩带入栖居之中。但是，只有当人已经以另一种方式进行筑造了，并且正在筑造和有意去筑造时，人才能够栖居。

“（虽然）充满劳绩，但人诗意地栖居……”。下文接着是：“在这片大地上”。人们会认为这个补充是多余的；因为栖居说到底就是：人在大地上逗留，在“这片大地上”逗留，而每个终有一死的人都知道自己是委身于大地的。

196 但当荷尔德林自己胆敢说终有一死的人的栖居是诗意的栖居时，立即就唤起一种假象，仿佛“诗意的”栖居把人从大地那里拉了出来。因为“诗意”如果被看作诗歌方面的东西，其实是属于幻想领域的。诗意的栖居幻想般地飞翔于现实上空。诗人特地说，诗意的栖居乃是栖居“在这片大地上”，以此来对付上面这种担忧。于是，荷尔德林不仅使“诗意”免受一种浅显的误解，而且，通过加上“在这片大地上”，他特地指示出作诗的本质。作诗并不飞越和超出大地，以便离弃大地、悬浮于大地之上。毋宁说，作诗首先把人带向大地，使人归属于大地，从而使人进入栖居之中。

充满劳绩，但人诗意地，
栖居在这片大地上。

现在我们知道人如何诗意地栖居了吗？我们还不知道。我们甚至落入一种危险中了，大有可能从我们出发，把某种外来的东西强加给荷尔德林的诗意词语。因为，荷尔德林虽然道出了人的栖居和人的劳绩，但他并没有像我们前面所做的那样，把栖居与筑造联系起来。他并没有说筑造，既没有在保护、培育和建造意义上说到筑造，也没有完全把作诗看作一种特有的筑造方式。因此，荷尔德林并没有像我们的思想那样来道说诗意的栖居。但尽管如此，我们是在思荷尔德林所诗的那同一个东西。①

无疑，这里要紧的是关注本质性的东西。这就需要做一个简短的插话。只有当诗与思明确地保持在它们的本质的区分之中，诗与思才相遇而同一。同一（das selbe）决不等于相同（das gleiche），也不等于纯粹同一性的空洞一体。相同总是转向无区别，致使一切都在其中达到一致。相反地，同一则是从区分的聚集而来，是有区别的东西的共属一体。惟当我们思考区分之际，我们才能说同一。在区分之分解中，②同一的聚集着的本质才得以显露出来。同一驱除每一种始终仅仅想把有区别的东西调和为相同的热情。同一把区分聚集为一种原始统一性。相反，相同则使之消散于千篇一律的单调统一体中。在一首题为《万恶之源》的箴言诗中，荷尔德林诗云：

① 此句中的“思”与“诗”都是动词。中文的“诗”一般不作动词用，在此我们也无妨尝试一个语文改造。——译注

② 此处“分解”原文为 Austrag，在日常德语中有“解决、裁决、调解”等义；其动词形式 austragen 有“解决、澄清、使有结果、分送”等义。海德格尔以 Austrag 一词来思存在与存在者之“差异”的区分化运作。我们译之为“分解”，勉强取“区分”和“解决”之意。——译注

一体地存在乃是神性和善良；在人中间
究竟何来这种渴望：但求惟一存在。

（斯图加特第一版，第一卷，第305页）

当我们沉思荷尔德林关于人的诗意栖居所做的诗意创作之际，我们就能猜度到一条道路；在此道路上，我们通过不同的思想成果而得以接近诗人所诗的同一者(das Selbe)。

但荷尔德林就人的诗意栖居道说了什么呢？对此问题，我们可通过倾听上述那首诗的第24—38行来寻求答案。因为，我们开始时解说过的那两行诗就是从中引来的。荷尔德林诗云：

如果生活纯属劳累，
人还能举目仰望说：
我也甘于存在吗？是的！
只要善良，这种纯真，尚与人心同在，
人就不无欣喜
以神性来度量自身。
神莫测而不可知吗？
神如苍天昭然显明吗？
我宁愿信奉后者。
神本是人的尺度。
充满劳绩，但人诗意地，
栖居在这片大地上。我要说
星光璀璨的夜之阴影

也难与人的纯洁相匹敌。
人是神性的形象。
大地上[①]有没有尺度？
绝对没有。

对于这些诗句，我们仅作几点思考，而且，我们的惟一目的是要更清晰地倾听荷尔德林在把人之栖居称为“诗意的”栖居时所表达出来的意思。上面朗读过的开头几行诗（第24—26行）即给我们一个暗示。它们采用了完全确信地予以肯定回答的提问形式。这一提问婉转表达出我们已经解说过的诗句的直接意蕴：“充满劳绩，但人诗意地，栖居在这片大地上”。荷尔德林问道：

如果生活纯属劳累，
人还能举目仰望说：
我也甘于存在吗？是的！

惟在一味劳累的区域内，人才力求“劳绩”。人在那里为自己争取到丰富的“劳绩”。但同时，人也得以[②]在此区域内，从此区域而来，通过此区域，去仰望天空。这种仰望向上直抵天空，而根基还留在大地上。这种仰望贯通天空与大地之间。[③] 这一“之间”(das Zwischen)被分配给人，构成人的栖居之所。我们现在把这

① 单纯要从大地那里解脱(enthörendes)的东西。——作者边注
② 仅仅？不如说：人被指引、被召唤、被使用——。——作者边注
③ 不可通达性。——作者边注

种被分配的、也即被端呈的贯通——天空与大地的“之间”由此贯通而敞开——称为维度(die Dimension)。此维度的出现并非由
199 于天空与大地的相互转向。而毋宁说，转向本身居于维度之中。维度亦非通常所见的空间的延展；因为一切空间因素作为被设置了空间的东西，本身就需要维度，也即需要它得以进入(eingelassen)[①]其中的那个东西。

维度之本质乃是那个“之间”——即直抵天空的向上与归于大地的向下——的被照亮的、从而可贯通的分配。我们且任维度之本质保持无名。根据荷尔德林的诗句，人以天空度量自身而得以贯通此尺度。人并非偶尔进行这种贯通，而是在这样一种贯通中人才根本上成为人。因此之故，人虽然能够[②]阻碍、缩短和歪曲[③]这种贯通，但他不可能逃避这种贯通。人之为人，总是已经以某种天空之物来度量自身。就连魔鬼也来自天空。所以，接着的诗行(第28—29行)说：“人……以神性来度量自身”。神性乃是人借以度量他在大地之上、天空之下的栖居的“尺度”。惟当人以此方式测度他的栖居，他才能够按其本质而存在(*sein*)[④]。人之栖居基于对天空与大地所共属的那个维度的仰望着的测度。

这种测度(Vermessung)不只测度大地(γῆ)，因而决不是简单的几何学。这种测度同样也并非测度自为的天空，即 οὐρανός。测度并非科学。测度测定那个“之间”，也就是使天空与大地两者相

① 把往来的场所聚集起来。——作者边注

② “危险”，参看上文“技术”以及“技术与转向”。——作者边注

③ “非诗意的”。——作者边注

④ 亦即被使用和需用(Brauch)。——作者边注

互带来的那个“之间”。这种测度有其自身的 μέτρον[尺度],因此有其自身的格律。

人就他所归属的那个维度来测度他的本质。这种测度把栖居带入其轮廓中。对维度的测度是人的栖居赖以持续的保证要素。测度是栖居之诗意因素。作诗即是度量(Messen)。但何谓度量 200
呢?如果我们把作诗思为测度,我们显然就不可把这种作诗安置于一个关于度量和尺度的任意观念中。

也许作诗是一种别具一格的度量。更有甚者,也许我们必须以另一种声调把“作诗是**度量**”这句话说成“**作诗**是度量”。在其本质之基础中的一切度量皆在作诗中发生。因此之故,我们要注意度量的基本行为。度量的基本行为就在于:人一般地首先采取他当下借以进行度量活动的尺度。在作诗中发生着尺度之采取(Nehmen)[①]。作诗乃是“采取尺度”(Maß-Nahme)——从这个词的严格意义上来加以理解;通过“采取尺度”,人才为他的本质之幅度接受尺度。人作为终有一死者成其本质。人之所以被称为终有一死者,是因为人能够赴死。能够赴死意味着:能够承担作为死亡的死亡。惟有人赴死——而且只要人在这片土地上逗留,只要人栖居,他就不断地赴死。但人之栖居基于诗意。荷尔德林在人之本质的测度借以实现的“采取尺度”中看到了“诗意”的本质。

然而,我们将怎样证明荷尔德林是把作诗的本质思为“采取尺度”了?我们在此毋需证明什么。一切证明都不外乎是依据前提的事后追加的做法。根据被设定的前提,一切均可得证明。但我

① 在作为弃言(Ent-sagen)的道说中注意、采纳、接受。——作者边注

们只能注意少数几点。我们只要关心诗人自己的诗句便足矣。因为在接着的诗行中，荷尔德林首先真正追问的只是尺度。此尺度乃是人借以度量自身的这种[1]神性。第 29 行开始做这种追问："神莫测而不可知吗？"显然不是的。因为，倘若神是不可知的，它
201 作为不可知的东西如何能成为尺度呢？但是，我们这里要聆听和牢记的是，神之为神对荷尔德林来说是不可知的，而且**作为这种不可知的东西**，神恰恰是诗人的尺度。因此，使荷尔德林大感震惊的还有这样一个激烈的问题：那在本质上保持不可知的东西如何能成为尺度呢？因为人借以度量自身的这种东西无论如何都必须公布出自己，都必须显现出来。而如果它显现出来了，那它就是可知的。可神是不可知的，却又是尺度。不仅如此，而且保持不可知的神也必须通过显示**自身**为它所是的神而作为始终不可知的持存者显现出来。不光神本身是神秘的，神之**显明**（*Offenbarkeit*）也是神秘的。因此之故，诗人随即提出下一个问题："神如苍天昭然显明吗？"荷尔德林答曰："我宁愿信奉后者"。[2]

于是，**我们**现在要问，诗人为何愿做此猜断？接着的诗句给出了答案。诗句简明扼要："神本是人的尺度"。人之度量的尺度是什么？是神？不是！是天空？不是！是天空的显明？也不是！此尺度在于保持不可知的神**作为**神如何通过天空而显明的方式。神通过天空的显现乃在于一种揭露，它让我们看到自行遮蔽的东西；但这并不是由于它力求把遮蔽者从其遮蔽状态中撕扯出来，而只

---

① 由可敞开的天空所掩蔽的、陌生的。——作者边注

② 天上的云彩。——作者边注

是由于它守护着在其自行遮蔽中的遮蔽者。所以，不可知的神作为不可知的东西通过天空之显明而显现出来。这种显现(Erscheinen)乃是人借以度量自身的尺度。

对于终有一死的人的通常观念来说，这似乎是一个令人困惑的奇怪的尺度；对于无所不晓的陈腐的日常意见来说，它看来是格格不入的。因为日常的观念和意见往往声称自己就是一切思想和反思的准则。

这个对通常的观念来说——特别地也对一切纯粹科学的观念来说——奇怪的尺度绝不是一根凿凿在握的尺棍；不过，只要我们不是用双手去抓握，而是受那种与这里所采取的尺度相应的姿态 202
的引导，这个奇怪的尺度实际上就比尺棍更容易掌握。这是在一种采取(Nehmen)中发生的；这种采取决不是夺取自在的尺度，而是在保持倾听的专心觉知(Vernehmen)[①]中取得尺度。

然而，为什么这种在我们今人看来如此怪异的尺度被允诺给人并且通过作诗的“采取尺度”而向人公布出来了？这是因为惟有这种尺度测定着人之本质。因为人是通过贯通“在大地上”与“在天空下”而栖居的。这一“在……上”与“在……下”是共属一体的。它们的交合乃是贯通；只要人作为尘世的人而存在，他就时时穿行于这种贯通。在一个残篇中(斯图加特第二版，第一卷，第334页)，荷尔德林说：

亲爱的！永远地，

① 采纳(An-nehmen)、归功(Sichverdanken)。——作者边注

大地运行，天空持守。

因为人在经受维度之际**存在**，所以人之本质始终必须得到测度。为此就需要一个尺度，它同时一体地关涉整个维度。洞察这一尺度，把它当作尺度来加以测定并且把它当作尺度来加以采取，这对诗人来说就意味着：作诗。作诗就是这种“采取尺度”，而且是为人之栖居而“采取尺度”。所以，[①]紧接着“神本是人的尺度”一句，在诗中有了这样几行：“充满劳绩，但人诗意地，栖居在这片大地上”。

现在我们知道了荷尔德林所说的“诗意”吗？既知道又不知道。说知道，是因为我们接受了一个指示，知道要在何种角度上去思考作诗，也即要把作诗当作一种别具一格的度量来思考。说不知道，是因为作为对那个奇怪尺度的测定，作诗变得愈加神秘兮兮

203 了。所以，要是我们准备在诗的本质领域中逗留一番(auf-zu-halten)，[②]作诗就势必还是神秘兮兮的。

不过，当荷尔德林把作诗思考为一种度量时，那确实是令我们诧异的。只要我们仅仅在**我们**常见的意义上来看度量，那么此种诧异就是有理由的。在我们常见的意义上，借助于已知的东西(即标尺和尺码)，某个未知之物被检测而成为可知的，并从而被限定在一个随时一目了然的数目和秩序之中。这种度量可以随所用的(bestellten)[③]仪器的种类发生变化。但谁能担保这种常见的度量

① 亦即特地被命名：被言说——。——作者边注

② 持留——经受——持续——抑制。——作者边注

③ 可订置的(bestellbaren)。——作者边注

方式已经切中度量的本质了呢？难道就因为它是常见的吗？当我们听到“尺度”一词，我们立即就会想到数字，并把尺度和数字两者看作某种数量上的东西。可是，尺度之本质与数字的本质一样，并不是一种量。诚然，我们能用数字计算，但并非用数字的本质来计算。如果说荷尔德林洞察到作为一种度量的作诗，并且首要地把作诗本身当作“采取尺度”来贯彻，那么，为了对作诗进行思考，我们就必须一再来思索在作诗中被采取的尺度；我们就必须关注这种采取的方式，这种采取并不依赖某种抓取，根本就不在于某种把捉，而在于让那种已被分配的东西（das Zu-Gemessene）到来。作诗的尺度是什么呢？是神性；也就是神吗？谁是神呢？也许对人来说，这个问题太难了，也过于突兀了。因此，让我们先问问关于神可说些什么。让我们首先只问：什么是神？

好在有几行荷尔德林的诗句保存了下来。这几行诗对我们大有助益。在事实上和时间上看，这几行诗属于《在可爱的蓝色中闪烁……》一诗的范围。这几行诗如下（斯图加特第二版，第一卷，第210页）：

什么是神？不知道，
但他的丰富特性
就是他的天空的面貌。 204
因为闪电是神的愤怒。
某物愈是不可见，
就愈是归于疏异者……

对神来说疏异的东西，即天空的景象，却是人所熟悉的东西。这种东西是什么呢？就是天空间的一切，因而也就是在天空下、大地上的万物；这一切闪烁和开放、鸣响和喷香、上升和到来，但也消逝和没落、也哀鸣和沉默、也苍白和黯淡。那不可知者归于这一切为人所熟悉、而为神所疏异的东西，才得以在其中作为不可知者而受到保护。但是，诗人召唤着天空景象的所有光辉及其运行轨道和气流的一切声响，把这一切召唤入歌唱词语之中，并使所召唤的东西在其中闪光和鸣响。不过，诗人之为诗人，并不是要描写天空和大地的单纯显现。诗人在天空景象中召唤那个东西，后者在自行揭露中恰恰让自行遮蔽着的东西显现出来，而且是让它作为自行遮蔽着的东西显现出来。在种种熟悉的现象中，诗人召唤那种疏异的东西——不可见者为了保持其不可知而归于这种疏异的东西。

惟当诗人采取尺度之际，他才作诗。盖由于诗人如此这般道说着天空之景象，即：诗人顺应作为疏异者的天空之现象，也就是不可知的神“归于”其中的那个疏异者。我们所常见的表示某物之景象和外观的名称是“形象”(Bild)。“形象”的本质乃是：让人看某物。[1] 相反，映象和模象已然是真正的形象的变种。真正的形象作为景象让人看不可见者，并因而使不可见者进入某个它所疏异的东西之中而构形。[2] 因为作诗采取那种神秘的尺度，也即以天空之面貌为尺度，所以它便以“形象”说话。因此之故，诗意的形

---

① 《重音》(1954 年)：参看《语言与家乡》“构成”[载《全集》第十三卷]。——作者边注

② εἴκω[闪现]。——作者边注

象乃是一种别具一格的想象，不是单纯的幻想和幻觉，而是构成形
象，[①]即在熟悉者的面貌中的疏异之物的可见内涵。形象的诗意 205
道说把天空现象的光辉和声响与疏异者的幽暗和沉默聚集于一
体。通过这样一种景象，神令人惊异。在此惊异中，神昭示其不断
的邻近。因此，在“充满劳绩，但人诗意地，栖居在这片大地上”这
几行诗后，荷尔德林接着写道：

> ……我要说
> 星光璀璨的夜之阴影
> 也难与人的纯洁相匹敌。
> 人是神性的形象。

“……夜之阴影”——夜本身就是阴影，是那种决不会漆黑一团的幽暗，因为这种幽暗作为阴影始终与光明相亲熟，为光明所投射。作诗所采取的尺度作为疏异者——那不可见者就在其中保护着它的本质——归于天空景象中熟悉的东西。因此，此尺度具有天空的本质特性。但天空并非纯然是光明。高空的光芒本身就是其庇护万物的浩瀚之境的幽暗。天空的可爱蓝色乃是幽深的色彩。天空的光芒乃是庇护一切可昭示者的日出日落的朦胧。此天空就是尺度。因此，诗人必得问：

① 海德格尔在此以“构成形象”(Ein-Bildung)表示诗的“想象”(Einbildung)乃是“形象”(Bild)之构成。——译注

大地上有没有尺度？

而且诗人必得答曰："绝对没有"。为何？因为当我们说"在大地上"时，我们所命名的东西只是就人栖居于大地、并且在栖居中让大地成为大地而言才存在。

但是，只有当作诗发生而成其本质，而且其发生方式的本质是
206 我们所猜度的，就是作为一切度量的"采取尺度"，这时候，栖居才能发生。这种"采取尺度"本身乃是本真的测度，而不是用那种为制作图纸而准备的标尺所做的单纯测量。作诗因此也不是建筑物的建立意义上的筑造。作为对栖居之维度的本真测定，作诗倒是原初性的筑造。作诗首先让人之栖居进入其本质之中。作诗乃是原始的让栖居。[①]

人栖居，是因为人筑造——这话现在已经获得了它的本真意义。人栖居并不是由于，人作为筑造者仅仅通过培育生长物、同时建立建筑物而确立了他在大地上天空下的逗留。只有当人已然在作诗的"采取尺度"意义上进行筑造，人才能够从事上面这种筑造。本真的筑造之发生，乃是由于作诗者存在，也就是有那些为建筑设计、为栖居的建筑结构采取尺度的作诗者存在。

荷尔德林在1804年3月12日从尼尔廷根写信给他的朋友塞肯多夫，信中写道："我现在特别关心寓言、诗歌上的历史观和天堂的建筑设计，尤其是与希腊民族不同的我们民族的东西"。（海林格拉特版，第五卷，第333页）

---

① 此句德语原文为：Das Dichten ist das ursprüngliche Wohnenlassen。——译注

作诗建造着栖居之本质。作诗与栖居非但并不相互排斥。而毋宁说,作诗与栖居相互要求,共属一体。“人诗意地栖居”。是**我们**诗意地栖居吗?也许我们完全非诗意地栖居着。如果是这样,岂不是表明诗人的这个诗句是一个谎言,是不真实的吗?非也。诗人这个诗句的真理性以极为不可名状的方式得到了证明。因为,一种栖居之所以能够是非诗意的,只是由于栖居本质上是诗意的。人必须本质上是一个明眼人,他才可能是盲者。一块木头是决不会失明的。而如果人成了盲者,那就总还有这样一个问题:他 207 的失明是否起于某种缺陷和损失,或者是由于某种富余和过度。在沉思一切度量的尺度的那首诗中,荷尔德林说(第75—76行):“俄狄普斯王有一目或已太多”。所以,情形或许是,我们的非诗意栖居,我们的栖居无能于采取尺度,乃起于狂热度量和计算的一种奇怪过度。

无论在何种情形下,只有当我们知道了诗意,我们才能经验到我们的非诗意栖居,以及我们何以非诗意地栖居。只有当我们保持着对诗意的关注,我们方可期待,非诗意栖居的一个转折是否以及何时在我们这里出现。只有当我们严肃对待诗意时,我们才能向自己证明,我们的所作所为如何以及在何种程度上能够对这一转折作出贡献。

作诗乃是人之栖居的基本能力。但人之能够作诗,始终只是按照这样一个尺度,即,人的本质如何归本于那种本身喜好人、因而需要人之本质的东西。依照这种归本(Vereignung)的尺度,作诗或是本真的或是非本真的。

因此之故，本真的作诗也并不是随时都能发生的。本真的作诗何时存在，能存在多久呢？在上面所引的诗行（第 26—29 行）中，荷尔德林对此有所道说。我们蓄意地一直对这几行诗未做解说。这几行诗是：

……只要善良，这种纯真，尚与人心同在，
人就不无欣喜
以神性来度量自身……

“善良”——什么是“善良”呢？一个无关紧要的词语，而荷尔德林却以大写的形容词“纯真”来加以命名。“善良”——如果我们取其字面含义，这个词就是荷尔德林对希腊文 χάρις 一词的精彩
208 翻译。索福克勒斯在《爱亚斯》（第 522 行）中说到这个 χάρις：

χάρις χάριν γάρ ἐστιν ἡ τίκτουσ’ ἀεί·
此乃善良，总是唤起善良。

“只要善良，这种纯真，尚与人心同在……”。荷尔德林在此用他喜欢用的说法“与人心同在”（am Herzen），而不说“在心灵中”（im Herzen）。“与人心同在”，这就是说：达到人之栖居本质那里，作为尺度之要求达到心灵那里，从而使得心灵转向尺度。

只要这种善良之到达持续着，人就不无欣喜，以神性来度量自身。这种度量一旦发生，人就能根据诗意之本质来作诗。而这种

诗意一旦发生，人就能人性地栖居在大地上，“人的生活”——恰如荷尔德林在其最后一首诗歌中所讲的那样——就是一种“栖居生活”。（斯图加特第二版，第一卷，第312页）

远　景

当人的栖居生活通向远方，
在那里，在那遥远的地方，葡萄季节闪闪发光，
那也是夏日空旷的田野，
森林显现，带着幽深的形象。

自然充满着时光的形象，
自然栖留，而时光飞速滑行，
这一切都来自完美；于是，高空的光芒
照耀人类，如同树旁花朵锦绣。

第 三 部

逻各斯

（赫拉克利特，残篇第五十）

我们的思想最迫切的道路是迢远的。它通向那个始终要在 213
λόγος［逻各斯］之名下得到思考的质朴的东西。还只有少量标志指示着这条道路。

本文尝试在自由的沉思中以赫拉克利特的一个箴言（残篇第五十）为主导线索，在这条道路上迈出几步。也许这几步将使我们走近那个地方，在那里，至少这一个箴言会以更值得追问的方式向我们说话：

> οὐκ ἐμοῦ ἀλλὰ Λόγου ἀκούσαντας
>
> ὁμολογεῖν σοφόν ἐστιν Ἓν Πάντα

对此箴言，已有若干个彼此大体一致的译文。其中一个译文如下：

> 如果你们不是听了我的话，而是听了意义，
> 那么，在相同的意义中说“一是一切”就是智慧的。（斯纳

尔译)[1]

这个箴言谈到了 ἀκούειν,即听和已经听过,谈到了ὁμολογεῖν,即对相同者的道说,谈到了 Λόγος[逻各斯],即言说(Spruch)和道说(Sage),谈到了 ἐγώ[我],即思想者本身,也就是作为λέγων即言谈者的思想者。赫拉克利特在此思考一种倾听和道说。他表达出Λόγος[逻各斯]所说的东西:Ἓν Πάντα,一是一切(Eins ist Alles)。赫拉克利特的这个箴言,从任何一个角度看似乎都是明白可解的。尽管如此,这里的一切都还是值得追问的。最值得追问的是那个最不言自明的东西,即我们的一个预设:赫拉克利特所道说的东西必然是我们后来的日常理智能够直接明了的。这个要求也许连赫拉克利特的同时代人和同路人都未曾满足过。

可是,如果我们承认,不仅对于我们来说,甚至也不光对古人而言,而毋宁说在所思的实事本身中,就始终存有若干个谜团,那么,我们即可更加应合于他的思想了。如果我们对这些谜团退避三舍,我们就愈加能接近于它们。于是显而易见:为了把谜团当作谜团加以觉察,当务之急是需要把 λόγος 和 λέγειν 的意思弄清楚。

214 自古以来,赫拉克利特的Λόγος[逻各斯]得到了不同方式的解释。人们把它解释为 Ratio[理由、理性]、Verbum[言语]、世界法则(Weltgesetz)、逻辑和思想之必然性(das Logische und die Denknotwendigkeit)、意义(Sinn)、理性(Vernunft)等。其中总是一再

---

① 斯纳尔(Schnell)的译文把这个箴言中的 Λόγος[逻各斯]译成了德文的 Sinn(意义)。——译注

透露出一种呼声，要求把理性当作有为和无为的尺度。可是，要是理性同时与非理性和反理性一道，固执于那种相同耽搁的同一个层面上，而这种耽搁就是忘记了思考理性的本质来源以及对其到达的参与，那么，理性到底能做些什么呢？要是我们从未开始关注Λόγος[逻各斯]并且追踪其原初本质，那么，逻辑学即任何种类的λογική(ἐπιστήμη)[关于逻各斯的知识]又能做些什么呢？

什么是λόγος[逻各斯]，我们要从λέγειν中获知。什么是λέγειν呢？每个懂希腊语的人都知道，λέγειν 意味着道说和言谈；而λόγος[逻各斯]的意思是：作为陈说(aussagen)的 λέγειν 和作为被陈说者(das Ausgesagte)的 λεγόμενον。

谁会想否认在希腊语中 λέγειν 早就意味着言谈、道说、叙述呢？[1] 不过，同样早地，甚至更为原始地，而且因此总是已经在上面提到的含义中，λέγειν意味着我们德语中发音相同的动词"legen"所指的东西，即：放下来和放在眼前(nieder-und vorlegen)。在"legen"中起支配作用的是"积聚"，就是拉丁文的 legere，即吸取和积聚意义上的采集(lesen)。真正说来，λέγειν的意思就是：把自身和它者聚集起来的放下来和放在眼前。作中动态[2]使用时，λέγεθαι意指：躺下来，进入安静之聚集中；λέχος是睡床；λόχος是存放某物的埋伏处。[这里也还有待思索的是那个在埃斯

① 参看《什么叫思想？》，第 120 页以下[辑为《全集》第八卷]。——作者边注

② 除主动态和被动态外，希腊语动词还有中动态(Medium)。中动态在形式上常与被动态相同(在现在时和完成时中)，根据上下文可以有主动或被动之义。——译注

库罗斯和品达之后消失了的古老词语 ἀλέγω(α copulativum)[①]:我**关心**某事,某事使我操心。]

依然无可争议的是:另一方面,甚至是主要地(尽管不是惟一地),λέγειν 确实也意味着:道说和言谈(sagen und reden)。难道我们因此就必须为了 λέγειν 的这一占统治地位的和通俗流行的含义(这种含义还是多样地变化的),把这个词语的真正意义,即作为

215 置放(legen)的λέγειν,干脆当作耳边风吗?我们竟可以冒这种风险么?抑或,终于没有到那个时候,我们可以参与到一个也许决定着许多东西的问题之中?这个问题就是:何以 λέγειν 的真正意义,即置放,达到了道说和言谈的含义?

为了为一个答案找到线索,我们大有必要做一种沉思,思索一下在作为置放的 λέγειν 中到底包含着什么。置放(legen)意味着:带向呈放(zum Liegen bringen)。置放同时也是:把一物放到另一物边上,把它们放在一起。置放就是采集(lesen)。我们所熟悉的阅读,亦即读书,也是一种"使事物一起呈放于眼前"意义上的采集方式,虽然是一种突出的采集方式罢。拾穗是从田地里拾起果实。采葡萄是从葡萄树上采摘葡萄。[②] 拾取和采摘是在一种收集中进行的。只要我们坚持于习见的表面现象,我们就会倾向于把这种收集看作聚集(Sammeln),甚或把它看作聚集的完成。可是,聚集超出了单纯的堆积。聚集包含着一种有所收取的带来(Einbrin-

① copulativum:拉丁文,意为"结合"、"联结"。——译注

② 德文中的"拾穗"(Ährenlese)和"采葡萄"(Traubenlese)两词都以"采集"(Lese)为词根。——译注

gen)。其中起支配作用的是安放(Unterbringen);而在这种安放中起支配作用的是保存(Verwahren)。前面讲的那个“超出”(它使聚集超越一种仅仅有所抓取的收拾),并不只是附加在这种聚集上面的。它更不是最终出现的聚集的结局。有所带来的保存已经保存了聚集之步骤的开端、并且把所有这些步骤保存在它们的结果的交织之中。如若我们仅仅盯住这些步骤的顺序,那么,与拾取和提取排在一起的是收集,接着收集的是带来,接着带来的是在容器和仓库中安放。这就产生了一个假象,仿佛收藏和保存不再属于聚集。但一种并不取得和包含庇护(Bergen)之基本特征的采集(Lese)还留下什么呢?庇护乃是采聚之本质结构中第一位的东西。

然而,庇护本身并不庇护在某时某地出现的任意之物。真正从庇护开始的聚集,即采集,本身自始就是一种对要求庇护的东西的挑选(Auslesen)。而这种挑选又取决于在可挑选的东西范围内 216
作为被择取者显示出来的东西。采集之本质结构中的庇护的最重要方面,就是择取(das Erlesen)(阿雷曼语言[1]中的 die Vor-lese),后者决定了挑选(Auslese),而一切收集、带来、安放都是隶属于这种挑选的。

聚集行为的各个步骤据以相继发生的那个秩序,并不就是包含着采集(Lese)之本质的那些深远的基本特征的秩序。

同时,任何一种聚集也包含着这样一回事情,即:采集者聚集自身,把它们的行为集合到庇护上,并且由此而来被聚集起来之后

① 流行于阿尔萨斯、巴登以及瑞士等地的德语方言。——译注

才开始聚集自身。采集从自身而来并且为了自身而要求这种聚集。在有所集中的聚集中，起支配作用的就是这种原始的集合。

然而，必须如此这般来思考的采集决不是与置放并肩而立的。采集也不仅仅伴随着置放。而毋宁说，采集已经嵌入置放中了。任何一种采集都已经是置放。一切置放从自身而来都是有所采集的。那么，置放究竟意味着什么呢？置放通过让事物一起呈放于眼前而把它们带向呈放。我们过于喜欢在让离开和让行驶的意义上来看待这一"让"(lassen)。于是，置放，即带向呈放，让呈放，就意味着：不再关心被放下和呈放于眼前的东西，忽视这种东西。不过，λέγειν，即置放，就其"让事物一起呈放于眼前"来说，恰恰就意味着：呈放于眼前的东西的东西为我们所关心，因而与我们相关涉。这种"置放"作为"让事物一起呈放于眼前"所关心的是：保持作为呈放于眼前的东西的被放下者。（在阿雷曼方言中，"Legi"意味着已经在河流中出现的堤坝：阻挡河水的汹涌。）

我们现在要思考的置放，即 λέγειν，预先已经放弃了那种要求（甚至并不知道这种要求），就是把呈放于眼前的东西首先带入其状态(Lage)之中。作为 λέγειν，置放(Legen)惟一重视的事情是，让自发地一起呈放于眼前的东西**作为**呈放于眼前的东西进入它已经被放入其中的那种保护(Hut)当中。这是何种保护呢？一起呈放于眼前的东西已经被置放入无蔽状态中了，已经被积聚到、被投
217 放到、被储存到无蔽状态之中，也就是被庇护入无蔽状态之中。在其有所聚集地让事物呈放于眼前之际，λέγειν关注的是呈放于眼前的东西在无蔽之域中的这样一种安全庇护(Geborgenheit)。如此这般被储存者（即ὑποκείμενον[基体、主体]）的自为的眼前呈放，即

κεῖσθαι，并不比进入无蔽状态之中而呈放于眼前的东西的在场更低微，也不比后者更高级。在这种ὑποκείμενον［基体、主体］的λέγειν中，一直蕴含着作为采集、聚集的λέγειν。因为让事物一起呈放于眼前的λέγειν，惟一地只关心在无蔽状态中呈放于眼前的东西的安全庇护，所以，这样一种置放所包含的采集自始就是从保存（Verwahren）方面得到规定的。

Λέγειν乃是置放。置放就是：让一起在场者聚集于自身而呈放于眼前。①

这里的问题：λέγειν的真正意义，即置放，何以获得了道说和言谈的含义？上面所做的沉思已经包含了答案。因为它促使我们去思索如下情况：我们根本上再也不能以我们尝试过的方式来提问了。为什么不能呢？因为就我们思考过的事情而言，关键决不在于：λέγειν这个词语从一种含义（“置放”）达到了另一种含义（“道说”）。

前面我们关心的并不是词语的含义变化。而毋宁说，我们碰到了一个事件，它的非同寻常之处还遮蔽在它迄今尚未得关注的质朴性之中。

终有一死的人的道说和言谈早就作为λέγειν（即置放）发生了。道说和言谈的本质是让事物一起呈放于眼前，即让一切被置放于无蔽状态中的在场者一起呈放于眼前。原始的λέγειν，即置放，早就以一种贯通并且支配一切无蔽之物的方式展开为道说和言谈。Λέγειν作为

① 此句原文为：in sich gesammelte vorliegen-Lassen des beisammen-Anwesenden。——译注

置放，受制于它的这种居支配地位的方式。不过，这只是为了由此把道说和言谈的本质预先储存到本真的置放的运作之中。

Λέγειν 就是置放，就是道说和言谈把它们的本质嵌入其中的
218 那个东西，这一点指示着关于语言之本质的最早的和最丰富的裁决。该裁决是从何而来作出的呢？这个问题与另一个问题同样要紧，也许与另一个问题是同一的：这种根据置放对语言本质的特征刻划达到了多深的程度？它达到了语言的可能的本质渊源的极点。因为作为聚集着的让事物呈放于眼前，言说是从一起呈放于眼前的东西的无蔽状态中获得它的本质特性的。但是，使遮蔽之物成为无蔽之物的解蔽过程就是在场者的在场本身。我们把它称为存在者之存在。所以，在作为置放的λέγειν中成其本质的语言之言说，既不是从有声表达（φωνή）方面得到规定的，也不是从意指（σημαίνειν）方面得到规定的。长期以来，表达和含义被视为毫无疑问地呈现出语言之特征的现象。可是，这些现象既没有真正通达关于语言之本质的原初刻划的领域之中，它们也不能对这个领域的主要特征作出规定。在早先时代里，不知不觉地（仿佛什么也没有发生），言说作为置放而起支配作用，言说相应地作为λέγειν[置放]而显现出来，这一点导致了一个令人奇怪的后果。人类思想既不曾对这一事件感到惊讶，也不曾发觉其中的一种神秘（Geheimnis），这种神秘遮蔽着存在向人的一种本质性遣送，并且也许是为了那个命运性的时刻而把这种遣送储备起来[1]——在此命运

① 此处译文未传达出“遣送”（Schickung）与“命运性的”（geschicklich）之间的意义联系。——译注

性的时刻里，对人的震动不仅深入到了他的状态和位置，而且使人的本质都摇晃起来了。

道说乃是 λέγειν［置放］。这话如果得到充分思索，现在就把一切流行的、用滥了的东西和空洞的东西一概去掉了。它命名着那个无法想象的奥秘，即：语言之言说乃是从在场者之无蔽状态中发生出来的，而且按照在场者的眼前呈放而把自身规定为让一起呈放于眼前。甚至亚里士多德还能把 λέγειν［置放］界定为 ἀποφαίνεσθαι［显示、显现］，这意味着什么呢？思想是否终于能够学会某种猜度，猜度到个中意思呢？λόγος［逻各斯］从自身而来使显现者、进入眼前呈放而到来者闪现出来，使之达到澄明了的自行 219
显示（参看《存在与时间》，第七节 B）。[1]

道说乃是被聚集起来又有聚集作用的让事物一起呈放于眼前。如果言说之本质的情形若然，那么，听（Hören）又是什么呢？作为λέγειν［置放］，言说并不是从表达出意义的声音方面来规定的。因此，如果道说不是从有声表达方面被规定的，那么，与之相应的听的要义首先也就不可能在于：一种传到耳朵里的声音被接受，一种涌逼听觉的声响得到继续传送。倘若我们的听首先而且始终只不过是这样一种对声响的接受和传送而已（可能还有另一些过程与之相随），那就会有下面的结果：声响从一只耳朵进，又从另一只耳朵出。要是我们并不专心于被传呼者（das Zugesprochene），那么，实际情况就是如此。但被传呼者本身乃是被聚

① 参看海德格尔：《存在与时间》，中译本，陈嘉映、王庆节译，北京 1999 年，第 37 页以下。——译注

集而置放出来的眼前呈放者。真正说来，听就是这样一种自行聚集，即留神于要求和呼声的自行聚集。听首先是被聚集起来的倾听（Horchen）。所听（das Gehör）在倾听中现身而出。当我们提起耳朵时，我们听。但在这里，“耳朵”并不是指声学上的感觉装置。在解剖学上和生理学上看到的耳朵作为感觉器官，决不会引起一种听，哪怕我们仅仅把听把握为一种对噪声、声音和声响的觉知（Vernehmen）。这样一种觉知既不能在解剖学上得到确定，也不能在生理学上得到证实，根本也不能在生物学上被把握为一个在生物机体内部发生的过程——尽管觉知惟通过肉身地存在而存活。所以，说到底，只要我们按照科学的方式以声学上的听觉为出发点来思考听，则一切都将搞得颠三倒四。我们会错误地以为，肉体性的听觉器官的活动就是本真的听。相反，倾听和听从意义上的听，就只能被看作那种本真的听向精神性的东西（das Geistige）的一种转换了。在科学研究的区域里，人们可以发现许多有用的
220 东西。人们可以表明，具有某种频率的周期性气压变动被感受为声音。根据这样一种有关听觉的论断，就可以建立起一种研究，一种说到底只有感觉生理学方面的专家们才能掌握的研究。

与之相反，关于本真的听，也许少有话说，但这少量却直接关涉每一个人。这里要紧的并不是研究，而是有所深思地去关注质朴之物。因此，本真的听恰恰包含着这样一回事：人由于未听见根本性的东西而可能听错。如果在听从意义上的本真的听并非径直就是耳朵方面的事情，那么，听与耳朵根本上就有着某种特殊的情况。我们听并不是因为我们有耳朵。我们之所以有耳朵而且能够在肉身上备有耳朵，是因为我们听。终有一死的人听天空雷霆，森林啸

声，泉水潺潺，弦乐铮铮，马达隆隆，城市噪声，之所以能听这些，只是由于他们已经以某种方式归属于、又并不归属于所有这一切。[①]

当我们的专心完全投入到倾听之中，完全忘记了耳朵以及声响的单纯涌逼，这时我们就聚精会神地听。只要我们仅仅听作为某个讲话者之表达的字句，则我们就根本还没有听。以此方式，我们也决没有达到那个地步，即真正地听到当下某个东西。但何时才真正地听到了呢？当我们**归属于**被传呼者时，我们就听到了。[②]有关被传送者的言说就是λέγειν［置放］，即让……一起呈放于眼前。归属于言说——这无非就是：每每让由一种“让呈放于眼前”一起呈献出来的东西一起完全地呈放。这样一种让呈放把眼前呈放者作为一个眼前呈放者来置放。它把眼前呈放者作为它本身置放出来。它把一（Eines）和同一者置放入一（Eins）中。它把一作为同一者置放出来。这样一种λέγειν［置放］把一个同一的东西即ὁμόν置放出来。此种λέγειν［置放］就是ὁμολογεῖν［同一置放］：[③]让一作为同一者呈放出来，亦即让某个眼前呈放者聚集于其眼前呈放的同一性而呈放出来。

在作为ὁμολογεῖν［同一置放］的λέγειν［置放］中有本真的听。221
因此，本真的听是一种λέγειν［置放］，它让事物呈放于眼前，让已

① 此处德语动词“归属”（zugehören）与“听”（hören）有着字面联系。——译注

② 此处“归属于”德语原文为gehören，“听到了”的原文为gehört，两者几近同形，在海德格尔看来也是有意义联系的。——译注

③ 希腊语动词ὁμολογεῖν的通常含义为“同意、赞成”等；我们根据海德格尔的解释而把它译为“同一置放”，取这里所谓“把一个同一的东西即ὁμόν置放出来”之义。——译注

经一起呈放于眼前、并且从某种置放而来呈放于眼前的东西呈放出来;这种置放关涉到一切从自身而来在其呈放中一起呈放于眼前的东西。这种别具一格的置放乃是 λέγειν,而Λόγος[逻各斯]就作为这种 λέγειν[置放]而发生出来。

于是,Λόγος[逻各斯]就干脆被说成:ὁ Λόγος[这个逻各斯],这种置放(das Legen):纯粹的让一起呈放于眼前,即让那个从自身而来在其呈放中呈放于眼前的东西一起呈放出来。这样一来,Λόγος[逻各斯]就作为纯粹的聚集着和采集着的置放而成其本质。Λόγος[逻各斯]乃是从原初的置放(Lege)而来的原初的采集(Lese)的原始聚集。ὁ Λόγος[这个逻各斯]乃是:采集着的置放(die lesende Lege),而且仅仅是这种采集着的置放。

然而,鉴于那种把Λόγος[逻各斯]认作意义和理性的惯常理解,这一切难道不是一种随心所欲的解说和一种过于令人诧异的翻译么?把Λόγος[逻各斯]叫做采集着的置放,这初听起来是令人诧异的,而且也许还会长时间地令人诧异。但人们如何能决定,这种翻译所猜测的Λόγος[逻各斯]的本质是不是符合——哪怕只是隐约地——赫拉克利特以ὁ Λόγος[这个逻各斯]之名所思所说的东西?

做这种决定的惟一途径是去思考赫拉克利特本人在上面所引的箴言中所道说的东西。这个箴言的开头是:οὐκ ἐμοῦ……它以一个难以反驳的"不……"开头。这个"不"与讲话者赫拉克利特本人有关。它涉及到终有一死者的听。"不是(听)我",也即不是听这个讲话者;你们不能听这个讲话者的讲话的有声表达。只要你们仅仅去听一种人类声音的声调变化,以便从中偶然听到一种适合于你们的讲法，那你们就没有真正地听。赫拉克利特以一种对出于单纯的听觉乐趣的听的拒绝开始他这个箴言。但是，这种拒绝却基于一种关于本真的听的指示。

Οὐκ ἐμοῦ ἀλλὰ……你们不要听（犹如凝视）我，而是……终有一死的人的听必须向着另一个东西。向着什么呢？ἀλλὰ τοῦ Λόγου［而是向着逻各斯］。本真的听的方式是由Λόγος［逻各斯］决定的。但只要Λόγος［逻各斯］径直得到了命名，则它就不能是其 222
他东西中间的某个任意之物了。与之相称的听因而也不能偶尔向着它，以便进而又把它忽视掉。如若有一种本真的听，终有一死的人就必须已经以某种专心（Gehör）听了Λόγος［逻各斯］，而所谓专心意思无非是：归属于Λόγος［逻各斯］。

Οὐκ ἐμοῦ ἀλλὰ τοῦ Λόγου ἀκούσαντας："如果你们不只是听了我（讲话者），相反地，如果你们停留在倾听的归属中，那就有本真的听"。

如果有这种本真的听，那又会出现什么呢？那就有ὁμολογεῖν［同一置放］，它只能是其所是，作为一种λέγειν［置放］。本真的听归属于Λόγος［逻各斯］。因此，这种听本身就是一种λέγειν［置放］。作为这样一种λέγειν［置放］，终有一死者的本真的听以某种方式是与Λόγος［逻各斯］同一的东西。不过，恰恰作为ὁμολογεῖν［同一置放］，它完全不是这个同一者。它并不就是Λόγος［逻各斯］本身。而毋宁说，ὁμολογεῖν［同一置放］依然是一种λέγειν［置放］，它总是仅仅把……置放出来，即让呈放，把那个已经作为ὁμόν、作为总体一起呈放于眼前而且在某种呈放（Liegen）中呈放于眼前的东西置放出来；这种呈放决不源起于ὁμολογεῖν[同一置放]，而倒是植根于采集着的置放，植根于Λόγος[逻各斯]。

但如果有一种作为ὁμολογεῖν[同一置放]的本真的听，那又会出现什么呢？赫拉克利特说：σοφόν ἐστιν。当ὁμολογεῖν[同一置放]发生时，就有σοφόν发生、存在。我们读成：σοφὸν ἔστιν。[①] 人们正确地用“智慧的”(weise)来翻译σόφον。但什么叫“智慧的”？难道它不过是指古代智者的知识么？关于这样一种知识，我们知道什么呢？如果这种知识还是一种已经看见，而它的看并不是肉眼的看，正如已经听见并不是一种听觉器官的听，那么，这种已经听见和已经看见也许就恰好相合了。它们并不是指一种单纯的把握，而是指某种行为。但那是何种行为呢？是那种保持在终有一死者的逗留之所中的行为。终有一死者的逗留依循的是采集着的置放向来已经在眼前呈放者那里让呈放于眼前的东西。因此，σοφόν指的是那个能够依循被指派者、顺应于被指派者、适宜于被指派者(动身上路)的东西。因为它是适宜的，这种行为就变成灵
223 巧的。[②] 如果我们想说某人做某事特别地灵巧，我们还会用方言来表达：他做此事很灵巧，很漂亮。[③] 如此，我们就更容易触及我

① 希腊文系词ἐστιν(单数第三人称现在时直陈式)通常为附读词(重音前移)，但在表示“实存”之义时需加重音，成为ἔστιν。——译注

② 此句中“适宜的”德语原文为schicklich，“灵巧的”原文为geschickt，与上句的“顺应”(sich schicken)有着字面联系，亦可暗示“命运”(Geschick)的“遣送”(schicken)。——译注

③ 德语原文为：Er hat ein Geschick dafür und macht einen Schick daran。也可译成：他对此事很有天赋，命定适合干这事。——译注

们用“geschicklich”一词[①]来翻译的σόφον的本真意义了。不过，“geschicklich”（命运性的、灵巧的）的意思自始就要比“geschickt”（灵巧的、合适的）丰富些。[②] 如果本真的听作为ὁμολογεῖν［同一置放］而存在，那就有命运性的东西（Geschickliches）发生，终有一死者的λέγειν［置放］就顺应于Λόγος［逻各斯］。于是，λέγειν［置放］就关注采集着的置放。于是，λέγειν［置放］就顺应于适宜的东西（das Schickliche），后者植根于原初地聚集着的置放的集合，也即植根于采集着的置放已经遣送出来的东西中。所以，虽然命运性的东西是在终有一死者完成本真的听时才存在的，但σοφόν（即“命运性的”）并不就是τὸ Σοφόν（即“命运性的东西”），后者之所以这么叫，是因为它把一切遣送（Schickung）聚集于自身，而且恰恰也把那种向终有一死者行为的适宜之物的遣送聚集于自身。现在我们尚未确定的是：根据赫拉克利特的思想，ὁ Λόγος［这个逻各斯］是什么？此外依然未决定的是：把ὁ Λόγος［这个逻各斯］翻译为“采集着的置放”，是否触及了Λόγος［逻各斯］之本意的一鳞半爪呢？

而且，我们已经面临一个新的谜语：τὸ Σοφόν一词。只要我们还没有追踪和探讨包含此词的箴言，乃至于此箴言结尾的那些词语，那么，我们就会枉费心机，休想在赫拉克利特意义上思考这个词。

只要终有一死者的听已然成了本真的听，那就有ὁμολογεῖν

---

① 适宜的（*schicklich*）作为灵巧的（*geschickt*）。——作者边注

② 意指geschicklich一词的“命运”意蕴。Geschicklich一词的两个意义方向（一为“命运性的”，二为“灵巧的”、“适合的”）之间的微妙联系，是这里讨论的要点所在。——译注

[同一置放]发生。只要出现这样一种ὁμολογεῖν[同一置放],那就有某种命运性的东西发生。命运性的东西在何处、并且作为什么现身而出呢?赫拉克利特曰:ὁμολογεῖν σοφὸν ἔστιν Ἓν Πάντα,"命运性的东西发生,只要一是一切"。[①]

现在流行的文本为:ἓν πάντα εἶναι[一是一切]。[②] 其中的εἶναι[是]乃是对流传下来的惟一异文的修正:ἓν πάντα εἰδέναι,人们把这个异文理解为:知道一切是一是智慧的。[③] 这个修正的εἶναι[是]更合乎实事。但我们且把这个动词删掉算了。有何理由呢?因为Ἓν Πάντα[一(是)一切]足矣。但它不仅是足矣,根据我们
224 这里所思的实事、并且因此根据赫拉克利特的道说风格,它本身还远远地超出了,还更合适得多。Ἓν Πάντα,一:一切,一切:一。

人们是多么轻松地讲着这些词语。这种马马虎虎的讲法显得多么清楚明白。一种渐渐模糊起来的意义多样性扎根于ἕν[一]和πάντα[一切]这两个危险而无害的词语。这两个词语的不确定的联结提供出多义的说法。在ἓν πάντα这些词语中,粗略的表象活动的草率浅薄可以与追问之思的踌躇谨慎同时发生。一种仓促的世界解释可以利用"一是一切"这个句子,借此得以依靠一个无论何时何地都正确的公式。但即便一位思想家远远地先行追随思想

① 海德格尔的译文有别于通译,可比较本文开头所引斯纳尔的译文:"在相同的意义中说'一是一切'就是智慧的"。——译注

② 指第尔斯、克兰茨所辑的文本,参看第尔斯、克兰茨:《前苏格拉底思想家残篇》,第一卷,苏黎世1996年版,第161页。——译注

③ 据此异文,εἶναι[是]原为εἰδέναι[知道、理解]。第尔斯、克兰茨版首先反对这个异文。参看同前注。——译注

的全部命运的那些最早步伐，也可能在῞Εν Πάντα［一（是）一切］中隐瞒起来。赫拉克利特的话语就处于这第二种情形中。我们不是要在下述意义上认识它们的内涵，即：我们能够让赫拉克利特的想法复活。我们也远远不能通过沉思测量出以这些词语所思的东西。不过，从这种远远不及的状况中，我们或许会有一次成功，更清晰地标画出῞Εν［一］和Πάντα［一切］这些词语以及῞Εν Πάντα［一（是）一切］这个短语的范围的某些特征。这种标画与其说是一种自信的临摹，倒不如说是一种自由冒险的预先标画。诚然，只有当我们根据赫拉克利特的箴言的统一性来思考他所道说的东西时，我们才可尝试这样一种标画。通过道出命运性的东西是什么以及如何是，他这个箴言命名了Λόγος［逻各斯］。此箴言以῞Εν Πάντα［一（是）一切］结束。这个结尾仅仅是一个结束吗，抑或它通过回应首先开启了有待道说的东西？

通常的解释把赫拉克利特的这个箴言理解为：听Λόγος［逻各斯］的话，并且用“一是一切”来重复所听的话，由此来关注Λόγος［逻各斯］的话的意义，这样做就是智慧的。有Λόγος［逻各斯］。Λόγος［逻各斯］有所公布。于是也有它所公布出来的东西，即：一切是一。

然而，῞Εν Πάντα［一（是）一切］并不是Λόγος［逻各斯］作为言说公布出来以及作为有待理解的意义而给出的**东西**。῞Εν Πάντα
［一（是）一切］并不是Λόγος［逻各斯］所说出来的**东西**，相反，῞Εν 225
Πάντα［一（是）一切］说的是：Λόγος［逻各斯］以何种方式成其本质。

῞Εν［一］乃是作为统一者的惟一之一。它通过聚集而起着统一作用。由于它在采集之际让眼前呈放者作为本身和整体呈放出来，它便起着聚集作用。这个惟一之一作为采集着的置放而起统一作用。这种采集着又置放着的统一作用把统一者聚集于自身，以至于它就是这个一，并且作为这个一，它就是惟一者。在赫拉克利特这个箴言中得到命名的῞Εν Πάντα[一（是）一切]对什么是Λόγος[逻各斯]作了质朴的暗示。

如果我们超越一切深奥的形而上学解释，把Λόγος[逻各斯]思考为Λέγειν[置放]，并且在运思之际严肃看待下面这一点，即：作为采集着的让一起呈放于眼前，Λέγειν[置放]可能无非是统一作用（Einen）的本质，这种统一作用把一切都集合于质朴在场之大全中——要是这样做，我们会迷路吗？对于什么是Λόγος[逻各斯]这个问题，只有一个合适的答案。用我们的话来说，这个答案就是：ὁ Λόγος λέγει[这个逻各斯置放]。它让……一起呈放于眼前。让什么？Πάντα[一切]。此词命名着什么呢？赫拉克利特在残篇第七的开头直接而明确地告诉了我们：Εἰ πάντα τὰ ὄντα……"如果一切（即）在场者……"。采集着的置放作为Λόγος[逻各斯]把一切（即在场者）都放到无蔽状态中了。置放乃是一种庇护（Bergen）。它把一切在场者庇护入其在场中，由之而来，在场者才能特地作为当下在场者而被终有一死者的λέγειν[置放]带进带出。Λόγος[逻各斯]把在场者置放入在场中，并且把它放入（即放回）在场之中。但在场（An-wesen）却意味着：已经显露出来而在无蔽之域中持存。[1] 只要Λόγος[逻各斯]让眼前呈

① 德语原文为：hervorgekommen im Unverborgenen währen。——译注

放者作为本身呈放于眼前，它就把在场者解蔽入其在场之中。
但解蔽就是Ἀλήθεια。[1] 这个Ἀλήθεια[无蔽]与Λόγος[逻各斯]是
同一的。λέγειν[置放]让ἀλήθεα即无蔽者本身呈放于眼前(残篇
第一百一十二)。[2] 一切解蔽都是要解除在场者的遮蔽状态。解
蔽需要遮蔽状态。Ἀ-λήθεια基于Λήθη[遮蔽]，从Λήθη[遮蔽]中
汲取力量，把由Λήθη[遮蔽]储存起来的东西置放于眼前。Λόγος
[逻各斯]**于自身中同时**既是一种解蔽又是一种遮蔽。Λόγος[逻
各斯]就是Ἀλήθεια[无蔽]。无蔽状态需要遮蔽状态，即Λήθη，以 226
之作为它的储备，解蔽就仿佛从中汲取力量。Λόγος[逻各斯]，
即采集着的置放，于自身中就有这种既解蔽又庇护的特性。只
要我们在Λόγος[逻各斯]中可以看出῝Εν[一]作为统一者是如
何成其本质的，则同时即可显明：这种在Λόγος[逻各斯]中成其
本质的统一作用，与人们通常所设想的联结和联系作用(Verbin-
den)[3]是大相径庭的了。这种基于λέγειν[置放]的统一作用既不
仅仅是一种无所不包的囊括，也不仅仅是一种单纯起平衡作用
的对对立面的连接。῝Εν Πάντα[一(是)一切]让那些相互背离、
并且因此相互对立而缺席的东西在一种在场中一起呈放于眼
前，诸如昼与夜，冬与夏，和平与战争，醒与睡，狄奥尼索斯与哈

---

① 通译为“真理”，海德格尔建议译之为“无蔽”。——译注

② 残篇第一百一十二如下：σωφρονεῖν ἀρετὴ μεγίστη, καὶ σοφίη ἀληθέα λέγειν καὶ ποιεῖν κατὰ φύσιν ἐπαΐοντας。通译为：“思想是最大的优点，智慧就在于说出真理，并且按照自然行事，听自然的话”。见北京大学哲学系编：《西方哲学原著选读》，上卷，北京1986年，第25页。——译注

③ 作为中介作用的综合。——作者边注

得斯。[①] 这样一种被分解者，贯通在场者与不在场者之间的极大距离的被分解者，亦即 διαφερόμενον，乃是由采集着的置放让它在其分解（Austrag）中呈放出来的。采集着的置放的置放本身就是分解的承担者。῞Εν［一］本身是分解着的。[②]

῞Εν Πάντα［一（是）一切］道出 Λόγος［逻各斯］是什么。Λόγος［逻各斯］道出 ῞Εν Πάντα［一（是）一切］如何成其本质。两者是同一的。

如若终有一死者的 λέγειν［置放］顺应于 Λόγος［逻各斯］，就有 ὁμολογεῖν［同一置放］发生。后者集合于 ῞Εν［一］，以这个 ῞Εν［一］的统一支配作用。若有 ὁμολογεῖν［同一置放］出现，就有命运性的东西发生。不过，ὁμολογεῖν［同一置放］决不是命运性的东西本身。我们在哪里不仅找得到命运性的东西，而且找得到这个地地道道的命运性的东西呢？这个命运性的东西本身是什么呢？赫拉克利特在残篇第三十二的开头明确地道出：

῞Εν τὸ σοφὸν μοῦνον，“统一一切的惟一之一只是命运性的东西”。[③] 但如果 ῞Εν［一］与 Λόγος［逻各斯］是同一的，那么结果就

① 狄奥尼索斯（Dionysos）：古希腊神话中的酒神。哈得斯（Hades）：古希腊神话中主宰阴间的冥王。——译注

② 海德格尔后期有 Austrag des Seins（存在之分解）的讲法，以之标示存在的“二重性”运作。在日常德语中，Austrag 一词有“解决、裁决、调解”等义；其动词形式 austragen 有“解决、澄清、使有结果、分送”等义。我们权且把 Austrag 译为“分解”，勉强取“区分”和“解决（调解）”的双重意思。——译注

③ 通译为：“一，这种惟一的智慧”。参看第尔斯、克兰茨：《前苏格拉底思想家残篇》，第一卷，苏黎世 1996 年版，第 157 页。——译注

是：ὁ Λόγος τὸ σοφὸν μοῦνον［这个逻各斯只是命运性的东西］。这个**惟一地**也即**本真地**命运性的东西乃是Λόγος［逻各斯］。不过，只要终有一死者的 λέγειν［置放］作为ὁμολογεῖν［同一置放］顺应于命运性的东西，则它就以自己的方式成为命运性的东西。

可是，在何种意义上Λόγος［逻各斯］就是命运性的东西，就是本真的命运，亦即那种向来把一切发送到自身中的天命遣送的集合？采集着的置放把一切天命遣送(Schicken)集于自身，因为后 227  者在有所传送之际让事物呈放于眼前，把一切在场者和不在场者驶送到自己的位置和轨道上，并且把一切都聚集和庇护到大全(All)之中。因此，所有存在者总是都能顺应和适应于本己。赫拉克利特说(残篇第六十四)：Τὰ δὲ Πάντα οἰακίζει Κεραυνός。“但(在场者之大全)是由闪电操纵(入在场)的”。[①]

突兀地，同时一体地，闪电把一切在场者都置放到其在场的光芒之中。这里所讲的闪电起着操纵作用。闪电把每一个事物预先传送到它被指定的本质位置上。这样一种一体的带送就是采集着的置放，即Λόγος［逻各斯］。在这里，“闪电”是作为表示宙斯的指示词语。作为诸神之最，宙斯乃是宇宙大全的命运。与之相应，Λόγος［逻各斯］，即Ἓν Πάντα［一(是)一切］，无非就是至高的神了。Λόγος［逻各斯］之本质因此就给出了一个有关神之神性的暗示。

现在我们可以把Λόγος［逻各斯］、Ἓν Πάντα［一(是)一切］与Ζεύς［宙斯］等同起来，甚至于断定赫拉克利特传授了泛神论么？

① 通译为：“但宇宙是由闪电操纵的”。参看第尔斯、克兰茨：《前苏格拉底思想家残篇》，第一卷，苏黎世 1996 年版，第 165 页。——译注

赫拉克利特既没有传授泛神论，也没有传授某种学说。作为一个思想家，赫拉克利特只是让人思想而已。有关我们的问题，即Λόγος［逻各斯］、῞Εν Πάντα［一（是）一切］）与Ζεύς［宙斯］是不是同一者的问题，他甚至提供出某种艰难的东西让人思想。后继时代的表象性思维在千百年里未加思索地担负了这个重任，最后借助于一种已经准备好的遗忘来摆脱这个未知的负担。赫拉克利特说（残篇第三十二）：

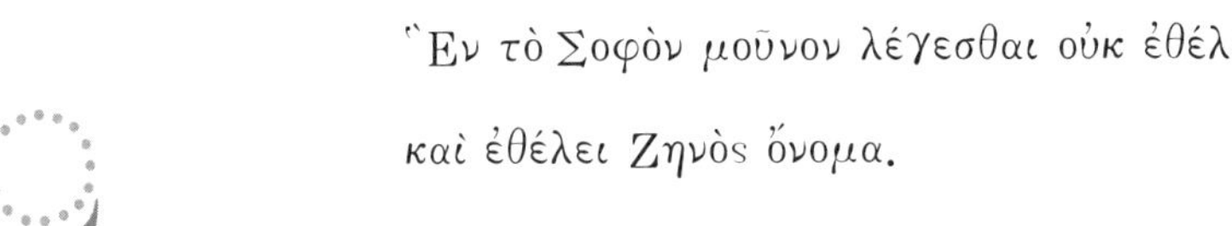

῞Εν τὸ Σοφὸν μοῦνον λέγεσθαι οὐκ ἐθέλει
καὶ ἐθέλει Ζηνὸς ὄνομα.

一，这种惟一的智慧，不愿意
而又愿意以宙斯之名来命名自己。[1]
（第尔斯—克兰茨译本）

此箴言的基本词语 ἐθέλεω 并不意味着“愿意”，而是意味着：自发地乐意于……；ἐθέλεω 并不意指一种单纯的要求，而是意指：
228 在与自身的反向联系中允许某事。但为了正确地权衡在此箴言中所讲的话的分量，我们必须考量此箴言首先道出的东西：῞Εν……λέγεσθαι οὐκ ἐθέλει。“惟一起统一作用的一，即采集着的置放，并

① 现有中译文为：“那‘一’，那惟一的智慧，既愿意又不愿意接受宙斯这一称号”。见北京大学哲学系编：《西方哲学原著选读》，北京 1986 年，第 22 页。——译注

不乐意于……”。并不乐意于什么呢？λέγεσθαι，[①]即在“宙斯”名下被聚集起来。因为通过这种聚集，Ἓν［一］就会作为宙斯显露出来，而这种显露也许始终只是一种假象。在上引箴言中谈到了与 ὄνομα［名称］（命名之词）直接相联系的λέγεσθαι，这一事实确实无可争辩地证实了作为言说、言谈、命名的λέγειν的意义。不过，恰恰是赫拉克利特的这个箴言，它似乎明显地与我们上文关于λέγειν［置放］和 λόγος［逻各斯］的探讨相矛盾，却适合于让我们重新思索下面这回事情的原委：只有当 λέγειν［置放］在其最本己的意义上被思考为“置放”和“采集”时，它的“道说”和“言谈”之义才是可理解的。命名意味着：把……叫出来（hervor-rufen）。在名称中聚集起来的被存放者，通过这样一种置放而得以呈放和显露。从λέγειν［置放］方面来思的命名（ὄνομα）并不是某个词义的表达，而是让某物在一种光亮中呈放出来——某物由于拥有一个名称而置身于这种光亮中。

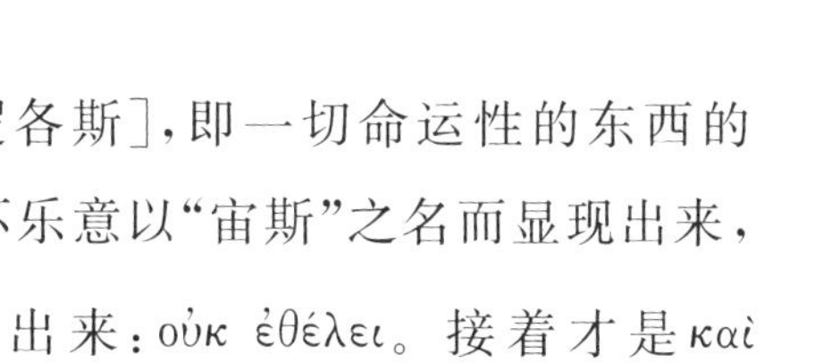

首先是Ἓν［一］，即Λόγος［逻各斯］，即一切命运性的东西的命运，从其最本己的本质而来并不乐意以“宙斯”之名而显现出来，也即并不乐意作为“宙斯”显现出来：οὐκ ἐθέλει。接着才是καὶ ἐθέλει：Ἓν［一］“却也乐意”。

当赫拉克利特首先说Ἓν［一］不允许成问题的命名时，这只是一种说法吗？抑或这种否定的优先性在事情本身中有其根据？因为Ἓν Πάντα［一（是）一切］作为Λόγος［逻各斯］乃是让一切在

---

① λέγεσθαι 为 λέγειν［置放］的被动态—中动态现在时直陈式不定式。——译注

场者在场。但῞Εν［一］本身却不是其他在场者中间的一个在场者。它以自己的方式是独一无二的。与之相反，宙斯不只是其他在场者中间的一个在场者。它乃是最高的在场者。因此，宙斯始终已经以一种特别的方式被指引入在场中，被委派给这种在场，并且依照这样一种委派（Μοῖρα［命运］）而被集合到聚集一切的῞Εν
229 ［一］之中，被集合到命运之中。宙斯并不就是῞Εν［一］，尽管它作为雷电进行操纵之际完成命运之遣送。

箴言中的这个οὐκ［不］是在与ἐθέλει［乐意］的关联中首先被指出来的，这一点表明：῞Εν［一］根本就**不**允许被命名为宙斯，并因此被贬降到在芸芸在场者中间的某个在场者之本质的地位上，即便在这里，“在……中间”具有“高于其他一切在场者”的特性。

而另一方面，按此箴言来看，῞Εν［一］又允许自己被命名为宙斯。此话怎讲？答案已经包含在上面刚才讲的话中了。如果῞Εν［一］并没有从自身而来被了解为Λόγος［逻各斯］，而倒是显现为Πάντα［一切］，那么，**这时候**，而且只有在这时候，在最高在场者的操纵下，在场者之大全（All）才显示自身为一个受这个“一”支配的整体。在其至高者的支配下，这个在场者之整体就是作为宙斯的῞Εν［一］。可是，῞Εν［一］本身作为῞Εν Πάντα［一（是）一切］乃是Λόγος［逻各斯］，即采聚集的置放。作为Λόγος［逻各斯］，῞Εν［一］惟一地是τὸ Σοφόν，即作为命运本身的命运性的东西：对入于在场的天命遣送的聚集。

如果终有一死者的ἀκούειν［听］惟一地只指向Λόγος［逻各斯］，即采集着的置放，那么，终有一死者的λέγειν［置放］就已经把自己灵巧地安置入Λόγος[逻各斯]之总体中了。终有一死者的λέγειν[置放]安身于Λόγος[逻各斯]中。它已经从命运而来入于ὁμολογεῖν[同一置放]而被居有了。因此,它始终归本于Λόγος[逻各斯]了。[①] 以此方式,终有一死者的λέγειν[置放]就是命运性的。但它决不是命运本身,也即作为ὁ Λόγος[这个逻各斯]的Ἓν Πάντα[一(是)一切]。

现在,赫拉克利特的这个箴言说得更清晰了,而它之所说却有重新遁入模糊状态的危险。

Ἓν Πάντα[一(是)一切]虽然包含着对Λόγος[逻各斯]在其λέγειν[置放]中成其本质的方式的暗示,但无论λέγειν[置放]被看作置放还是被看作道说,它难道不是始终只是终有一死者的一种行为方式么?如若Ἓν Πάντα[一(是)一切]就是Λόγος[逻各斯],那么,终有一死者的一个个别的特征不是被提升为一种基本特征,不是成为那个由于先于一切有死者和无死者而超越一切、从而成为在场本身之命运的东西的基本特征了么?在Λόγος[逻各斯]中包含着把某个终有一死者的本质特性提升和变换为惟一之一的做 230
法吗?莫非终有一死者的λέγειν[置放]始终只不过是对Λόγος[逻各斯]的模仿性响应,而Λόγος[逻各斯]本身就是命运,在场之为在场以及一切在场者的在场就基于这种命运之中?

或者,这样一种以或者—或者为引线来展开的追问,根本上就是不充分的,因为它自始就没有深入到有待探问的东西之中?情形若然,则Λόγος[逻各斯]既不可能是对终有一死者的λέγειν[置

① 此处动词“居有”原文为er-eignen,“归本”原文为vereignen,均与名词“本有”(Ereignis)相联系。——译注

放]的提升，终有一死者的λέγειν[置放]也不可能仅仅是对决定性的Λόγος[逻各斯]的模仿。于是，无论是在ὁμολογεῖν[同一置放]之λέγειν[置放]中的本质之物，还是在Λόγος[逻各斯]之λέγειν[置放]中的本质之物，都在两者之间的质朴中心中有一个原初的渊源。对终有一死者的思想来说，有一条通向那里的道路吗？

无论如何，恰恰是早期希腊思想为后人开启出来的各条道路，首先已经铺设了一条小路，并且对这条小路之谜有所猜度了。我们先要限于后退，退回到这个谜之前，旨在洞见这个谜的若干神秘因素。

对于我们所引的赫拉克利特的箴言(残篇第五十)，可作如下解释性的翻译：

> 不要听我，听我这个终有一死的讲话者；而要听从采集着的置放；如果你们首先归属于这种采集着的置放，你们就真正地听了；这样一种听存在，因为有一种“让一起呈放于眼前”发生，通过后者，集合着的让呈放，即采集着的置放，作为总体呈放于眼前；如果有一种“让呈放于眼前”的“让呈放”出现，就有命运性的东西发生；因为真正命运性的东西，即惟一的命运，就是：统一着一切的惟一之一。

如果我们撇开上面这些解释(而又不把它们忘掉)，如果我们试着把赫拉克利特的话翻译成我们自己的语言，则他这个箴言就可以讲成：

231 不是归属于我，而是归属于采集着的置放：让同一者呈放：

命运性的东西成其本质(采集着的置放):一统一着一切。[①]

终有一死者的本质始终已归本于ὁμολογεῖν[同一置放]。当终有一死者衡量作为῞Εν Πάντα[一(是)一切]的Λόγος[逻各斯]、并且与Λόγος[逻各斯]的度量相适应时,他们就是命运性的。因此之故,赫拉克利特说(残篇第四十三):

> ῞Υβριν χρὴ σβεννύναι μᾶλλον ἤ πυρκαϊήν。
>
> 需要熄灭狂妄无度更甚于烈火。[②]

之所以需要这样,是因为如果在场者要在在场中闪现和显现出来的话,Λόγος[逻各斯]就需要ὁμολογεῖν[同一置放]。这种ὁμολογεῖν[同一置放]并不狂妄无度,顺应于Λόγος[逻各斯]之度量。

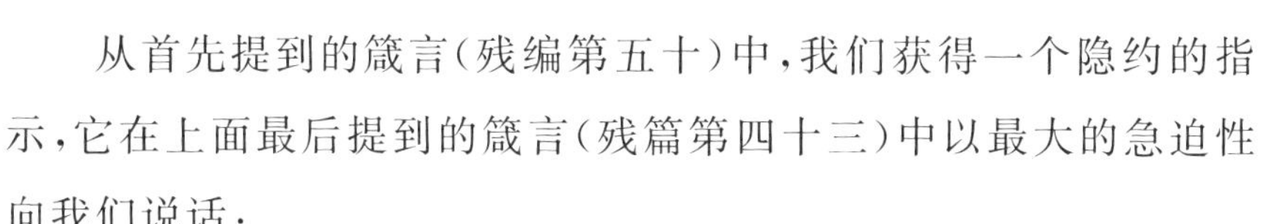

从首先提到的箴言(残编第五十)中,我们获得一个隐约的指示,它在上面最后提到的箴言(残篇第四十三)中以最大的急迫性向我们说话:

在你们投身到烈火中之前,无论是为了激发它还是为了熄灭它,你们首先都要扑灭狂妄无度之火,你们的狂妄无度之所以胆大妄为,在尺度上出了错,是因为它遗忘了Λέγειν[置放]的本质。

---

① 德语原文如下:
Nicht mir, aber der lesenden Lege gehörig: Selbes liegen lassen: Geschickliches west (die lesende Lege): Eines einend Alles。——译注

② 参看第尔斯、克兰茨:《前苏格拉底思想家残篇》,第一卷,苏黎世1996年版,第160页。——译注

把λέγειν译为聚集起来的让呈放于眼前，把Λόγος[逻各斯]译为采集着的置放，这种译法也许是令人诧异的。但是，这对思想来说是更有疗效的，如果思想要在令人诧异之物中漫游，而不是在明白易懂之物中安家的话。也许赫拉克利特还以完全不同的方式令他的同时代人感到诧异，而且是因为他把他们所熟悉的词语λέγειν[置放]和Λόγος[逻各斯]交织到这样一种道说之中，并且使ὁ Λόγος[这个逻各斯]成了他的思想的指导词语。ὁ Λόγος[这个逻各斯]这个词语，我们眼下试图把它当作采集着的置放来思索的这个词语，它能把赫拉克利特的思想护送到何方呢？ὁ Λόγος[这个逻各斯]一词命名的那个东西，它把一切在场者聚集入在场中、并且让在场者在其中呈放出来。① ὁ Λόγος[这个逻各斯]命名的是那
232 个东西，在场者之在场就在其中发生。在场者之在场，在希腊叫τὸ ἐόν，亦即τὸ εἶναι τῶν ὄντων，在罗马叫esse entium。我们德语中说：存在者之存在(das Sein des Seienden)。自西方思想之开端以降，存在者之存在就展开为惟一值得思想的东西。如果我们对这个历史学上的论断作一种历史性的思考，那就首先可以显明西方思想之开端基于何处：在古希腊时代里，存在者之存在变成值得思想的东西，**这一点乃是**西方的开端，**乃是**西方之命运的隐蔽根源。倘若这个开端并没有把曾在之物(亦即对依然持存者的聚集)保存下来，那么，现在起支配作用的就不会是来自现代技术之本质的存在者之存在了。在今天，通过现代技术之本质，整个地球都被

① ἀλήθεια[无蔽]。——作者边注

转换、被固定到那种以西方方式被经验的、在欧洲形而上学和科学的真理形式中被表象的存在上了。

在赫拉克利特的思想中，存在者之存在（在场）显现为ὁ Λόγος［这个逻各斯］，即采集着的置放。但是，存在的这种闪光（Aufblitz des Seins）始终被遗忘了。而这种被遗忘状态本身还被遮蔽起来了，因为对Λόγος［逻各斯］的理解随即发生了变化。因此之故，起初并且在一个长时期里，人们甚至未能猜想，存在者之存在竟能在ὁ Λόγος［这个逻各斯］一词中被带向语言。

如果存在者之存在、在其存在中的存在者被带向语言，如果存在与存在者之差异作为差异被带向语言，那会发生什么事情呢？对我们来说，所谓“带向语言”通常意味着：口头或书面表达些什么。但现在，这个短语却是另有所思：“带向语言”意即把存在庇护入语言之本质中。我们是不是可以猜想，当ὁ Λόγος［这个逻各斯］已经成为赫拉克利特思想的指导词语时（因为它已经成为存在者之存在的名称），已经酝酿了这样一种“带向语言”？

ὁ Λόγος［这个逻各斯］，τὸ Λέγειν［这种置放］就是采集着的置放。但对希腊人来说，λέγειν［置放］始终也意味着：呈送、陈述、讲述、道说。于是，ὁ Λόγος［这个逻各斯］或许就是表示作为道说的言说、表示语言的希腊名称。不止于此。作为采集着的置放，ὁ Λόγος［这个逻各斯］或许还是希腊人所思的道说（die Sage）的本质。[①] 语

① 海德格尔主要在《在通向语言的途中》一书中思考了与“本有”（Ereignis）相联系的“道说”（die Sage）。参看海德格尔：《在通向语言的途中》，中译本，孙周兴译，北京1997年。在此上下文中，我们也把动词性的 das Sagen 译为“道说”。——译注

233 言或许就是道说。语言或许就是:聚集着让在场者在其在场中呈放出来。事实上,希腊人就**居住**在这种语言之本质中。不过,希腊人从来没有**思**这种语言之本质——赫拉克利特亦然。

因此,虽然希腊人经验到了道说,但他们从来没有(赫拉克利特也没有)特地把语言之本质思为Λόγος[逻各斯],思为采集着的置放。

倘若赫拉克利特(以及他以后的希腊人)已经特地把语言之本质思为Λόγος[逻各斯],思为采集着的置放,那又会发生什么啊!无非会发生这样一回事情:希腊人或许已经从存在之本质而来思了语言之本质,甚至已经把它思为存在本身了。因为ὁ Λόγος[这个逻各斯]乃是表示存在者之存在的名称。可是,所有这一切并没有真正发生。我们在哪里也找不到一丝痕迹,可以表明希腊人是直接从存在之本质而来思了语言之本质。相反,语言——而且首先是通过希腊人——从有声表达方面被表象为φωνή[声音],即音素和声音,因而是从语音方面被表象的。与我们德文的"语言"一词相应的希腊词语是γλῶσσα,意即舌头(Zunge)。语言乃是φωνὴ σημαντική,即指示某物的有声表达。这就是说,语言自始就进入我们后来以"表达"(Ausdruck)一词来刻划的那个基本特征中了。这种把语言当作表达的语言观虽然正确,但却是从外部来看语言的。它此后一直是决定性的语言观,在今天也还如此。语言被视为表达,反过来也可以说,表达被看作语言。人们喜欢把每一种表达方式都设想为一种语言。连艺术史家们也在谈论形式语言。不过,曾几何时,在西方思想的开端中,语言之本质曾在存在之光中

闪现。曾几何时，赫拉克利特把Λόγος[逻各斯]思为他的主导词语，旨在以此词语思存在者之存在。但此乃惊鸿一瞥，这种闪光突兀熄灭。没有人把捉住它的光芒以及它所照亮的东西的切近。

惟当我们投身于存在之雷雨风暴中，我们才能够看到这种闪光。但在今天，一切都表明，人们只是在煞费苦心地驱除这种雷雨 234
风暴。人们动用一切可能的手段来驱云逐雨，以获得雷雨风暴之前的安宁。但这种安宁并非真安宁。它只不过是一种麻醉，首先是麻醉了对思想的敬畏。

思想当然是一件本己的事情。思想者的词语并没有什么权威可言。思想者的词语并不理会作家意义上的作者。思想之词语疏于形象，没有什么吸引力。思想之词语安于对它所道说的东西的清醒冷静之态。可是，思想改变着世界。思想把世界改变入一个谜的总是越来越幽黯的源泉深处，这个源泉深处将变得愈加幽暗，才呈现对一种更高光亮的允诺。

长期以来，这个谜就以“存在”(Sein)一词向我们允诺了。就此而言，“存在”始终只是一个暂时的词语。我们要留神，我们的思想不能盲目地一味跟在这个词语后面跑。让我们首先来思量一下，“存在”原初叫“在场”(Anwesen)，而“在场”意味着：入于无蔽状态而持存出来。①

① 原文为：hervor-währen in die Unverbergenheit。——译注

命　运[①]

（巴门尼德，残篇第八，第 34—41 行）

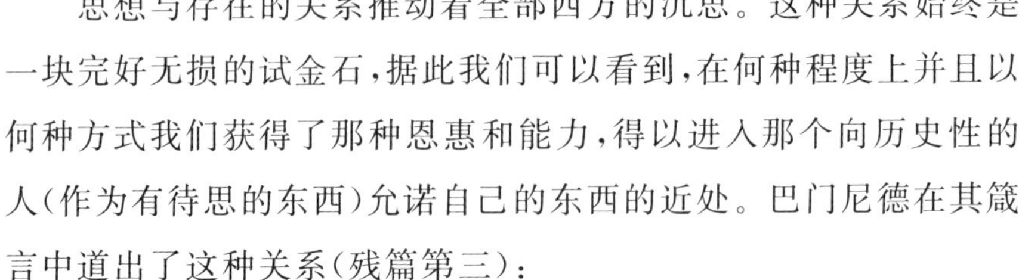

237　思想与存在的关系推动着全部西方的沉思。这种关系始终是一块完好无损的试金石，据此我们可以看到，在何种程度上并且以何种方式我们获得了那种恩惠和能力，得以进入那个向历史性的人（作为有待思的东西）允诺自己的东西的近处。巴门尼德在其箴言中道出了这种关系（残篇第三）：

τὸ γὰρ αὐτὸ νοεῖν ἐστίν τε καὶ εἶναι.

因为思想与存在是同一的。

巴门尼德在另一处（残篇第八，第 34—41 行）解说了这个箴言。在那里，巴门尼德说：

ταὐτὸν δ᾽ ἐστὶ νοεῖν τε καὶ οὕνεκεν ἔστι νόημα.

οὐ γὰρ ἄνευ τοῦ ἐόντος, ἐν ᾧ πεφατισμένον ἐστιν,

---

① 参看与 J. 波弗勒（J. Beaufret）的关于残篇第五的谈话——1971 年 5 月和 1971 年 10 月。——作者边注

εὑρήσεις τὸ νοεῖν· οὐδὲν γὰρ ἢ ἔστιν ἢ ἔσται
ἄλλο πάρεξ τοῦ ἐόντες, ἐπεὶ τό γε Μοῖρ' ἐπέδησεν
οὖλον ἀκίνητόν τ' ἔμμεναι· τῷ πάντ' ὄνομ' ἔσται,
ὅσσα βροτοὶ κατέθεντο πεποιθότες εἶναι ἀληθῆ,
γίγνεσθαί τε καὶ ὄλλυσθαι, εἶναί τε καὶ οὐχί,
καὶ τόπον ἀλλάσσειν διά τε χρόα φανὸν ἀμείβειν.

思想与所思即存在(IST)是同一的;因为你找不到一个思想是没有它们所表达的存在者的。存在者之外,决没有、也决不会有任何别的东西,因为命运(Moira)已经用锁链把它捆在那不可分割的、不动的整体上了。因此之故,凡终有一死的人们如此这般加以固定、并且信以为真的东西,诸如“生成”与“消失”、“存在”与“不存在”、“位置变化”与“色彩变化”等,都只不过是空洞的名称而已。[①] (W.克兰茨译)

何以上面八行诗句更为清晰地把思想与存在的关系揭示出来了呢?看起来,它们倒是把这种关系弄模糊了,因为它们本身就把 238
我们引向模糊并且让我们迷惑。因此,我们先要通过对迄今为止的种种解释的大体轮廓的追踪,寻求一种关于思想与存在之关系的教训。以往的各种解释总是在某个角度中活动,这样角度有三个,我们要简约地提一下,而不能具体详尽地描述:何以它们可以

① 此处译文据克兰茨德译本。中译文可参看北京大学哲学系编:《西方哲学原著选读》,北京1986年,第33页。——译注

通过巴门尼德的文本来得到证明。首先，着眼于思想作为某种现成的东西也出现在其他事物中间，并且在这种意义上“存在”，人们由此找到了思想。据此看来，这个如此这般存在的东西就如同每一个同类的东西，必须被归入其余的存在者中，并且与其余的存在者一起被清算入一种联合起来的整体之中。这个存在者的统一体被叫做存在。因为思想作为某个存在者与其他任何存在者是同类的，故思想就表明自身为与存在相同的东西。

为了确定诸如此类的东西，人们几乎用不着哲学。把现成的东西编排到存在者整体中，这种做法毫不费劲，而且不仅仅涉及思想。哪怕是在大海上航行，神庙的建造，在群众集会上演讲，任何一种人类行为都属于存在者，从而是与存在相同的东西。人们感到奇怪，为什么巴门尼德坚持——恰恰是从那种被叫做思想的人类行为的角度——还要明确地确定：思想属于存在者之领域。人们可能尤其会感到惊奇，为什么巴门尼德还为这种归属添加了一个特殊的论证，而且是用这样一句陈词滥调：在存在者之外并且除了存在者整体之外，没有其他任何存在者。

然而，准确地讲，当巴门尼德的学说还以上面描写的方式被设想之际，人们久已不再感到惊奇了。人们已经超越了他的思想，这种思想现在属于那些粗糙而笨拙的烦劳——诚然，对此类烦劳来说，把每一个现成的存在者（其中也包括思想）仅仅编排入存在者整体之中，仍不失为一种努力。

239 因此之故，即便对我们的沉思来说，几乎也不值得来关注这种对思想与存在的关系的朴素解释，因为这种解释只是以现成存在者的总体来表象一切事物。不过，这种解释给予我们一个不可估量的动因，让我们特别地并且预先牢记，巴门尼德无论在哪里都没有谈到，思想也是诸多 ἐόντα 即多样存在者中的一员，在这多样存在者中，每一个存在者时而存在时而又不存在，因此始终同时存在又不存在，同时显露为：出现者和消逝者。

与上述人人都可以立即了解的对巴门尼德之箴言的解释相比较，还有另一个更为审慎的对残篇第八第 34 行以下几行诗句的讨论，它至少是“难懂的表达”。为了便于理解，人们必须寻求一个合适的帮助。到哪里去寻找这种帮助呢？显然是在这样一种理解中，它更彻底地探究了巴门尼德力图思索的思想与存在的关系。此种探究显示于一种追问。此种追问涉及思想，亦即认识，及其与存在即现实性的关系。对如此这般被理解的思想与存在的关系的考察，乃是现代哲学的一个主题。为此，现代哲学最后形成了一门特殊的学科，即认识论，它至今常常被看作哲学的根本性事务。这项事务只是变换了名目，而且现在被叫做“形而上学”或者“认识的存在学”。它在今天起决定作用的而且最具深远意义的形态在“逻辑斯谛”[1]的名下展开。在“逻辑斯谛”中，巴门尼德的箴言通过一种罕见的、从前不可估计的变换达到了一种决定性的统治形式。于是，现代哲学处处都自以为有可能从它自命不凡的立场出发，赋予巴门尼德这个关于思想与存在之关系的箴言以真实的意义。有鉴于现代思想的不屈强力（除逻辑斯谛之外，实存哲学和实 240
存主义[2]乃是现代思想最具效力的分支），我们就有必要更清晰地

① Logistik，或译为“符号逻辑”。——译注

② 通译为“存在哲学”和“存在主义”。——译注

强调一下那个决定着对巴门尼德之箴言的现代解说的角度。

现代哲学把存在者经验为对象。通过知觉并且对知觉而言，存在者达乎其对立(Entgegenstehen)。莱布尼茨相当清楚地看到，percipere［知觉］作为 appetitus［欲望］向存在者铺展，对存在者发起进攻，为的是彻底地在概念中把存在者占为己有，并且把存在者的现时在场(Präsenz)重新与 percipere［知觉］联系起来(repraesentare［再现］)。repraesentio［再现］，即表象，被规定为知觉性投送(Zu-stellen)，即把显现之物向自身(自我)投送出来。

在现代哲学的各种教本中，有一个命题十分显眼；对于每一个企图借助于现代哲学来说明巴门尼德之箴言的人来说，该命题的作用必如一帖救药。我们指的是贝克莱的命题，它是以笛卡尔的形而上学基本立场为基础的。这个命题说：esse＝percipi，意即：存在就是被表象。[①] 存在进入那种对知觉意义上的表象的臣服状态之中。这个命题首先创造出一个空间，在此空间范围内，巴门尼德的箴言方可获得一种科学的—哲学的解释，并且由此摆脱了一种半诗性的猜度的影响范围(人们在其中对前苏格拉底思想作出猜测)。Esse＝percipi，即：存在就是被表象。存在借助于表象而存在。存在就等于思想，因为对象之对象性是在表象性意识中，在“我思某物”(ich denke etwas)中，编排、构造自身的。按照这一关于思想与存在之关系的陈述，巴门尼德的箴言看起来就像是关于现实性及其认识的现代学说的一个粗笨的预备形式。

绝非偶然地，黑格尔在其《哲学史讲演录》(《全集》第十三卷，

① 通译为“存在就是被感知”。——译注

第二版，第 274 页）中，引用并翻译了巴门尼德这个关于思想与存在之关系的箴言（以残篇第八的形式）：

> “思想与所思为之而存在的东西是同一个东西。因为若 241
> 没有思想得以在其中表达自身（ἐν ᾧ πεφατισμένον ἐστιν）的存在者，你就将找不到思想，因为在存在者之外，思想一无所有，也将一无所有”。这是主要的想法。思想产生自身；而且被产生出来的东西就是一个所思。所以，思想与它的存在是同一的；因为在存在之外，在这一伟大的肯定之外，那是一无所有的。[①]

对黑格尔来说，存在就是对自行产生的思想的肯定。存在乃是思想之产生，即知觉之产生；而笛卡尔早就把理念（idea）解说为这种知觉了。通过思想，作为表象之被肯定性和被设定性的存在就被置入“理想”（Ideellen）领域中。对黑格尔来说，尽管只是以一种极其深思熟虑的、并且由康德促成的方式，但存在同样也是与思想相同的东西。存在与思想是同一个东西，亦即与其所陈述和所肯定的东西是同一的。所以，基于现代哲学的视界，黑格尔能够对巴门尼德的箴言作出下面的判断：

> 由于在这里可以看到哲学被提升到理想领域中，所以真

① 参看黑格尔：《哲学史讲演录》，第一卷，贺麟、王太庆译，北京 1995 年，第 266—267 页。——译注

> 正的哲学是以巴门尼德为发端的;……这一开端诚然还是朦胧的和不确定的,而且还不能进一步说明其中所包含的东西;但是,这种说明恰好就是哲学本身的发展,这种发展在这里还没有出现。(同上书,第274页以下)[①]

在黑格尔看来,只有当绝对知识的自我思考成为现实性本身并且完全成为现实性之际,哲学才会出现。在思辨逻辑中,并且作为思辨逻辑,就发生了那种自我完成的提升,即把存在提升到精神(作为绝对现实性)的思想之中。

在现代哲学的这种完成过程的视界内,巴门尼德的箴言显现为真正的哲学活动的开始,亦即黑格尔意义上的逻辑学的开始;但
242 仅仅是一个开始而已。巴门尼德的思想还缺少思辨的、亦即辩证的形式;而在赫拉克利特那里,黑格尔找到了这种形式。关于赫拉克利特,黑格尔说:“在此我们看到了陆地,没有一个赫拉克利特的命题不被我采纳到我的逻辑学中”(同上书,第301页)。黑格尔的“逻辑学”不仅是惟一合适的对贝克莱命题的现代解释,而且是它的无条件的实现。贝克莱的命题 esse＝percipi 依据于巴门尼德之箴言首次表达出来的东西,这一点是毫无疑问的。但真正说来,这个现代命题与古代箴言之间的这样一种历史性的共属关系,同时植根于两者所说、所思的差异性中,尽管这种差异性几乎还不能更明确地得到测度。

---

① 参看黑格尔:《哲学史讲演录》,第一卷,贺麟、王太庆译,北京1995年,第267页。——译注

这种差异性是如此深远，以至于通过这种差异性，一种关于差异的知识的可能性早已枯死了。由于指明了这种差异性，我们同时也就暗示出，在何种意义上我们对巴门尼德箴言的解释来自一种与黑格尔的解释完全不同的思想方式。esse＝percipi［存在就是被表象］这个命题包含着对巴门尼德之箴言 τὸ γὰρ αὐτὸ νοεῖν ἐστίν τε καὶ εἶναι［因为思想与存在是同一的］的适当解释吗？这两个陈述句——如果我们可以把它们视为陈述句的话——都是说：思想与存在是同一的么？而且，即使它们都是说这回事情的，难道它们是以相同意义上说的吗？对于细心的洞察，立即就会有两个陈述句之间的一种差异显示出来，而对于这种差异，人们会轻松地把它当作似是而非的表面差异弃置一旁。在这两个地方（残篇第三、残篇第八第 34 行），巴门尼德都把他的箴言说成：νοεῖν（思想）总是先于 εἶναι（存在）。与之相反，贝克莱则说 esse（存在）先于 percipic（思想）。这似乎表明：巴门尼德赋予思想以优先地位，而贝克莱则赋予存在以优先地位。但实际情形恰好相反。巴门尼德把思想交托给存在。贝克莱则把存在逐入思想中。为了有可能在某种程度上与希腊箴言相吻合，这个现代命题或许就必须说成：percipi＝esse［被感知就是存在］。

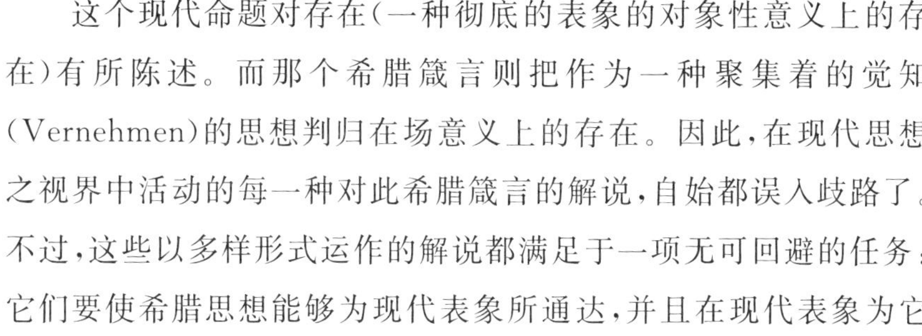

这个现代命题对存在（一种彻底的表象的对象性意义上的存在）有所陈述。而那个希腊箴言则把作为一种聚集着的觉知（Vernehmen）的思想判归在场意义上的存在。因此，在现代思想 243
之视界中活动的每一种对此希腊箴言的解说，自始都误入歧路了。不过，这些以多样形式运作的解说都满足于一项无可回避的任务：它们要使希腊思想能够为现代表象所通达，并且在现代表象为它

自身所要求的向一个“更高”哲学阶段的迈进方面来证实这种表象。

对所有巴门尼德箴言之解释具有决定作用的角度有三个，其中第一个角度把思想表象为某种现成的东西，并且把它排列到其余存在者行列之中。

第二个角度是现代的，它把对象之被表象状态意义上的存在把捉为对主体性之自我而言的对象性。

第三个角度遵循由柏拉图规定下来的古代哲学的一个基本特征。按照苏格拉底—柏拉图学说，理念赋予每一个存在者以“存在”(das “seiend”)。但理念并不属于αἰσθητά的领域，即可感性地觉知的东西的领域。只有在νοεῖν[思想]即非感性的觉知中，理念才是纯粹地可直观的。存在属于νοητά的领域，即非感性和超感性之物的领域。柏罗丁在柏拉图意义上解说巴门尼德之箴言。据他看来，巴门尼德要说的是：存在乃是某种非感性之物。这个箴言的分量落在思想上面，尽管是在一种不同于现代哲学的意义上。存在是通过思想的非感性的性质来刻画的。按照新柏拉图主义的解释，巴门尼德这个箴言既不是一个关于思想的陈述，也不是一个关于存在的陈述，甚至也不是一个关于两者(作为两个不同的东西)之共属一体性的本质的陈述。毋宁说，这个箴言乃是关于思想与存在同样归属于非感性领域这样一回事情的陈述。

以上三个角度中的每一个都把希腊人的早期思想推入后世形而上学的提问方式的支配领域中了。但也许，一切后来的思想，一切试图与早先的思想进行一种对话的后来的思想，都必定总是从
244 其本己的逗留领域而来倾听，并因而把早先思想的沉默带入一种

道说中。由此，早先的思想固然无可避免地被吸纳入后来的对话之中，被置入这种对话的听域和视界之中，并且因而仿佛被剥夺了它本己的道说的自由。但是，这样一种吸纳(Einbezug)绝不强求一种解释，后者仅仅限于把西方思想开端处所思的东西一味地放到后来的表象方式中来加以重新解释。一切都取决于，我们已经开启出来的对话是否预先并且向来重新为此而开放，去应合早先思想的那个有待探究的要求，或者，这种对话是否对这个要求锁闭自己、并且用后来的学说来掩盖早先的思想。只要后来的思想未能特地追问早先思想的听域和视界，则就会发生此种锁闭和掩盖的情形。

可是，一种为合适的追问作出的努力不可限于一种历史学上的探查，不可仅仅去确定作为早先思想之基础的未曾道出的前提；这就是说，在这里对此类前提的清算不能仅仅考虑：对后来的解释来说，什么东西作为已经被设定的真理而起作用，什么东西不再作为这样一种真理而起作用，因为它被后来的发展所超越了。合适的追问必须取代这种探查而成为一种对话(Zwiesprache)，在此对话中，早先思想的听域和视界是按其本质渊源而得到思考的，使得那个指令(Geheiß)开始自行允诺，而早先的、后继的以及将来的思想都以各自的方式服从这个指令。从事这样一种追问的尝试将把它的首要注意力针对某个早先文本的几个模糊的段落，而且并不固执于那些独自具有明白可解性之外貌的段落。因为若是固执于后者，对话会在它开始之前就会完蛋。

我们下面的探讨限于做这样一项工作：更多地只以一系列具体的解释来贯通上文所引的文本。但愿这些具体的解释有助于我们做好一种准备，得以在思想上把早先希腊的道说翻译为一种思想的到来，一种已经向开端觉醒了的思想的到来。

245

一

我们要探讨的是思想与存在的关系。首要地，我们必须关注的是：这个文本（残篇第八，第 34 行以下）深入地思考了思想与存在的关系，但它说的是 ἐόν［存在者］，而不像残篇第三那样说 εἶναι［存在、是］。因此，人们立即（甚至带着某种合理性）会得出一种看法：残篇第八并没有谈论存在，而是谈论存在者的。但实际上，巴门尼德借 ἐόν 之名决没有思自在存在者，后者作为整体也包括着思想，因为思想就是某种存在者。同样地，ἐόν［存在者］也并非指自为存在意义上的 εἶναι［存在、是］，仿佛思想者的任务就是要把存在的非感性的本质特性与作为感性之物的存在者区别一来。而毋宁说，ἐόν，即存在着（das Seiend）[①]，是在存在与存在者的二重性（Zweifalt）中被思考的，而且是作分词讲的——虽然这个语法概念尚未明确地进入语言知识的把握中。对于这种二重性，我们至少可以用“存在者之存在”（Sein *des* Seienden）与“在存在之中的存在者”（Seiends *im* Sein）这两个短语来加以暗示。不过，通过“在……之中”和“之”，二重性之展开力量更多地隐藏起来了，而不是指向它的本质。靠着这两个短语，我们还远远不能把二重性思为

① 以海德格尔这里的讨论，ἐόν是分词性的，具有双重意义：存在着、存在者（此即所谓“二重性”），故以 das Seiend 译之。——译注

二重性，甚或把二重性之展开提升为值得追问的东西。

常常被引用的“存在本身”(Sein selbst)，只要它被经验为存在，实际上就始终是存在者之存在意义上的存在。而在西方思想之开端被赋予一项任务，就是要根据一道适当的目光把在 εἶναι 即存在(sein)中被道出的东西作为 φύσις［涌现、自然］、Λόγος［逻各斯］、Ἓν［一］来洞察。因为在存在中起支配作用的聚集把一切存在者统一起来，所以从对这种聚集的思考中，就产生出一种无可避免的、总是越来越固执的假象，即：(存在者之)存在不只是与存在者整体相同的东西，而不如说，它作为相同者——但同时也是统一者——甚至就是最具存在特性的东西(das Seiendste)。**对表象而言，一切都变成存在者。**

看起来，存在与存在者之二重性本身似乎失去本质而化为乌有了，虽然从其希腊之开端以来，思想一直在这种二重性的展开中 246
活动，但实际上它并没有思考后者的逗留，也根本没有去回想二重性的展开过程。在西方思想的开端中，发生了未受关注的二重性之失落(Wegfall der Zwiefalt)。不过，这种失落并非一无所有。这种失落甚至赋予希腊思想以开端之特性，因为存在者之存在的澄明作为澄明而遮蔽自身。这种二重性之失落的遮蔽是如此本质性地起着支配作用，就如同二重性本身落入其中的那个东西。而二重性落入何处呢？落入被遗忘状态(Vergessenheit)中。被遗忘状态的持续的支配作用作为 Λήθη［遮蔽］而遮蔽自身，Ἀλήθεια［无蔽］如此直接地归属于 Λήθη［遮蔽］，以至于 Λήθη［遮蔽］能够为 Ἀλήθεια［无蔽］之故而自行隐匿，并且能够把纯粹的解蔽以 Φύσις［涌现、自然］、Λόγος［逻各斯］、Ἓν［一］的方式托付给 Ἀλήθεια［无

蔽]，而且就仿佛解蔽并不需要任何遮蔽似的。

可是，表面上纯粹的澄明者是由黑暗的东西所贯通和支配的。其中二重性之展开始终是遮蔽着的，就如同对于开端性的思想而言的二重性之失落。尽管如此，我们还必须在ἐόν[存在着、存在者]中关注存在与存在者之二重性，为的是去追踪巴门尼德对思想与存在之关系的探讨。

二

质言之，残篇第三说的是：思想归属于存在。我们应当如何来描述这种归属关系呢？这个问题问得太迟了。答案已经由这个简短的箴言的第一个词语给出了：τὸ γὰρ αὐτό，“因为同一者……”[①]。残篇第八节34行的表述是以相同的词语开始的：ταὐτόν。莫非这个词语给予我们一个答案，回答了思想以何种方式归属于存在，因为它说两者是同一的？非也，这个词语没有给出任何答案。一方面是因为通过“同一者”(das Selbe)这个规定，任何对某种共属一体性的追问都受到了阻止，而这种共属一体性只可能在不同的东西之间存在。另一方面是因为“同一者”
247 这个词语绝没有说，不同的东西在何种角度、从哪个根据而来在同一者中达到一致。因此之故，τὸ αὐτό，即同一者，在两个残篇中都始终是一个谜一般的关键词语，甚至可以说对巴门尼德整个思想而言都是关键谜语。

---

① 按原文字句秩序直译，此箴言应为：因为同一者是存在与思想。——译注

诚然，如果我们以为τò αὐτó即同一者这个词语指的是同一性，[1]尤其是，如果我们把同一性看作一切可思之物的可思性的日照中天的清晰前提，那么，通过这样一种看法，我们就将越来越失去对这个关键谜语的倾听力——假如我们向来已经听到了它的呼声。但如果我们能坚持对这个值得思想的词语的倾听，这就足矣。这样一来，我们就保持为倾听者，并且准备让这个词语作为关键谜语安于自身，以便我们先探听一下一种道说(Sagen)，后者或能有助于我们去深思这个神秘谜语的丰富性。

巴门尼德提供出一种帮助。他在残篇第八中更清楚地指出，我们应当如何思考 νοεῖν［思想］所归属的“存在”。巴门尼德在此没有说 εἶναι［存在、是］，而是说ἐóν，即“存在着”(das Seiend)，后者以其两义性指示着存在与存在者的二重性(Zwiefalt)。但νοεῖν［思想］意味着νóημα［所思、思想］，即：一种有所注意的觉知所留心的东西。

ἐóν 明确地被命名为那个东西，οὕνεκεν ἔστι νóημα，即心思(Gedanc)为之而在场的那个东西。(关于思想与心思，参看我的讲座稿《什么叫思想?》，尼迈耶，图宾根 1954 年，第 91 页以下)。[2]

思想为那依然未曾被道说的二重性之故而在场。思想之在场(An-wesen)通向存在与在场者之二重性。二重性在留心(In-die-Acht-Nehmen)中在场。按照残篇第六，这种留心已然通过前面的

① 海德格尔以德文 das Selbe 译希腊文的τò αὐτó，认为后者并非形而上学意义上的“同一”(das Identische)或“同一性”(Identität)。——译注

② 现被辑为海德格尔《全集》第八卷，美茵法兰克福 2003 年。——译注

λέγειν［置放、言说］即让呈放而聚集到二重性上了。这是如何发生的呢？无非是这样：终有一死的人为二重性之故而使自己适应于思想，二重性本身自为地要求这样一种思想。

我们还远远没有以合乎本质的方式来经验二重性本身，这同时也就是说，我们还没有就其要求着思想而言来经验二重性。从巴门尼德的言说中，惟有一点是清清楚楚的：思想既不是为ἐόντα
248 ［存在者］即“自在存在者”之故而在场，也不是为“自为存在”意义上的 εἶναι［存在、是］之故而在场。这就是说：既不是“自在存在者”使一种思想成为必要的，也不是“自为存在”需要这种思想。就本身而言，两者决不能让人们认识到，“存在”在何种意义上要求思想。但思想为两者的二重性即ἐόν［存在着、存在者］之故而成其本质。向着二重性，留心使存在在场。[①] 在这样一种在场（An-wesen），思想归属于存在。巴门尼德就这种归属说了些什么呢？

三

巴门尼德说，νοεῖν［思想］是πεφατισμένον ἐν τῷ ἐόντι。人们译作：思想作为被表说者在存在者中。

但是，我们究竟如何能够指望经验和理解这种被表说存在，只要我们并不操心这样的问题，即在这里“被说出的东西”、“言说”、“语言”意味着什么，只要我们过于匆忙地把 ἐόν［存在着、存在者］看作存在者，并且一任存在之意义保持不确定？我们应当如何来

① 在何种意义上？——作者边注

认识 νοεῖν［思想］与 πεφατιμένον［被表说者］的关联，只要我们并没有顾及残篇第六来充分规定νοεῖν［思想］？（参看上引讲座《什么叫思想？》，第 124 页以下）。νοεῖν［思想］与ἐόν［存在着、存在者］的归属关系是我们要深思的。νοεῖν［思想］植根于λέγειν［置放、言说］之中、并且根据λέγειν［置放、言说］而成其本质。在λέγειν［置放、言说］中，发生着一种让呈放，即让在场者在其在场中呈放出来。惟作为如此这般呈放于眼前的东西，在场者之为在场者才与νοεῖν［思想］即留心相关涉。相应地，作为νοεῖν［思想］之νοούμενον［所思］，νόημα［所思、思想］始终已经是λέγειν［置放、言说］的λεγόμενον［所言］。希腊地被经验的道说之本质却居于λέγειν［置放、言说］之中。因此，按其本质来看并且决不首先只是附加地或者偶然地，νοεῖν［思想］是一种被道说的东西。诚然，并非每一种被道说的东西都必然也已经是一种被说出的东西。它也可能保持为一种被沉默的东西，并且甚至偶尔必须保持为一种沉默。一切 249
被说出的东西和一切沉默向来都已经是一种被道说的东西。反之则不然。

被道说的东西与被说出的东西之间的差异何在呢？为什么巴门尼德把νοούμενον［所思］和νοεῖν［思想］（残篇第八，第 34—35 行）称为 πεφατισμένον［被表说者］呢？这个词语在词汇上被正确地翻译为"被说出的东西"。但我们要在何种意义上来经验一种通过φάσκειν［断言、说］和φάναι［道说］来命名的言说（Sprechen）呢？言说在这里仅仅被视为对一个词语或者句子的意思（σημαίνειν）的公布（φωνή）么？言说在这里是不是被把捉为某个内在（心灵）的表达，并因此被分配到语音和语义两个成分上？从中找不到任何痕迹，可以让人看到那种把言说经验为φάναι[道说]，把语言经验为φάσις[道说]的情况。φάσκειν[断言、说]意味着：呼唤、带着赞扬的命名、叫作；但所有这一切都是因为它作为让显现而成其本质。Φάσμα乃是群星、月亮的显现，它们的显露，它们的自行隐匿。Φάσεις指的是位相。月亮之闪耀的变化多端的方式就是月相。Φάσις乃是道说（Sage）；而道说（sagen）意味着：带向显露。Φημί，即“我道说”，具有与λέγω同一的本质（虽然不是与之相同的本质），那就是：把在场者带入其在场中而使之进入显现和呈放。

巴门尼德感兴趣的是探讨νοεῖν[思想]归属于何处。因为只有在它本来归属之所，我们才能找到它，并且才能对找到的东西作出判决：在何种意义上思想与存在共属一体。如果说巴门尼德把νοεῖν[思想]经验为πεφατισμένον[被表说者]，那么这并不意味着，它是一个被表说的东西，并且因此必须在发声的言谈和书写的文字中，亦即在一个如此这般可感性地感知的存在者中被寻求。倘若我们持着此种意见，那么，即便我们想把言说及其被言说的东西像意识体验那样来加以表象、并且在意识体验范围内把思想确定为意识行为，那也是错误的，并且最大可能地远离了希腊思想。νοεῖν[思想]，即留心以及它所觉知的东西，乃是一种被道说的东西、被带向显露的东西。但在何处呢？巴门尼德说：ἐν τῷ ἐόντι，在
250 ἐόν中，在在场与在场者之二重性中。这一点令我们思想，并且明确地使我们避免一种过于仓促的先入之见，即认为思想乃是在被表说者中得到表达的。此种看法根本就无从谈起。

在何种意义上 νοεῖν 即思想能够、而且必须在二重性中达乎显露呢？在这样一种意义上，即：那种进入在场与在场者之二重性中的展开引起让呈放，即λέγειν[置放、言说]，并且与如此这般被释放出来的呈放者之眼前呈放一起赋予νοεῖν[思想]以某个东西，就是 νοεῖν [思想]能够留心的某个东西，以便把它保存在留心中。不过，巴门尼德尚未思二重性之为二重性；尤其是，他并没有思二重性之展开。但巴门尼德也说（残篇第八，第 35—36 行）：οὐ γὰρ ἄνευ τοῦ ἐόντος…εὑρήσεις τὸ νοεῖν，因为你找不到与二重性相分离的思想。为何找不到？因为思想与ἐόν[存在着、存在者]一道、为ἐόν所召唤而归属于聚集，因为居于λέγειν[置放、言说]中的思想本身完成被召唤的聚集，并且因而应合于它与ἐόν的归属状态（作为一种为ἐόν所使用的归属状态）。因为νοεῖν[思想]所觉知的并非什么任意之物，而只是在残篇第六中被命名的那个惟一的东西：ἐόν ἔμμεναι，[①]即在其在场中的在场者（das Anwesend in seinem Anwesen）。

在巴门尼德的阐述中昭示出那个未曾被思的值得思想的东西的如此之多的内容，同样地，人们为了恰如其分地沉思巴门尼德所道出的思想与存在的归属关系首先所要求的那个东西也因此昭然若揭了。我们必须学会从道说出发来思考语言之本质，并且把这种道说思为让呈放（即λόγος[逻各斯]）和带向显露（即φάσις[道说]）。要满足这一指令首先还是有困难的，因为作为道说（Sage）

① 在伊奥尼亚方言中，动词εἶναι（是、存在）可以有两种变式，即ἔμεναι和ἔμμεναι。这里出现的是第二种变式。——译注

的语言本质的那种最初闪现，立即就消失在一种掩盖之中了，并且听任一种对语言的特性描写占了上风；而根据这种特性描写，语言从此就从 φωνή[公布]即传达方面被表象为一个指称和涵义的系统，到最后，就被表象为一个报道和信息的系统了。

251

四

即便到现在，在思想与存在的归属关系稍为清晰地得到揭示之后，[①]我们也几乎还不能更迫切地倾听到这个箴言的谜一般的关键词语及其全部神秘性，那就是：τὸ αὐτό，即同一者。但如果我们看到，ἐόν之二重性，即在场者之在场，把思想聚集到自身那里，那么，如此这般起支配作用的二重性也许就会给出一种指示，指示出“同一者”这个词语通常的空洞含义所遮蔽的东西的全部谜团。

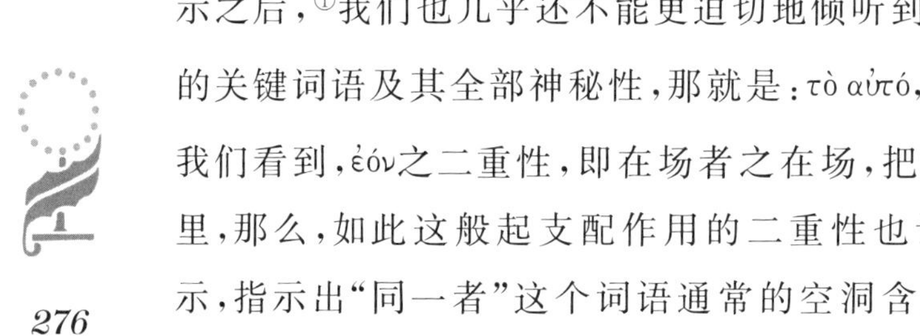

莫非正是从二重性之**展开**而来，二重性才把思想召唤到“为它自身之故”的道路上，并且由此而要求（在场者之）在场与思想的共属一体？但什么是二重性之展开呢？它是如何发生的呢？为了以一条合适的途径来追问二重性之展开，为了倾听二重性在该箴言的谜一般的关键词语所隐瞒的东西中的本质因素，我们在巴门尼德的道说中找得到一个依据吗？我们找不到任何直接的依据。

不过，必定引人注目的事情是，在这个有关思想与存在之关系的箴言的两个表述中，这个谜一般的关键词语都处于句首。残篇第

① 在何种程度上？——作者边注

三说:“因为同一者是关注以及(在场者之)在场”。残篇第八第 34 行说:“同一者是关注与有所关注的觉知所通达的(那个东西)”。[①] 把这个词语挪到箴言开头,这在箴言之道说中意味着什么呢?让我们听这种语调,巴门尼德想强调什么呢?也许就是基调。在基调中回响着箴言真正要道说的**东西**的预示。如此这般被道说的东西,人们在语法上称之为句子的谓语。而句子的主语就是与 εἶναι(存在)相关联的 νοεῖν(思想)。按照这个希腊文本,人们将必须在这个意义上来解说该箴言的句子结构。该箴言把这个谜一般的关键词语作为谓语放到前面,这就召唤我们专心停留在这个词语上, 252
并且一再重新回到这个词语那里。但即便如此,关于我们想经验的东西,这个词语也没有说出什么来。

所以,我们就必须在对把 τὸ αὐτό 即同一者前置这回事情的不断洞察中,以一种自由的冒险做一种努力,从 ἐόν(在场者之在场)的二重性出发先行思入二重性之展开过程。在这方面,对我们有所助益的是这样一种洞见,即:思想在 ἐόν 之二重性中得以显露出来,成为一种在其中被道说的东西,即 πεφατισμένον[被表说者]。

据此看来,在二重性中起支配作用的就是 φάσις,即道说,作为召唤着、要求着的带向显露的道说。这种道说把什么带向闪现呢?就是在场者之在场。在二重性中起支配作用、居有着二重性的道说,乃是在场之聚集,而在在场之闪现中在场者得以显现出来。赫

① 这两个句子通译为“因为思想与存在是同一的”以及“思想与所思即存在是同一的”(见本文开头所引)。在希腊文原文中,两个句子的开头都是“同一者”(τὸ αὐτό 和 ταὐτὸν)。——译注

拉克利特把巴门尼德所思的 Φάσις [道说]命名为Λόγος[逻各斯],即聚集着的让呈放。

在 Φάσις [道说]和Λόγος[逻各斯]中发生着什么呢?在其中起支配作用的、聚集着—召唤着的道说,会不会是那种首先带来一种闪现、允诺出澄明的带(Bringen)呢?是不是惟在这种澄明之持存中,在场才得以自行澄明,使得在场者在在场之光亮中显现出来,并因而使在场与在场者之二重性占居统治地位?难道二重性之展开过程就基于澄明着的闪现自行发生这样一回事情吗?希腊人把澄明着的闪现的基本特征经验为解蔽(Entbergen)。相应地,在二重性之展开过程当中,起支配作用的也是解蔽。希腊人称之为Ἀλήθεια[无蔽]。[1]

所以,假如巴门尼德道说了Ἀλήθεια[无蔽],那他或许就是以自己的方式思入二重性之展开过程之中了。他命名了Ἀλήθεια[无蔽]吗?当然啰,而且就在他的"教育诗"的开头。更有甚者:Ἀλήθεια[无蔽]乃是一位女神。在倾听女神的道说之际,巴门尼德道出他自己之所思。不过,他并没有道出Ἀλήθεια [无蔽]之本质基于何处。始终未经思想的还有:在神性的何种意义上Ἀλήθεια[无蔽]是一位女神。对希腊人的初始之思来说,所有这一切就像一种对 τὸ αὐτό即同一者这个谜一般的关键词语的解释一样,径直处于值得思想的东西之外。

253 然而,也许在所有这种未经思想的因素中间,存在着某种隐蔽的联系。教育诗第一篇第 22 行以下的引导性诗句不同于一种对

① 后世译之为"真理"。——译注

抽象的概念工作的诗意粉饰。如果我们在这位思想家的话语中测量出神话经验，并且反驳说，与那些得到明确塑造的“诸神角色”赫拉、雅典娜、得墨忒耳、阿佛洛狄忒、阿耳忒弥等相比[①]，Ἀλήθεια［无蔽］女神是极其不确定的，是一个空洞的观念产物，那么，我们就把我们与巴门尼德的思想道路的对话搞得过于轻佻了。人们以这些保留条件说话，就好像人们拥有一种早就凿凿可凭的知识，知道希腊诸神的神性是什么，知道在此谈论“角色”是有某种意义的，关于真理之本质已经作出了裁决，即：如果真理作为女神显现出来，那么，这就只能是对某个概念的抽象的人格化。根本上，神话因素还几乎没有得到思索，尤其是没有思索思及这样一个角度，即：μῦθος［神话、传说］乃是道说（Sage），而道说（Sagen）乃是召唤着的带向闪现。因此，我们最好还是保持在审慎的追问中，并且去倾听被道说的东西（残篇第一，第22—23行）：

καί με θεὰ πρόφρων ὑποδέξατο, χεῖρα δὲ χειρί
δεξιτερὴν ἕλεν, ὧδε δ' ἔπος φάτο καί με προσηύδα·

而且女神亲切地将我接待
握着我的右手，向我道出话语，并且对我唱道：

在此对思想家来说有待思的东西，在其本质渊源方面同时还

① 赫拉（Hera）：主神宙斯之妹和妻；雅典娜（Athene）：智慧女神；得墨忒耳（Demeter）：农业女神；阿佛洛狄忒（Aphrodite）：性欲和繁殖女神；阿耳忒弥斯（Artemis）：月女神和狩猎女神。——译注

被掩盖起来了。这并不排除——而倒是包涵着——这样一回事情，即：在思想家所道说的东西中，起支配作用的是解蔽，后者乃是思想家始终要倾听的东西，因为这个东西指引着进入有待思的东西之中的道路。但是，有待思的东西就是在τὸ αὐτό即同一者这个谜一般的关键词语中被命名的东西。这个被命名的东西表达出思想与存在的关系。

254 因此之故，我们至少可以问一问：是否二重性之展开，而且是在场者之在场的解蔽意义上的二重性之展开，在 αὐτό即同一者中被压下不谈了。如果我们作此猜度，那我们就没有越出巴门尼德之所思的范围，而只返回到更原初地有待思想的东西中了。

于是，对这个有关思想与存在之关系的箴言的探讨，就陷于无可避免的任意强暴的假象中了。

现在，从语法上看，τὸ γὰρ αὐτὸ νοεῖν ἐστίν τε καὶ εἶναι [因为思想与存在是同一的]这个箴言的句子结构就在另一道光亮中显示出来了。箴言开头的 τὸ αὐτό即同一者这个谜一般的关键词语就不再是前置的谓语了，而倒是一个主语，也就是位于基底的东西、承荷者和保持者。现在，那个毫不起眼的 ἐστιν，即“是”(ist)，就意味着：本质现身(west)、持存(währt)，而且是从允诺者而来有所允诺。而 τὸ αὐτό即同一者就作为这个允诺者而起支配作用，也就是作为解蔽意义上的二重性之展开而起支配作用：这样解蔽着把二重性展开出来的东西允诺出那种留心，使之通达对在场者之在场的有所聚集的觉知。作为我们所刻画的二重性之解蔽，真理从二重性而来让思想归属于存在。在 τὸ αὐτό 即同一者这个谜一般的关键词语中，默然不表的是那种有所解蔽的允诺，即对二重性与在二重性中达乎显露的思想的共属一体性的允诺。

五

所以，说到底，思想之归属于存在，并非因为思想也是某种在场者，并且因此必须被编排入在场整体之中——即人们所谓的在场者整体。不过，表面看来，似乎连巴门尼德也是以这种方式来表象思想与存在的关系的。但他在残篇第八第 36—37 行用一个γάρ（因为）来加以联结，由此附上了一个论证；这个论证说的是：πάρεξ τοῦ ἐόντος：在存在者之外过去不曾有、现在没有、将来也不会有其 255
他任何存在者（按照贝尔克的一个补正：οὐδ' ἦν［不曾有］）[①]。然而，τὸ ἐόν 并不表示“存在者”，而是命名着二重性。当然，在二重性之外，是决没有在场者之在场的，因为在场者之为在场者基于二重性中，是在二重性所发挥的光亮中闪现和显现出来的。

可是，鉴于思想与存在的关系，巴门尼德为何还要特地附加上述论证呢？因为 νοεῖν［思想］这个名称听起来不同于εἶναι［是、存在］，因为“思想”这个名称势必唤起一个印象，仿佛思想对于存在而言就是一个 ἄλλο，一个它者，因而是在存在之外的。但不光是这个名称作为字句显示出来，而且它所命名的东西也自行显示出来，就仿佛它是留在 ἐόν［存在着、存在者］“之旁”和“之外”的。这

① 参看第尔斯、克兰茨：《前苏格拉底思想家残篇》，苏黎世 1996 年，第一卷，第 238 页。——译注

种印象也决不是纯粹的假象。因为λέγειν[置放、言说]和νοεῖν[思想]让在场者在在场之光亮中呈放出来。因此它们本身就与在场相对待,诚然决不是像两个独立现成的对象那样相对待。λέγειν[置放、言说]和νοεῖν[思想]的这种结构释放出(按照残篇第六)ἐὸν ἔμμεναι,即把在场释放到它对觉知而言的显现之中,并且因而以某种方式从ἐόν[存在着、存在者]而来保持自身。一方面,思想处于二重性之外,与二重性相应合、并且为二重性所要求的思想就在通向二重性的途中。而另一方面,恰恰这种"在通向……途中"处于二重性之内,这种二重性决不只是一种在某处现成的、被表象出来的存在与存在者的区分,而是从有所解蔽的展开中成其本质的。这种有所解蔽的展开作为Ἀλήθεια[无蔽]允诺给任何一种在场以光亮,使在场者得以在其中显现出来。

但这种解蔽允诺出在场之澄明,因为它同时——如果在场者要显现出来的话——需要一种让呈放和觉知,并且在如此这般需要之际把思想扣留在与二重性的归属状态之中。因此之故,在二重性之外绝没有一个在某处以某种方式在场的东西。

要不是巴门尼德本人道出了这番论证,表明任何在ἐόν[存在
256 着、存在者]之外的外部在场何以是不可能的,那么,我们现在的整个探讨就还是某种任意臆想和事后强加的东西。

六

这位思想家在此关于ἐόν[存在着、存在者]所道说的话,从

语法上看是在一个从句中。无论是谁，哪怕他在倾听伟大思想家之道说方面只有少许经验，他偶尔也会嗅到这样一件奇异的事情，即：伟大的思想家们会在一句突然附加的从句中道出真正要思的东西，并且点到为止。有所召唤、有所展开、并且扩张开来的光亮的游戏并没有变得特别明显可见。它看起来毫不显眼，就像照在旷野百合和庭院玫瑰的寂静之华丽中的晨光一般。

实际上，巴门尼德的这个从句是他所有句子中的句子，句中之最。这个从句说道（残篇第八，第37—38行）：

……ἐπεὶ τό γε Μοῖρ' ἐπέδησεν
οὖλον ἀκίνητόν τ' ἔμμεναι.

……因为命运已经把它（存在者）捆在一起，
成为不可分割的、不动的整体。[①]

（W.克兰茨译）

巴门尼德谈论 ἐόν，谈论（在场者之）在场，谈论二重性，而绝不谈论“存在者”。他命名了Μοῖρα[命运]，即分派（Zuteilung），后者在允诺之际有所分发，因而把二重性展开出来。这种分派把二重

① 现在中译本为：“因为命运已经用锁链把它捆在那不可分割的、不动的整体上”。参看北京大学哲学系编：《西方哲学原著选读》，上卷，北京1986年，第33页。——译注

性派送（配备和赠送）出来。它是对在场（作为在场者之在场）遣送，后者聚集于自身并且因此展开出来。Μοῖρα［命运］乃是 ἐόν 意义上的“存在”之命运。① Μοῖρα［命运］已经把这个东西，即τό γε，解放出来，使之进入二重性中，并且因此恰恰把它捆到整体和宁静之中，而在场者之在场就是从这两者而来并且在这两者中发生的。

257 然而，在二重性之命运中，只有在场才进入闪现，只有在场者才达乎显现。命运把二重性之为二重性及其展开保持于遮蔽域之中。Ἀλήθεια［无蔽］之本质始终被掩蔽着。它所允诺的可见性让在场者之在场作为“外观”（εἶδος［爱多斯］）和“外貌”（ἰδέα［相、理念］）涌现出来。据此，与在场者之在场的觉知联系就被规定为一种观看（εἰδέναι）。即便真理已经转变为自我意识的确信形态，我们也不能否认，具有 visio［视觉］特征的知识及其自明性的本质渊源仍然在于有所澄明的解蔽。Lumen naturale，即自然之光，在此亦即理性的照明，就是以二重性之解蔽为前提的。这一点也适合于奥古斯丁以及中世纪有关光的理论，更不用说它们的柏拉图主义渊源了；只有在这个已经在二重性之命运中起支配作用的Ἀλήθεια［无蔽］的领域中，它们才能找到自己可能的运作空间。

如果我们可以谈论存在之历史的话，那我们就必须先行考虑到，存在说的是在场者之在场，即：二重性。惟有从如此这般得到考虑的存在出发，我们才可能以必需的审慎来追问一下：“历史”在此意味着什么。历史乃是二重性之命运（das Geschick der Zwiefalt）。

① 在此上下文中，派送（beschicken）、遣送（Schickung）、命运（Geschick）有相同词根。——译注

历史乃是有所解蔽地展开出来的对已然澄明的在场的允诺，而在场者就在这种在场中显现出来。存在之历史决不是存在自为地穿越其中的那些事件的序列。它更不是一个对象，一个为历史学的表象端出各种全新可能性的对象——这种历史学的表象意求取代迄今流行的对形而上学历史的考察，犹如一种自以为自的狂妄。

作为二重性的 ἐόν 被释放到Μοῖρα［命运］的系缚之中。巴门尼德在这个毫不显眼的从句中就Μοῖρα［命运］所讲的话，为这位思想家开启了他的道路所命中注定的前景之广度。因为在此广度中闪现出那个东西，(在场者之)在场本身就在其中显示自身：τὰ σήματα τοῦ ἐόντος［存在者之标志］。后者甚至是多样的(πολλά)。 258
这些 σήματα［标志］并不是其他东西的标记。它们乃是从展开了的二重性而来的在场本身的多样闪现。

七

但是，Μοῖρα［命运］在遣送之际分发什么，这一点尚未得到详尽阐发。因此之故，它的运作方式的一个本质特征也还未得思索。命运把在场者之在场解放到二重性之中，并因而把它捆到二重性的整体和宁静上，由引发生了什么事情呢？

接着那个从句，巴门尼德对此有所言说(残篇第八，第 39 行以下)。为了衡量他所讲的话，我们有必要来回忆一下前面所阐发的东西(上文第三节)。二重性之展开乃作为 φάσις［道说］而起支配作用，即作为把……带向显露的道说(Sagen)。二重性于自身中包

藏着 νοεῖν [思想]和它的作为所说的所思(νόημα)。不过,在思想中被觉知的乃是在场者之在场。应合于二重性的有所运思的道说乃是λέγειν[置放、言说],即让在场呈放于眼前。这纯粹地只有在那个为Ἀλήθεια[无蔽]所召唤的思想家的思想道路上才能实现。

但如果命运把在二重性中得到展开的东西委诸终有一死的人方面的日常觉知,那么,这个在解蔽着的命运中起支配作用的φάσις(道说)将变成什么呢?终有一死的人接受(δέχεσθαι,δόξα)那种直接地、当下首先呈现给他们的东西。他们不会首先为一条思想道路作准备。他们决不会特地去倾听二重性之解蔽的召唤。他们守持的是在二重性中展开出来的东西,而且是那种直接要求终有一死的人的东西;这就是说,他们守持在场者而不顾在场。他们把他们的所作所为交给通常被觉知的东西,即 τὰ δοκοῦντα(残篇第一,第 31 行)。他们把这种东西视为非遮蔽者,即 ἀληθῆ[无蔽者]

259 (残篇第八,第 39 行);因为这种东西确实向他们显现出来了,因而是一个被解蔽者。不过,如果他们的道说不能成为λέγειν[置放、言说],即让呈放于眼前,那么,这种道说会成为什么呢?只要终有一死的人并不关注在场,也即并不思在场,那么,他们的通常道说就会成为一种关于名称的道说,在这些名称那里突现出来的是有声表达,以及在口头和书面词语意义上的径直可理解的话语内容。

把道说(让呈放)个别化为具有指称作用的词语,这个过程打破了有所聚集的留心。后者变成为 κατατίθεσθαι [设定、确定](残篇第八,第 39 行),变成为固定,它向来恰恰把仓促意见的这个或那个东西确定下来。所有如此这般被固定的东西始终是ὄνομα[名称]。巴门尼德决不是说,通常被觉知的东西变成一个"单纯的"名称了。但它总是被交付给一种道说了,后者从流行的词语中取得惟一的指令,而这些被人们鲁莽地讲出的词语能够言说一切的一切,而且在"既这样又那样"的模棱两可中漂荡不定。

甚至对在场者(ἐόντα)的觉知也命名着 εἶναι [是、存在],认识着在场,但也同样仓促地命名和认识着不在场;当然它并不像那种思想,那种以自己的方式留心着二重性之隐瞒(μὴ ἐόν[非存在者])的思想。通常的意见只知道 εἶναί τε καὶ οὐχί(残篇第八,第 40 行),即既在场又不在场。这种认识的重心在于τε—καί(残篇第八,第 40—41 行),即"既—又"中。而且,在通常的、以词语言说出来的觉知触及涌现和没落之处,它满足于产生(γίγνεσθαι)与消失(ὄλλυσθαι)的"既—又"(残篇第八,第 40 行)。它决没有把位置(τόπος)觉知为一个地方(Ortschaft),二重性就是作为这个地方而为在场者之在场端出家园的。在这个"既—又"中,终有一死的人的意见只是盯住各个场所的各各不同(ἀλλάσσειν,残篇第八,第 41 行)。通常的觉知虽然活动于在场者的被澄明之域中,观看在色彩中的闪现者,即 φανόν(残篇第八,第 41 行),但它嬉耍于色彩的变化,即 ἀμείβειν,并没有关注澄明(Lichtung)的寂静之光。这种澄明来自二重性之展开,而且就是φάσις[道说],即把……带向显露,是话语(Wort)的道说方式,而不是词语(Wörter)(即有所透露的命名)的言说方式。 260

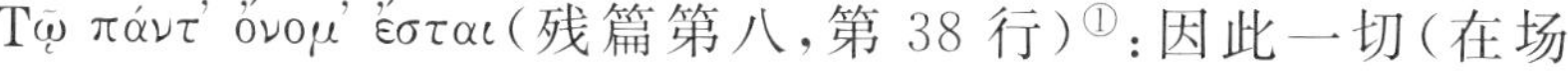
Tῷ πάντ' ὄνομ' ἔσται(残篇第八,第 38 行)①:因此一切(在场

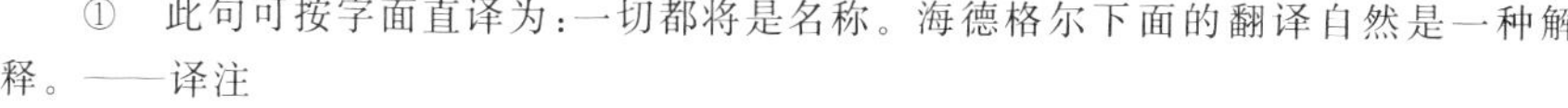
① 此句可按字面直译为:一切都将是名称。海德格尔下面的翻译自然是一种解释。——译注

者)都将在那种带来词语之统治地位的所谓解蔽中在场。这是通过什么发生的呢?通过Μοῖρα[命运],通过二重性之解蔽的命运。我们应该如何理解这一点?在二重性之展开中,在场者与在场之闪现一道显现出来。甚至在场者也是被道说者,但它是在有所命名的词语中被道说的,而终有一死的人的通常道说就活动在这些词语的言说中。(ἐόν 的)二重性之解蔽的命运把在场者(τὰ ἐόντα)转让给终有一死者的日常觉知。

这种命运性的转让是如何发生的呢?就只有这样:二重性之为二重性,因而也包括它的展开过程,依然保持着遮蔽。那么,在解蔽中起支配作用的是它的自行遮蔽[①]吗?一个大胆的想法。赫拉克利特对之作了思考。巴门尼德未经思索地经验到了这个思想,因为他在倾听Ἀλήθεια[无蔽]的召唤之际,既着眼于在场又着眼于在场者而思考了 ἐόν 之Μοῖρα,即二重性之命运。

倘若巴门尼德没有思入那种在谜一般的关键词语 τὸ αὐτὸ(即同一者)中隐瞒着的神秘性的广度,那他就不会是一个在那种顺应二重性之命运的思想的早先开端中的思想家了。在这里隐含着值得思想的东西,它在在场者(τὰ ἐόντα, τὰ δοκοῦντα)的优势地位中令我们思想:作为思想与存在的关系,作为二重性之解蔽意义上的存在之真理,作为二重性之隐瞒(μὴ ἐόν [非存在者])。

与巴门尼德的对话达不到任何终点;这不仅是因为在他流传

① 被遗忘状态。——作者边注

下来的教育诗残篇当中，有许多东西还是晦暗不明的，而且也因为他所道说的东西是永远值得思想的。但对话没有终点并不是什么 261 缺陷。它倒是那种无边界性的标志，这种无边界性在自身中、并且为了追忆而保存着一种命运之转变的可能性。

可是，如果谁只希望从思想那里得到一个保证，并且算计着能够未经使用就把思想忽略掉的那一天，那么，他就是在要求思想毁掉自己。如果我们思索一下，终有一死的人的本质已经受到召唤，去留心那种把终有一死的人呼唤入死亡之中的指令，那么，上述要求就会在一道奇异的光亮中显现出来。作为终有一死的此在（Dasein）的极端可能性，死亡并非可能之物的终结，而是那种有所召唤的解蔽之神秘的最高庇护（Ge-birg）（聚集起来的庇护）。①

① 这里的Ge-birg一词是海德格尔生造的，可按字面直译为“庇护之集中”，也就是括号中的“聚集起来的庇护”。——译注

无　　蔽

（赫拉克利特，残篇第十六）

265 赫拉克利特被称为晦涩者，ὁ Σκοτεινός。在他的著作还得到完整保存的时代里，赫拉克利特就已经获得这个称呼了。今天我们只还知道他的著作的一些片断罢了。后来的思想家，如柏拉图和亚里士多德，后世的作家和哲学学者，如泰奥弗拉斯特、塞克斯都·恩披里珂、狄奥根尼·拉尔修斯和普鲁塔克，甚至包括基督教教父，如希波利特、亚历山大里亚的克力门和欧利根等，都时而在他们的著作中引用过赫拉克利特的一些文字。这些引文作为残篇收集起来，我们应把这种收集工作归功于语文学和哲学史的研究。这些残篇中，有的由几个句子构成，有的只有一个惟一的句子，偶尔，也有的只是一些不成句的个别词语。

这些后世思想家和作家的思路决定了他们对赫拉克利特话语的选择和引用方式。这也就确定了它们当时的解释空间。因此，通过一种对它们在后世作者著作中的出处的更为准确的考察，我们始终只能确定这些引文被置入其中的那个语境，而不能确定它们所从出的在赫拉克利特那里的语境。这些引文连同它们的出处流传给我们的恰恰不是本质性的东西，即：赫拉克利特著作的内在结构的那个分划和规范一切的统一体。惟根据一种不断变化的对这种结构的洞察，我们才能说明：具体的残篇从何而来说话，每一个残篇在何种意义上可以作为一个箴言而为我们所倾听。但由于赫拉克利特的著作据以获得其统一性的那个流动的中心几乎不可猜度，而且始终是难以思考的，故这位思想家对我们来说才更能被称为“晦涩者”了。甚至这个绰号向我们道出的真正意义也还是晦涩的。

赫拉克利特被称为“晦涩者”。但他其实是光明者（der Lichte）。因为他试图把光亮的闪烁召唤入思想语言之中，由此来道说光亮（das Lichtende）。只要光亮照亮着，它就持续着。我们把它的照亮称为澄明（Lichtung）。这种澄明的内涵，它的发生方式和 266
发生之所，还是有待思索的。“licht”一词意味着：闪耀、闪烁、发亮。光亮允诺闪现，把闪现者开放出来，使之进入一种显现。[①] 这个自由域就是无蔽领域。掌管这个领域的乃是解蔽。这种解蔽必然包含着什么，解蔽与澄明是否以及如何是同一者，这些都还是有待究问的。

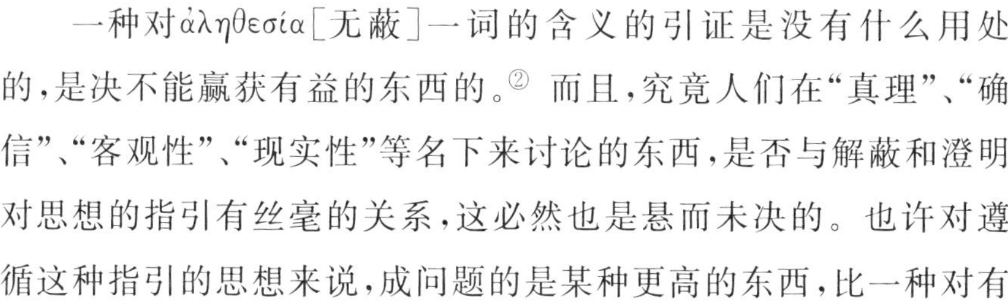

一种对ἀληθεσία［无蔽］一词的含义的引证是没有什么用处的，是决不能赢获有益的东西的。[②] 而且，究竟人们在“真理”、“确信”、“客观性”、“现实性”等名下来讨论的东西，是否与解蔽和澄明对思想的指引有丝毫的关系，这必然也是悬而未决的。也许对遵循这种指引的思想来说，成问题的是某种更高的东西，比一种对有

① 开放出澄明（Lichten），参看《对思想之实事的规定》（辑为《全集》第八十卷）。——作者边注

② 此处ἀληθεσία是根据ἀλήθεια［无蔽］的形容词形式ἀληθής［无蔽］构成的一个名词形式，我们也把ἀληθεσία译为“无蔽”。——译注

效陈述意义上的客观真理的保障更高的东西。何以人们总是一再匆匆地遗忘了每一种客体性所包含的主体性呢？即使人们注意到两者的共属一体性，人们也还试图从其中一方出发来说明这种共属一体性，或者求助于一个把主体和客体抓在一起的第三者——这到底是怎么回事呢？人们固执地反对作一种思考，去思索主体与客体的共属一体性是否并不在那个东西中成其本质，即那个首先为客体及其客体性、主体及其主体性允诺出它们的本质，亦即预先为它们允诺出它们的相互关系的领域的东西——这到底是什么原因呢？我们的思想如此艰难地寻找着这个允诺者，哪怕只是为了守望这个允诺者，这一点既不可能取决于占统治地位的理智的局限性，也不可能取决于一种对那些扰乱习惯的前景（Ausblicke）的反感。而不如说，我们可以猜度到另一个东西，即：我们知道得太多，相信得太匆忙，以至于不能熟悉一种真正得到经验的追问。为此就需要有一种能力，能够惊讶于质朴之物，并且能够把这种惊讶当作我们的居住地来加以接纳。

267 诚然，以一种简单的方式把作为“无蔽状态”的 ἀληθεσία 的字面意思表达和重复一遍，这样做，我们还没有获得质朴之物。无蔽状态乃是那个已经显露出来、并且离开了遮蔽状态的东西的基本特征。这就是其中的 α-的意思，这个 α-只是在一种植根于晚期希腊思想的语法中才被标识为阙失之 α-（α-privativum）。对我们的思想来说，与 λήθη 即遮蔽的关联以及这种遮蔽本身之所以失去了份量，并不是由于无蔽者径直仅仅被经验为已经达到显露的东西，即在场者。

所有这一切意味着什么，是如何可能发生的？惟随着这个问题，才**开始了**惊讶。我们如何能够达到这样一种开始呢？也许得这样做，即：我们参与一种惊讶，去守望被我们称为澄明和解蔽的那个东西？

运思之惊讶在追问中说话。赫拉克利特说：

> τὸ μὴ δῦνόν ποτε πῶς ἄν τις λάθοι;
>
> 人们如何能在永远不灭的东西面前隐蔽自身？①
>
> （第尔斯-克兰茨译）

这个箴言被列为残篇第十六。但就其内在的重要性和指引范围来说，也许我们应当把它看作**第一位的**。赫拉克利特这个箴言为亚历山大里亚的克力门引用在他的《教育家》（*Paidagogos*）（第三卷，第 10 章）中，而且被用作一种神学—教育思想的例证。他写道：λήσεται(!) μὲν γὰρ ἴσως τὸ αἰσθητὸν φῶς τις, τὸ δὲ νοητὸν ἀδύνατόν ἐστιν, ἢ ὥς φησιν Ἡράκλειτος...“也许一个人能够在感官可感知的光亮前隐蔽自身，但在神性的光亮面前这是不可能的，或者如赫拉克利特所说的……”。亚历山大里亚的克力门想到的是上帝的无所不在，上帝看到了一切，也包括在黑暗中做下的恶
行。因此之故，在其著作《教育家》的另一处（第三卷，第 5 章），他 268

① 赫拉克利特残篇第十六通常译为：“一个人怎能躲过那永远不灭的东西呢？”中译文参看北京大学哲学系编：《西方哲学原著选读》，上卷，北京 1986 年，第 23 页。——译注

又说：οὕτως γὰρ μόνως ἀπτώς τις διαμένει, εἰ πάντοτε συμπαρεῖναι νομίξοι τὸν θεόν。“只有这样，如果一个人坚信在他身边处处有上帝在场，那他就决不会摔倒”。谁又会否定亚历山大里亚的克力门按其神学—教育家的意图、在七个世纪之后把赫拉克利特的话纳入基督教的观念领域之中，并且对之作出自己的解说呢？这位教父在此想的是罪人在一种光芒面前把自己隐藏起来。而赫拉克利特则仅仅谈论一种“保持隐蔽”。克力门指的是一种超感性的光芒，τὸν θεόν，也就是基督教信仰的上帝。而赫拉克利特则仅仅指出了一种“永远不灭”。我们在此强调的这个“仅仅”（nur）是否意味着一种限制，或者意味着别的东西，这一点在这里以及在下面的讨论都还是悬而未决的问题。

倘若人们把这种对此残篇的神学解说仅仅当作一种不正确的解说来加以拒绝，那会有什么收获呢？那样的话，至多也就会加强一个假象，似乎我们下文的评论持有这样一种意见，即：要以惟一的绝对正确的方式把捉到赫拉克利特的学说。我们要做的努力限于更切近地守住赫拉克利特之箴言的话语。这样做或能有助于我们把一种将来的思想指引到尚未被倾听过的劝说（Zusprüche）领域中。

只要这些劝说来自思想所服从的那个指令（Geheiß），则事情的关键就不在于评价和比较哪些思想家达到了此类劝说的何种切近处。而毋宁说，我们的全部努力都要投到这样一回事上，即：通过与一位早期思想家的对话把我们自己带到有待思想者之领域的近处。

明眼人都知道，赫拉克利特所言不同于柏拉图，不同于亚里士多德，不同于某个基督教教会作家，不同于黑格尔，也不同于尼采。如若人们拘泥于对这些多样解说作一种历史学上的确定，那么，人们必定会宣布它们只是相对正确的。经由这样一种多样性，人们感到自己受到了相对主义这个鬼怪的威胁，而且是必然地。为什么呢？因为对各种解释的历史学清算已经离弃了 269
那种与思想家的有所追问的对话——也许从来就没有参与过这种对话。

任何对思想的对话式解说都是各不相同的。这种不同乃是一个标志，标明一种未被道出的丰富性，即连赫拉克利特本人也只有通过那些已经提供给他的洞见才能够道说的东西[①]的丰富性。要想追踪赫拉克利特的客观上正确的学说，这乃是一个企图，意在逃避那种有益的危险，也就是为一种思想的真理性所击中的危险。

我们下面的评论并不得出什么结果。它们指示着本有事件。[②]

赫拉克利特的这个箴言是一个问句。此箴言借以结束（在τέλος[完成、终点]意义上）自己的最后一个词语，命名着这种追问由之开始的那个东西。这就是思想活动于其中的那个领域。提升这个问句的那个词语叫 λάθοι［隐蔽、遮蔽］。动词λανθάνω（其历史过去时形式[③]为 ἔλαθον）意味着：我保持遮蔽——还有什么比这更容易为人们所确定的呢？不过，我们几乎还不能直接返回到这个

① 这是什么？本有(das Ereignis)吗？——作者边注

② 在本书中，我们把海德格尔的基本思想词语 das Ereignis 译为“本有”，有时也译为“本有事件”。——译注

③ 或译为“一次过去时”，希腊语特有的语法现象。——译注

词语希腊地说话的方式中。

在《奥德赛》第八节第 83 行以下，荷马向我们叙述了如下情节：在法亚西亚国王的宫殿里，每当歌手德谟多克斯(Demodokos)唱歌时，无论是严肃的还是轻快的歌，奥德赛都会蒙头痛哭，而且因为蒙着头，所以没有为在场的人们所察觉。第 93 行诗曰：ἔνθ' ἄλλους μὲν πάντας ἐλάνθανε δάκρυα λείβων。根据我们德语的语言精神，我们正确地把这个诗句译成："随后他痛哭流涕，其他所有人[①]都没有察觉"。福斯的译文更接近希腊说法，因为它把其中的主要动词 ἐλάνθανε 译成了德语："他对所有其他客人都隐瞒了涌出的泪水"。[②] 但是，ἐλάνθανε 的意思不是及物的"他隐瞒"，而是"他保持
270 遮蔽"(er blieb verborgen)——作为痛哭流涕的人。"保持遮蔽"在希腊语中是一个关键词语。而德语的说法则是：他痛哭，其他人没有察觉。相应地，我们把伊壁鸠鲁派的那个著名警言 λάθε βιώσας译成："活在隐蔽中"。从希腊角度来看，这话就是说："作为过活者(在其中)保持遮蔽"。遮蔽状态在这里决定着人在人中间应有的在场方式。希腊语以其道说方式向我们表明，保持遮蔽——同时也即保持无蔽——对于在场者的其他所有方式来说都具有一种支配性的优先地位。在场本身的基本特征是由保持遮蔽和保持无蔽来决定的。在场者之在场往往只有在闪现、自行公布、眼前呈放、涌现、自行产出中，在外观(Aussehen)中才达乎语言。

① "其他所有人"。——作者边注

② 现在有沙德瓦尔特(Schadewaldt)的德译本："它(他?)对所有其他人都隐瞒了他是怎样哭泣的"。[见后记]——作者边注

要了解这种情况，我们甚至用不着一种有关 ἀληθεσία［无蔽］这个词的似乎飘浮不定的词源学。

倘若不是保持遮蔽—保持无蔽[①]作为那个东西[②]而运作，即作为那个根本不必首先把自己带向语言的东西（因为这种语言本身就是由之[③]而来的），那么，上述一切及其未受损伤的和谐在希腊此在及其语言范围内或许就是不可想象的了。

因此，在奥德赛这个事例中，希腊经验的侧重点并不在于：把在场的客人表象为这样一些主体，他们在他们的主观行为中并没有把痛哭的奥德赛把握为他们的知觉客体。而毋宁说，对有关这个痛哭者的希腊经验来说，起支配作用的是一种遮蔽状态，它使其他人看不到这个痛哭者。荷马并没有说：奥德赛隐瞒他的眼泪。这位诗人也没有说：奥德赛作为一个痛哭者隐瞒自己。他倒是说：奥德赛保持了遮蔽。[④] 对于这一实情，我们必须总是越来越紧迫地思量一个危险，亦即变得冗长而烦琐的危险。 271

若没有对于这一实情的充分洞见，那么对我们来说，柏拉图把在场解释为 ἰδέα［相］的做法，要么是任意之举，要么就是一种偶然。

不过，在上面所引诗句的前几行，荷马先写下了如下一句（第 86 行）：αἴδετο γὰρ Φαίηκας ὑπ' Ὀφρύσι δάκρυα λείβων。福斯根据我们德语的说法把它翻译为：（奥德赛掩住他的头）“使得法亚西亚人

① （自行遮蔽之庇护的澄明）。——作者边注

② 本有（Ereignis）。——作者边注

③ 本有（Ereignis）。——作者边注

④ 他也不是说：“奥德赛哭了，这还保持遮蔽”。——作者边注

未能看到他流泪的睫毛”。福斯甚至没有译出其中的主要词语αἴδετο[害怕]。奥德赛害怕了——作为在法亚西亚人面前痛哭流涕的人。但这话难道不是十分清楚地就如同下面的意思:他由于害怕法亚西亚人而自己隐藏起来了?或者,如果我们努力想接近它为希腊人所经验的本质的话,我们是不是也必须从保持遮蔽的角度来思考这种害怕即 αἰδώς 呢?这时候,“害怕”的意思就会是:在警觉、克制中保持隐匿和遮蔽。

掩面哭泣的奥德赛这个希腊诗歌场面已经清楚地说明了,这位诗人是怎样来经验在场之支配作用的——此种存在之意义虽然尚未经思考,但已然成为命运了。在场乃是被澄明的自行遮蔽。与之相应的是害怕。害怕是一种在在场者之临近面前抑制起来的保持遮蔽。害怕是把在场者庇护起来,使之进入时时持留于到来中的那个东西的不可触动的切近之中——这个东西的到来始终是一种不断增强的自行掩蔽。因此,说到底,害怕以及所有与之相关的一切,都必须根据保持遮蔽来加以思考。

所以,我们也必须做好准备,更加深思熟虑地来使用另一个含有词根 λαθ-的希腊词语。那就是 ἐπιλανθάνεσθαι [遗忘]。我们正确地译之为“遗忘”。根据这种词汇上的正确性,一切似乎都是清
272 楚明了的。人们这样做,就仿佛遗忘是世界上最明明白白的事情。人们只是匆匆地注意到,在相应的希腊词语中道出了“保持遮蔽”。

但“遗忘”是什么意思呢?把一切都尽可能快地遗忘掉的现代人,想必一定知道什么是遗忘吧?其实不然。现代人是不知道遗忘的。假如现代人曾经充分地思考过遗忘的本质,也就是说,曾经

充分地深入到遗忘的本质领域进行思考，那他也已经把遗忘的本质遗忘掉了。现行的对于遗忘之本质的冷漠，绝不仅仅在于我们当代生活方式的草率马虎。在这样一种冷漠态度中发生的事情，本身就是从遗忘之本质中产生的。遗忘的特性是自行隐匿，陷于它的遮蔽的特有旋涡之中。希腊人早已经把遗忘，即λήθη，经验为一种遮蔽之命运了。

Λανθάνομαι说的是：从某个通常无蔽之物与我的关联角度，我总是对自己遮蔽着。无蔽者本身因此是遮蔽着的，恰如我在与它的关联中对自己遮蔽着。在场者如此这般沉入遮蔽状态中去了，以至于我在这样一种遮蔽中对自己遮蔽起来，成为在场者所逃避的东西。与之一体地，这种遮蔽本身也是遮蔽着的。这样一种遮蔽发生在那个事件中，就是当我们说"我把（某物）遗忘了"时所指的那个事件。在遗忘中，我们不仅忘却了某物。遗忘本身亦落入一种遮蔽中，而且是以这样一种方式，即：我们在这时候连同我们与遗忘的关系一起陷于遮蔽状态中。因此，希腊人用中动态形式[①]来加以强化，说ἐπιλανθάνομαι［我遗忘］。他们就是这样来命名人所陷入其中的遮蔽状态的，同时也着眼于它与那个通过它而对人隐匿起来的东西的关联。

无论是从希腊语言如何把λανθάνειν［保持遮蔽］用作一个基本的指导性动词来看，还是从那种对保持遮蔽的遗忘的经验来看，都十分清晰地表明：λανθάνω，即我保持遮蔽，并不是指人类各种行

---

① 中动态（Medium）是希腊语的介于主动态与被动态之间的一个动词变位方式，形式上多与被动态同，但往往具有主动意义。——译注

273 为方式中的一种，而是指对在场者和不在场者的一切行为的基本特征，甚至是指在场者和不在场者本身的基本特征。

但现在，如果 λήθω 一词（即“我保持遮蔽”）是在一位思想家的箴言中对我们说话的，如果这个词甚至还结束了一个思想问题，那么，我们就必须尽我们今天所能尽量广泛而持久地沉思这个词及其所道说的东西。

每一种保持遮蔽都包含着与遮蔽者所逃避、但在某些情形下恰恰与之相接近的东西的关联。希腊语采用第四格形式，把在遮蔽中的隐匿者始终与之相关联的那个东西称为：ἔνθ' ἄλλους μὲν πάντας ἐλάνθανε...［随后他对所有其他人保持遮蔽］。[①]

赫拉克利特问道：πῶς ἄν τις λάθοι；“某人如何能保持遮蔽？”[②]这是针对什么来讲的呢？针对这个箴言开头的词语所命名的东西：τὸ μὴ δῦνόν ποτε，即永不消失者。因此，这里所讲的“某人”并不是主体，有另外一个某物在与这个主体的反溯关系中保持着遮蔽；而不如说，这个“某人”是从其保持遮蔽的可能性角度成为问题的。赫拉克利特的问题首先并不思考与那样一种人相联系的遮蔽状态和无蔽状态，对于这种人，我们按现代的表象习惯喜欢把他解释为无蔽状态的载体，甚至是无蔽状态的制作者。按现代的说法，赫拉克利特的问题是倒过来思考的。它思索的是人与“永不消失的东西”的关系，并且是根据这种关系来思考人的。

① 荷马《奥德赛》第八节第 93 行，见上文的讨论。——译注

② 赫拉克利特残篇第十六，如按上文所引之通译，则为“人们如何能……隐蔽自身？”——译注

仿佛不言自明地，我们用“永不消失者”这几个词语来翻译希腊词组 τὸ μὴ δῦνόν ποτε。这些词语的意思是什么呢？我们从何处来了解这些词语的意思呢？显然这是首先要探究的问题，尽管这一意图会使我们远离赫拉克利特的箴言。然而，在这里，以及在类似的情形下，我们容易落入一种危险中，那就是：我们寻求得太远
了。因为我们预先就认为这个词组是十分清楚的，足以立即并且 274
专门地寻找到那个东西，即按照赫拉克利特的思想来看所谓“永不消失”必然蕴含的东西。但我们不作太远的追问。上述问题是否能够如此来问，我们也不予决定。因为倘若我们已经可以表明赫拉克利特的“永不消失”的意思究竟是什么这个问题是多余的，那么，要作出这样一个决定的尝试也就失去了意义。如何能表明这一点呢？我们该如何避免追问太远的危险呢？

只有这样：一旦我们解释了 τὸ μὴ δῦνόν ποτε 这个词组的意思，我们就能经验到这个词组在何种意义上足以令我们深思。

主导性的词语是 τὸ δῦνόν[消失者]。它与动词 δύω 联系在一起，后者的意思是笼罩、使沉没、使下沉。Δύειν 说的是：进入某物中，诸如太阳进入大海、在大海中沉落。πρὸς δύνοντος ἡλίου 意味着：对着沉落的太阳，傍晚时分；νέφεα δῦναι 意味着：沉到云层下，在云层背后消失。希腊人所思的沉落是作为一种“进入遮蔽”而发生的。

我们不难看出（尽管首先只是大致地）：这个箴言的两个实质性的、因而主要的词语（开头和结尾两个词语），即 τὸ δῦνον[消失者]和 λάθοι[遮蔽]说的是同一个东西。但问题依然是：在何种意

义上这是正确的。在此期间，当我们发觉这个箴言有所追问地活动于遮蔽领域时，我们已经赢获了某些东西。或者，一旦我们考虑到这一点，难道我们没有陷于一种粗糙的欺骗中么？看来事实就是这样；因为这个箴言指出了 τὸ μὴ δῦνόν ποτε，即向来决不消失者。后者显然就是那个永不进入遮蔽之中的东西。遮蔽始终被排除掉了。虽然这个箴言追问一种“保持遮蔽”，但它却十分明确地怀疑一种遮蔽的可能性，以至于这样一种追问就等于一种回答。这个回答拒斥“保持遮蔽”的可能情形。以一种仅仅修辞性的问句形式，这个断定性的陈述说的是：在永不消失者面前没有人能够保持遮蔽。这听来几乎像一个定理了。

275 一旦我们不再把主要词语τὸ δῦνον［消失者］和 λάθοι［遮蔽］抽取为单个词语，而是在完整的箴言整体中来倾听它们，那就可以明见：这个箴言根本就不在遮蔽领域中活动，而是在截然相反的领域中活动。稍稍把这个词组转换一下，把它转换成 τὸ μήποτε δῦνον①［永不消失者］的形式，我们就立即可弄清楚箴言所道说的是什么，那就是：永不消失者。再者，如果我们把否定性说法进一步转变为相应的肯定句，我们首先就可听到这个箴言以“永不消失者”所指的东西，即：持续涌现者。在希腊语原文中，这必定就叫做：τὸ ἀεὶ φύον。在赫拉克利特那里找不到这个说法。不过，这位思想家谈论了 φύσις［涌现、自然］。从中我们听到希腊思想的一个基本词语。于是不期而至，我们获得了对如下问题的一个答案：赫拉克利

① 希腊文副词 μήποτε 由 μή 与 ποτέ 组合而成，相当于德语中的 niemals（永不、决不）。τὸ μήποτε δῦνον 的意义与 τὸ μήποτε δῦνον 无异。——译注

特认为不会消失的东西究竟是什么。

可是，只消 φύσις［涌现、自然］要在何种意义上得到思考这个问题依然模糊着，则我们能把这种对φύσις［涌现、自然］的提示当作一个答案吗？还有，如果希腊思想的根基和深渊（Gründe und Abgründe）还极少与我们相关涉，以至于我们用一些随意抓取的名称来掩饰它们（这些名称是我们始终未曾深思地从我们所熟悉的领域中吸收来的），那么，诸如"基本词语"之类的大话又能给我们什么帮助呢？如果τὸ μήποτε δῦνον［永不消失者］指的就是φύσις［涌现、自然］，那么，与 φύσις［涌现、自然］的联系并不能向我们作出解释：τὸ μὴ δῦνόν ποτε［永不消失者］是什么，而倒是相反地："永不消失者"指引我们，让我们去思考如何把φύσις［涌现、自然］经验为持续涌现者。但是，这个持续涌现者不就是始终持续的自行解蔽者么？据此看来，这个箴言的道说就活动于解蔽领域，而并非活动于遮蔽领域。

我们应该如何、并且鉴于何种实情来思考解蔽领域以及解蔽本身，才不至于落入追逐单纯词语的危险呢？我们越是坚决地拒绝把始终持续的涌现者、永不消失者直观地表象为一个在场事物，就越有必 276
要去了解这个被认为以"永不消失"为特性的东西本身到底是什么。

认知欲往往值得赞扬，惟当其过于仓促时才不得赞扬。但当我们处处拘泥于箴言之词语时，我们就几乎不能做得更慎重些，且不说更仔细更周全了。我们前面是不是拘泥于词语了呢？或者，是不是一种几乎不可察觉的对词语的转换诱使我们变得匆匆忙忙，从而失去了关注宏旨要义的机会？确实如此。我们曾把τὸ μὴ δῦνόν ποτε**转换**为短语τὸ μήποτε δῦνον，并且正确地用“永不”(niemals)来翻译 μήποτε，用“消失者”来翻译 τὸ δῦνον。我们既没有关注 δῦνον［消失者］之前独立说出的 μή［不］，也没有关注放在后面的 ποτέ［在任何时候］。因此，我们也不能注意到否定词 μή和副词 ποτέ为我们保留下来的那个暗示，以便我们对 δῦνον 作出更慎重的解释。

这个 μή是一个否定词。它与 οὐκ 一样指的是“不”，不过是在另一种意义上。οὐκ 是径直对否定对象有所否认。相反地，μή则是把某物判给在其否定领域里达到的东西：一种拒绝，一种疏远，一种防止。Μὴ... ποτε 说的是：确实没有……在任何时候……。究竟是什么呢？某物不同地现身出场，不同于它现身出场那样现身出场。

在赫拉克利特的这个箴言中，μή［不］和 ποτέ［在任何时候］把 δῦνον［消失者］围了起来。从语法上看，δῦνον 这个词是一个分词。直到目前为止，我们都把它译成似乎更显而易见的名词性含义，并且因此加强了那种同样显而易见的意见，即认为赫拉克利特是在谈论永不消失的东西。但是，这个否定性的 μὴ... ποτε 关涉的是某种这样那样的持存和出场(Währen und Wesen)。因此，这个否定句指向分词 δῦνον 的动词意义。同样的情形也适合于巴门尼德的 ἐόν［存在着、存在者］中的 μή［不］。[1] 词组 τὸ μὴ δῦνόν ποτε 说

① 海德格尔认为巴门尼德的使用的分词 ἐόν 也更具动词性，即“存在着”，而人们通常总是把它了解为名词性的“存在者”。——译注

的是：确实向来不消失。①

如果我们敢于再试一试，把这个否定性词组转换为一个肯定性词组，那就显而易见：赫拉克利特思考的是始终持续的涌现，并不是某个以涌现为特性的东西，也不是这种涌现所涉及的全体。而毋宁说，赫拉克利特思考的是涌现，而且只是涌现。这种向来持续着的涌现在运思着道说出来的φύσις［涌现、自然］一词中得到了命名。我们必须以一种非同寻常、但又合适的方式，用“涌现”(Aufgehung)一词来翻译φύσις，这是与常用词语“产生”(Entstehung)相吻合的。 277

赫拉克利特思考永不消失。② 以希腊方式来看，那就是永不进入遮蔽之中。那么，这个箴言之道说在哪个领域中活动呢？就其意义而言，它命名的是遮蔽，亦即永不进入遮蔽之中。同时，这个箴言也径直意指始终持续的涌现，向来持续的解蔽。τὸ μὴ δῦνόν ποτε这个词组，意为确实向来不消失，指的是双重的东西：解蔽与遮蔽——并不是作为两个不同的、仅仅被推到一起的事件，而是作为一和同一者(Eines und das Selbe)。如果我们注意到这一点，那我们就不会不假思索地用τὴν φύσιν［涌现、自然］来替代τὸ μὴ δῦνόν ποτε［永不消失］了。抑或这始终还是可能的，甚至是不可避免的么？不过，在后一种情形下，我们再也不可把φύσις仅仅思为涌现。根本上，它也从来不是涌现。这一点，没有比赫拉克利特

① 这个词组在上文的解说中被译为“永不消失者”。原因如前所述：分词δῦνον更多地具有动词意义。——译注

② 霍默尔：从不结束其涌现的东西——在场(Praesenz)［见后记］。——作者边注

说得更为清楚而又神秘的了。残篇第一百二十三说：

φύσις κρύπτεσθαι φιλεῖ。[①] 人们把它译作："事物的本质喜欢躲藏起来"。这个译文是否也仅仅不着边际地指示着赫拉克利特思想的领域，我们在此不拟对此做更准确的探讨。也许我们不该指望赫拉克利特有这样一种陈词滥调，即便我们撇开以下事实：所谓"事物的本质"是从柏拉图以后才得到思考的。我们必须关注的是另一回事：φύσις 与 κρύπτεσθαι，即涌现（自行解蔽）与遮蔽，是在它们最切近的近邻关系中被说出来的。这一点初眼看来可能是令人诧异的。因为，如果作为涌现的 φύσις 与某物相背离，甚或与某物
278 相对立，那么，这个某物就是 κρύπτεσθαι，即自行遮蔽。但赫拉克利特思考的是两者最切近的近邻关系。它们的切近甚至特别被指了出来。这种切近是由φιλεῖ［热爱］来规定的。自行解蔽热爱[②]自行遮蔽。这是什么意思呢？是涌现寻求遮蔽状态么？这种遮蔽状态应在何处存在，如何存在，在何种意义上"存在"呢？或者，φύσις［涌现、自然］仅仅具有某一种偶尔才表现出来的偏爱，即偏爱自行遮蔽而非交替变化的涌现？难道这个箴言是说，涌现喜欢一度倒转为自行遮蔽，以至于一会儿是一方，一会儿是另一方起着支配作用？绝对不是。这种解说错失了 φιλεῖ 的意义，后者道出了 φύσις

① 赫拉克利特残篇第一百二十三通常译为："自然喜欢躲藏起来"。中译文参看北京大学哲学系编：《西方哲学原著选读》，上卷，商务印书馆 1986 年，第 26 页。——译注

② 此点可见霍默尔 1955 年 8 月 21 日函：提示印度日耳曼语研究，第二种 φιλεῖ："它有……"(es hat zu eigen)σφίλος——σφί——我的、你的、他的本己之物；（φύσις［涌现、自然］是本来就有的）［见后记］。——作者边注

[涌现、自然]与 κρύπτεσθαι [自行遮蔽]之间的关系。首要地,这种解说遗忘了该箴言令我们思考的那个决定性的东西:作为自行解蔽的涌现成其本质的方式。如果在这里可以着眼于φύσις[涌现、自然]来谈论"成其本质",[①]那么,φύσις[涌现、自然]就并非意指"本质"(das Wesen),ὅτι[什么],即事物的"什么"(das Was)。无论是在这里还是在残篇第一和残篇第一百十二中(在那里,他也使用了短语 κατὰ φύσιν[按照涌现的自然]),赫拉克利特都没有谈论事物的"本质"、"什么"。这个箴言并不思考作为事物之本质状态(Wesenheit)的φύσις[涌现、自然],而是思考φύσις[涌现、自然]的本质现身(动词)(das Wesen)。[②]

涌现之为涌现向来已经喜好自行锁闭。前者隐蔽于后者中。作为自行遮蔽(Sichver-bergen),κρύπτεσθαι 并不是一种单纯的自行锁闭,而是一种庇护(Bergen),其中始终保存着涌现的本质可能性,涌现之为涌现归属于其中。自行遮蔽保证着自行解蔽的本质。反过来讲,在自行遮蔽中起支配作用的,乃是自行解蔽之喜好的抑制状态。一种自行遮蔽,如果它并没有在向涌现的倾向中克制自己,那它会是什么呢?

因此,说到底,φύσις [涌现、自然]与 κρύπτεσθαι [自行遮蔽]并不是相互分离的,而是相互喜好的。它们是同一者。在这样一种喜好中,一方才赐予另一方自己的本质。这种本身相互的恩赐乃是 279

① 此处"成其本质"原文为 wesen,或可译为"本质现身"、"现身出场"。英译本把它译作"本质性地出现"(occur essentially)。——译注

② 以海德格尔的意思,此处 das Wesen 应作动词 wesen 解。——译注

φιλεῖν[喜好、热爱]和φιλία[喜好、热爱]的本质。在这种涌现和自行遮蔽相互转让的喜好中，有着φύσις[涌现、自然]的本质丰富性。

因此，残篇第一百二十三 φύσις κρύπτεσθαι φιλεῖ 的译文或许就可以是："涌现（来自自行遮蔽）赠予自行遮蔽以恩惠"。

即便我们一味把 φύσις [涌现、自然]思考为涌现和让涌现，并且进而还把某些特性判归于 φύσις [涌现、自然]，我们也还是肤浅地思考了这个 φύσις [涌现、自然]。这样做，我们忽视了决定性的东西，即：自行解蔽不光是决不排除遮蔽，而倒是需要遮蔽，才能如其本质现身那样本质地现身，才能作为解蔽（Ent-bergen）而本质地现身。惟当我们在此意义上来思考 φύσις [涌现、自然]，我们才可以说 τὴν φύσιν [涌现、自然]，以之替代 τὸ μὴ δῦνόν ποτε [永不消失]。

这两个名称命名的是由解蔽与遮蔽的飘浮不定的亲密性所创建和贯通的那个领域。在这种亲密性中蕴含着Ἕν [一]的统一性和单一性（Ein-heit）。早期的思想家们也许已经直观到了这个"一"的质朴丰富性，但这种质朴丰富性却对后来者锁闭起来了。Τὸ μὴ δῦνόν ποτε[永不消失]，所谓"永不进入遮蔽之中"，决不陷于遮蔽而在其中熄灭，但它仍然献给了自行遮蔽，因为作为"永不进入……"，它始终是一种来自遮蔽的涌现。对于希腊思想来说，在 τὸ μὴ δῦνόν ποτε [永不消失]中未曾明言地道出了 κρύπτεσθαι [自行遮蔽]，并且因而指出了 φύσις [涌现、自然]的为解蔽与自行遮蔽之间的 φιλία [喜好、热爱]所贯通和支配的丰富本质。

也许残篇一百二十三中讲的 φιλεῖν [喜好、热爱]的 φιλία [喜好、热爱][①]与残篇五十四中讲的ἁρμονίη ἀφανής[不明显的和谐][②]乃是同一者——假如解蔽与遮蔽借以相互接合的那个嵌合(Fuge)必定保持为一切不显眼之物中不显眼的东西,因为它赠予每个显现者以闪现。

我们对φύσις[涌现、自然]、φιλία[喜好、热爱]、ἁρμονίη[和谐]所作的说明已经降低了那种不确定性,即 τὸ μὴ δῦνόν ποτε(在任何时候都不消失)起初让我们觉察到的不确定性。不过,我们几乎再 280
也不能克制这样一个愿望了:取代这种对解蔽与自行遮蔽的无形象、无定位的解释,或许会出现一种对我们所命名的东西真正何所属这一问题的了解。以这个问题,我们无疑是来得太迟了。为什么呢?因为对早期思想来说,τὸ μὴ δῦνόν ποτε[永不消失]指的是一切领域的领域。但它并不是不同种类的领域所从属的最高的种。它是这样一个地方(Ortschaft),一种归属的任何可能所属(Wohin)都以之为根基。与此相应,μὴ δῦνόν ποτε[永不消失]意义上的领域从其有所聚集的作用范围来看是独一无二的。在其中,归属于那种得到正确经验的解蔽之事件的一切东西都共同生长出来(concrescit[聚集、生长])。它乃是绝对具体的东西。但这个领域如何能通过我们前面所做的抽象阐释而得到具体的表象呢?这个问题似乎是正确的,只要我们——或者说当我们——忽视下面这一点,即:我们不可过于匆忙地用诸如"具体"与"抽象"、

① 前者为动词,后者为名词。——译注

② 赫拉克利特残篇第五十四全文为:ἁρμονίη ἀφανὴς φανερῆς κρείττων。现有中译本作:"看不见的和谐比看得见的和谐更好"。参看北京大学哲学系编:《西方哲学原著选读》,上卷,北京 1986 年,第 24 页。——译注

“感性”与“非感性”、“直观”与“非直观”之类的区分来袭击赫拉克利特的思想。这些区分对我们来说是久已熟悉的，但这一事实还不能担保它们的被认为无限的适用范围。因此或许就会出现这样的情况：恰恰就在他通过一个命名直观之物的词语来说话的地方，赫拉克利特思考着绝对不可直观的东西。由此即可明见，我们以上面这样一些区分是多么不够了。

根据我们的解释，我们可以取代τὸ μὴ δῦνόν ποτε[永不消失]而把 τὸ ἀεὶ φύον [持续涌现]设定在两个条件下。我们必须从自行解蔽出来发思考φύσις[涌现、自然]，并且在动词意义上来思考φύον[涌现]。我们在赫拉克利特那里徒劳地寻找ἀείφυον[持续涌现(着)]一词，但却在他的残篇第三十中找到 ἀείζωον，即持续生活(着)。“生活”这个动词言及某种最广阔、最大限度和最内在的意义。就连尼采也还在 1885—1886 年的一则笔记中思及这种含义。尼采说：“‘存在’——除‘生命’外，我们没有别的关于‘存在’的观念。某种死亡的东西又怎么能‘存在’呢？”(《强力意志》，第 582 条)①

281 如果我们把德语的“生活”(leben)当作希腊文ζῆν的忠实翻译来使用，那我们必须如何来理解“生活”一词呢？ζῆν、ζάω[生活]有词根 ζα-在说话。我们诚然决不能从这种语音构成中变出戏法，推出“生活”在希腊意义上意味着什么。但我们注意到，希腊语首

① 德语中动词 leben 与名词 Leben 具有相同字形，名词 Leben 同时也可译为“生活”与“生命”，但在中文表述上却成了问题。这里我们只能根据上下文作相应的处理。——译注

先是在荷马和品达的道说中使用了诸如 ζάθεοs、ζαμενήs、ζάπυροs 之类的词语。语言科学向我们表明：ζα-意味着一种增强。因此，ζάθεοs 意味着“十分神性的”、“十分神圣的”；ζαμενήs 是“十分强大的”；ζάπυροs 是“十分火热的”。但是，这种“增强”既不是指一种机械的增多，也不是指一种动力上的增多。品达把一条河的不同位置、群山、草地和河岸称为 ζάθεοs［十分神圣的］，而且这时候他是想说：诸神，即闪现着有所凝视者（die scheinend Hereinblickenden），在这里往往是真正可以被人洞见的，是在显现中在场的。这些位置是特别神圣的，因为它们纯粹地在闪现者之让显现中涌现出来。于是，ζαμενήs［十分强大的］也是意指那个让风景的出现和到来进入其完全在场之中而涌现出来的东西。

Zα-意味着：纯粹的让涌现，即在显现、凝视、破晓、到来之方式范围内并且对这些方式而言的让涌现。动词ζῆν命名的是进入光亮之中的涌现。荷马说：ζῆν καὶ ὁρᾶν φάοs ἠελίοιο，“生活，而且这就是说：观看太阳光”。对于希腊文的ζῆν［生活］、ζωή［生命］、ζῷον［生物、活物］，我们既不能从动物学角度来思考，也不能从宽泛的生物学角度来思考。希腊文 ζῷον［生物、活物］所命名的，远远不是一切在生物学上被表象的生物，希腊人甚至把他们的诸神也叫做 ζῷα［生物、活物］。为什么呢？凝视者乃是进入观看而涌现者。诸神并没有被经验为动物。但动物却在一种种特殊意义上归属于 ζῆν［生活］。动物向自由域的涌现始终以一种同时令人诧异和令人迷惑的方式锁闭和困缚于自身。自行解蔽与自行遮蔽在动物那里是统一的，以至于一旦我们人的解释与人神同形同性论的

解说一样，明确地避免在任何时候都可进行的对动物的机械说明，
282 则这种解释就几乎无路可走。因为动物并不说话，所以自行解蔽和自行遮蔽及其统一性在动物那里具有某个完全不同的生命一本质。①

但ζωή［生活］与φύσις［涌现、自然］说的是同一个东西：ἀείζωον［持续生活(着)］意味着ἀείφυον［持续涌现(着)］，意味着τὸ μὴ δῦνόν ποτε［永不消失］。

在残篇第三十中，②ἀείζωον［持续生活(着)］一词跟在 πῦρ(火)之后，并非作为一个形容词，而毋宁是作为一个在道说中重新开始的名词，这个名词说的是：火应当如何得到思考——作为永远持续的涌现。通过"火"一词，赫拉克利特命名的是那个东西，οὔτε τις θεῶν οὔτε ἀνθρώπων ἐποίησεν，"既不是由诸神的某一位也不是由人类中的某一位生产出来的东西"，而毋宁说是总是已经逗留于自身并且因而把一切到来保存下来的东西，它在诸神和人类之前、并且对诸神和人类来说作为 φύσις［涌现、自然］而居于自身之中。而这就是 κόσμος［宇宙、世界］。我们说"世界"，而且，只要我们惟一地或者哪怕只是首先在宇宙学和自然哲学上来表象之，那我们就对它作了不当的思考。

---

① 此处"生命一本质"原文为 Lebe-Wesen，在字面上是对 Lebewesen(生物)的分写。——译注

② 赫拉克利特残篇第三十现有中译文如下："这个世界，对于一切存在物都是一样的，它不是任何神所创造的，也不是任何人所创造的；它过去、现在、未来永远是一团永恒的活火，在一定的分寸上燃烧，在一定的分寸上熄灭"。参看北京大学哲学系编：《西方哲学原著选读》，上卷，北京 1986 年，第 22 页。——译注

世界是持续着的火，按 φύσις［涌现、自然］的完全意义来讲就是持续的涌现。只要我们在这里谈论一种永恒的世界大火，我们就不能首先设想一个自为的世界，这个世界此外还受到某种持续不断的火之淫威的侵袭和肆虐。而毋宁说，世界之世界化（das Welten der Welt），τὸ πῦρ［火］、τὸ ἀείζωον［持续生活］、τὸ μὴ δῦνὸν τοτε［永不消失］，都是同一个东西。与此相应，赫拉克利特所思的火之本质，并不像我们谈论一种灼热火焰之景象那样是直接明了显赫的。我们只需注意一下那种语言用法，它从多重角度来说 πῦρ［火］一词，并且因此指示着在这个词语有所运思的道说中透露出来的东西的本质丰富性。

Πῦρ［火］命名着圣火、炉火、营火，但也指火把的闪耀、繁星的闪烁。在“火”中起支配作用的是照亮、焕发、照耀、微弱的闪耀，把一种光明中的浩瀚之境开启出来的东西。不过，在“火”中也贯穿着消灭、结合、锁闭、熄灭。当赫拉克利特谈论火时，他主要思考了有所澄明的支配作用，那种给予尺度和剥夺尺度的指引（das Weisen）。根据卡尔·莱因哈特（见《荷马》，第77卷，1942年，第1页以下）在希波利特那里发现、并且令人信服地确证的一个残篇来 283
看，对赫拉克利特来说，τὸ πῦρ［火］同时也是 τὸ φρόνιμον，即沉思冥想者（das Sinnende）。它为万物指示路向，并且万物的归宿置放出来。这种置放着有所沉思的火把一切都聚集起来，并且把一切都庇护入其本质之中。有所沉思的火乃是把一切置放出来（使之进入在场之中的）并且把一切展示出来的聚集。Τὸ Πῦρ［火］乃是 ὁ Λόγος［逻各斯］。它的沉思乃是世界之心脏，亦即世界的澄明

着一庇护着的浩瀚之境。赫拉克利特以不同名称的多样性来思考同一者之本质丰富性，这些名称就是：φύσις［涌现、自然］、πῦρ［火］、λόγος［逻各斯］、ἁρμονίη［和谐］、πόλεμος［战争］、ἔρις［争执］、(φιλία)［(热爱)］、ἕν［一］。

从头至尾又倒回过去，上列名称道出了残篇第十六开头的那个词组：τὸ μὴ δῦνόν ποτε，即永不消失。其中所命名的东西，我们必须在上列赫拉克利特思想的所有基本词语当中一道来倾听。

此间我们已经表明：永不进入遮蔽之中就是从自行遮蔽中持续地涌现出来。此以方式，世界之火灼灼生辉、闪耀、沉思。如果我们把它思为纯粹的澄明(das Lichten)，那么，这种澄明不仅是带来光明，同时还带来自由之域，一切(尤其是对抗之物)都在其中得以闪耀。因此，澄明就比单纯的照亮更多，也比释放更多。澄明乃是沉思着—聚集着的带入自由之域中，乃是在场之允诺。

澄明之本有事件(das Ereignis der Lichtung)乃是世界。沉思着—聚集着、带入自由之域中的澄明就是解蔽；它居于自行遮蔽中。这种自行遮蔽属于澄明，成为在解蔽中找到自己的本质的东西，并且因此决不能成为一种单纯的进入遮蔽之中，决不能成为一种消失。

Πῶς ἄν τις λάθοι；“某人究竟如何能保持遮蔽”？这个箴言着眼于前面指出的 τὸ μὴ δῦνόν ποτε［永不消失］(处于第四格)来发问。在翻译时，我们把它说成第三格：“对于这个东西，即澄明，某人如何能保持遮蔽？”这种提问**方式**拒斥这样一种可能性，而没有给出论证。这种论证说到底必定已经包含在问之所问本身中了。我们也准备迅速地把它端出来。因为永不消失，即澄明，看见并且觉察一切，所以没有什么东西能在它面前隐藏。但在 284
此箴言中没有谈到一种看见和觉察。不过，该箴言首先并没有说πῶς ἄν τι，即“某物如何可能……？”，而是说πῶς ἄν τις，即“某人如何可能……？”按此箴言，澄明决不是与任何任意的在场者发生关系的。这个τίς［某人］所指是谁呢？显然思考的是一个人，尤其是因为这个问题为一个终有一死者所提出并且是向人讲出的。但因为在这里是一位思想家在讲话，而且是那个近乎阿波罗和阿耳忒弥斯[①]而居的思想家在讲话，所以，他的箴言或许就是一种与凝视者的对话，所谓τίς即某人也可能意指诸神。在此猜度中，我们得到残篇第三十的支持，这个残篇说：οὔτε τις θεῶν οὔτε ἀνθρώπων［既不是由某个神也不是由某个人］。同样地，那个经常被引用、而且多半不完整地被引用的残篇第五十三，把不朽者与终有一死者一道命名出来了，因为它说：πόλεμος［战争］，即纷争（澄明），把在场者中的一方显示为诸神，把在场者中的另一方显示为人类，它使一方作为奴隶另一方作为自由者显露出来。这就是说：持续的澄明让诸神和人类进入无蔽状态而在场，以至于他们当中没有哪一个能保持遮蔽；但这并不是因为他首先还为某人所觉察，而只是因为每一个都达乎在场。然而，诸神之在场始终是一种不同于人类之在场的在场。作为δαίμονες、θεάοντες［神性之物］，诸神乃是凝视者，它观入在场者之澄明中；而终有一死者以自己的方式关涉这

① 阿耳忒弥斯（Artemis）：希腊神话中的月女神和狩猎女神。——译注

个在场者,因为终有一死者让在场者在其在场状态中呈放出来,并且保持对在场者的关注。

因此,澄明不是单纯的照亮和光照。因为在场意味着:从遮蔽而来进入解蔽之中而持存,所以,解蔽着又遮蔽着的澄明涉及到在场者之在场。然而,残篇第十六并没有谈论任何一个以及每一个任意的东西,可能在场的τί[某物],而是明确地仅仅谈论τίς[某人],即终有一死者和诸神中的某人。因此,这个箴言似乎仅仅命名了在场者的一个有限区域。抑或这个箴言并没有对
285 某个特殊的在场者区域的限制,而倒是包含着一种关涉到一切领域之领域的特性之标识和限制之解除?这种特性标识是不是具有如下特性,即:该箴言询问什么东西未曾道明地也把那个在场者取到自身那里,并且把它扣留在自身那里,这个在场者虽然按区域来讲不再能算在人类和诸神名下,但在另一种意义上依然是神性的和人性的——诸如植物和动物,山脉、大海和星辰?

但是,这种对诸神和人类的特性标识的依据,难道不就在于:恰恰诸神和人类决不能在他们与澄明的关系中保持遮蔽?为什么他们不能做到这一点呢?这是因为,只要澄明把诸神和人类收集到澄明之中、并且把他们扣留于其中,那么,他们与澄明的关系无非就是澄明本身。

澄明不只照耀在场者,不如说,澄明把在场者聚集起来,并且首先把它庇护入在场之中。但诸神和人类的在场是何种方式的在场呢?他们在澄明中不仅被照耀了,而且从澄明而来、向着澄明被照亮了。因此,他们就能够以他们的方式,去完成澄明(把澄明带

入其本质的丰富性之中），并且由此把澄明保护起来。诸神和人类不仅仅是为一道光亮——哪怕是一种超感觉的光亮——所照亮，以至于他们决不能躲避这种光亮而沉入幽暗之中。他们在本质上就是被澄明了的。他们被照亮了（er-lichtet）：他们归本于澄明之本有事件之中，因此决没有被遮蔽，而是被解蔽了（ent-borgen）——这还是在另一种意义上来看的。正如遥远之物归属于远方，同样地，在我们眼下所思意义上的被解蔽者，也依托于那种有所庇护、保持和抑制着被解蔽者的澄明。按它们的本质来讲，它们已经被安置、聚集入神秘之遮蔽者中，在ὁμολογεῖν［同一置放］[①]中归属于Λόγος［逻各斯］（残篇第五十）。

赫拉克利特是不是像我们刚才所探讨的这样来看他的问题的么？我们通过这种探讨所讲的话是不是处于他的观念范围中呢？谁能知道？谁能说？但也许，无赖于赫拉克利特当时的观念范围， 286

这个箴言说的就是我们所做的探讨所表达的东西。假如一种运思的对话可以把这个箴言带向言语，那么，这个箴言所说的就是我们的探讨所要表达的。它言说这个东西，并且让这个东西处于无言中。贯通如此这般无言之地带的道路依然是成问题的，这些问题始终只是引发出那个东西，那个自古以来在多样的掩蔽中已经向这些道路显示出来的东西。

赫拉克利特思考了既解蔽又遮蔽的澄明，即世界之火，后者处于一种几乎不可洞察的与那些人的关联中，这些人按本质而言是被照亮者，并且因而在一种别具一格的意义上是倾身于澄明而为

① 参看本书中“逻各斯”一文对ὁμολογεῖν的解说。——译注

澄明所有的。这个箴言基本的追问特点说明了这一点。

或者，这个箴言是根据一种已然支撑着他的每一个步伐的思想经验来说话的吗？莫非赫拉克利特的问题只是想说，我们看不到任何可能性，即世界之火与诸神和人类的关系总是可能不同于如下情形：诸神和人类不仅仅作为被照明者和被注视者而归属于澄明之中，而是作为那些毫不显眼的东西，他们以自己的方式一道带来澄明作用，并且把这种持续着的澄明作用保存和呈献出来？

在此情形下，这个有所追问的箴言或许就能把一种运思的惊讶带向语言。这种惊讶窥探着那种关系，就是澄明在其中把诸神和人类之本质向其自身扣留起来的那种关系。有所追问的道说响应于那个向来配得上运思之惊讶、并且由于这种惊讶而保持其显赫地位的东西。

赫拉克利特的思想在多大程度上、以及如何清晰地预示和猜度到了一切领域之领域，这是不可估量的。但这个箴言在澄明之领域里活动，这一点却是无可置疑的。一旦我们此后越来越清晰地去思索下面这回事情，即：这个问句的开头和结尾指示着解蔽与遮蔽，而且是鉴于两者的关联来指示的，那么，我们就不会怀疑上面这一点了。我们甚至无需分别指出残篇第五十，其中道出了既解蔽又遮蔽着的聚集，这种聚集如此这般地向终有一死者诉说，使
287 得终有一死者的本质的展开就**在于**他们响应或者不响应Λόγος［逻各斯］。

我们过于轻松地以为，有待思想者的神秘总是远不可及，并且深藏于一种隐瞒（Verheimlichung）的难以穿透的层面里面。不

过，它在切近（Nähe）中有其本质位置，这种切近接近于一切正在到达的在场者，并且保存着这个已临近者。切近之本质现身对于我们的投身于在场者及其订造的惯常表象来说是太近了，以至于我们不能对切近之支配作用作出当下直接的经验和充分的思考。也许，这个在有待思想的东西中召唤着的神秘，无非就是我们试图以“澄明”（Lichtung）这个名词来加以暗示的那个东西的本质现身。因此，日常的意见也确定无疑地、固执地忽略了神秘。赫拉克利特深知个中原委。他的残篇第七十二说：

ὧι μάλιστα διηνεκῶς ὁμιλοῦσι Λόγωι, τούωι διαφέρονται, καὶ οἷς καθ' ἡμέραν ἐγκυροῦσι, ταῦτα αὐτοῖς ξένα φαίνεται.

“对于这个Λόγος［逻各斯］，尽管他们普遍地受它支配，已经转向了它，但他们多半与之格格不入；而这就表明：这个他们每天都遇到的东西，（其在场）对他们是生疏的”。①

终有一死的人不断地转向既解蔽又庇护着的聚集，这种聚集照亮一切在场者而使之进入在场之中。但终有一死的人同时也背弃澄明，并且仅仅转向那些他们在日常与一切事物交道时直接碰到的在场者。他们以为，这种与在场者的交道自然能为他们谋得适当的亲熟性。而这对他们来说还是生疏的。因为，关于他们所

① 赫拉克利特残篇第七十二通常译为：“对那片刻不能离的道，对那支配一切的主宰，他们格格不入；对那每天都遇到的东西，他们显得很生疏”。中译文参看北京大学哲学系编：《西方哲学原著选读》，上卷，北京1986年，第22页。——译注

熟悉的那种东西，即那种在澄明之际总是首先使在场者显露出来的在场，他们是一无所知的。他们进入并且置身于Λόγος[逻各斯]之澄明中；但Λόγος[逻各斯]始终对他们遮蔽起来，对他们来说是被遗忘的。①

288 一切可知之物越是为终有一死者所熟知，它们就越是令他们诧异——而他们又不能知道这一点。只有当他们想问：某个人，其本质归属于澄明的某个人，究竟如何总是逃避对澄明的接受和保护，这时候，他们才会关注所有这一切。这个某人如何可能做到这种对澄明的接受和保护，而又没有立即经验到：日常之物之所以能成为他最熟悉的东西，只是因为这种熟悉状态总是起因于对那种东西的遗忘，亦即对甚至也把似乎自发地熟知者首先带入某个在场者之光亮中的那个东西的遗忘？

日常意见在散布于它面前的常新之物的多样性当中寻找真实。它看不到那种在澄明之质朴性中不断地闪烁的神秘(Geheimnis)所具有的寂静光华(金子)。赫拉克利特说(残篇第九)：

ὄνους σύρματ' ἂν ἑλέσθαι μᾶλλον ἢ χρυσόν.

驴吃秕糠，而不要金子。②

然而，澄明的那种毫不显眼的闪烁的金色光芒是不可把捉的，

① 残篇第一。——作者边注

② 赫拉克利特残篇第九通译为：“驴爱草料，不要黄金”。中译文参看北京大学哲学系编：《西方哲学原著选读》，上卷，北京1986年，第24页。——译注

因为它本身并不是一个把捉者，而倒是纯粹的居有。[1] 澄明的那种毫不显眼的闪烁，是从抑制自身的命运之保存（Verwahrnis des Geschicks）的无好无损的自行庇护中涌流出来的。因此之故，澄明的闪烁本身同时也是一种自行掩蔽，而且在此意义上讲也就是最幽暗晦涩的东西。

赫拉克利特被叫做ὁ Σκοτεινός［晦涩者］。今后他还将保留着这个称号。他之所以是晦涩者，是因为他在追问之际思入澄明之中。

① 此处"居有"原文为动名词 das Ereignen，联系于海德格尔所思的"本有"（das Ereignis）。——译注

说　　明

技术的追问

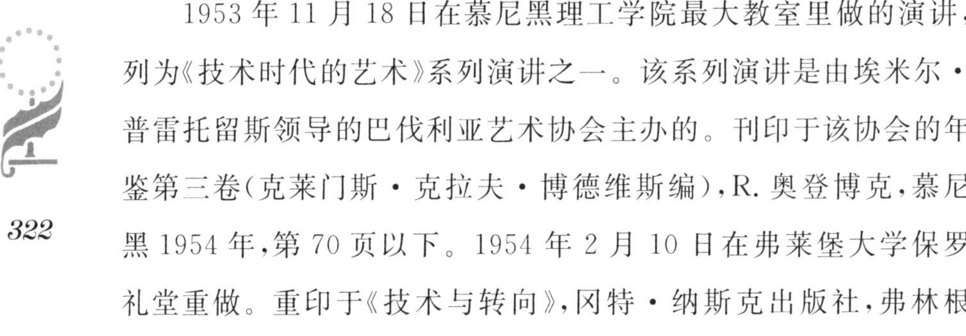

1953年11月18日在慕尼黑理工学院最大教室里做的演讲，列为《技术时代的艺术》系列演讲之一。该系列演讲是由埃米尔·普雷托留斯领导的巴伐利亚艺术协会主办的。刊印于该协会的年鉴第三卷（克莱门斯·克拉夫·博德维斯编），R.奥登博克，慕尼黑1954年，第70页以下。1954年2月10日在弗莱堡大学保罗礼堂重做。重印于《技术与转向》，冈特·纳斯克出版社，弗林根1962年，第5—36页。

科学与沉思

眼下这个稿本是一个小圈子里做的演讲，该演讲是为上面提到的1953年8月4日慕尼黑会议准备的。

形而上学之克服

本文是为1936—1946年间的形而上学之克服所做的笔记。其主要部分节选为1953年6月21日埃米尔·普雷托留斯七十寿辰的纪念论文:《围绕艺术》,弗里茨·霍尔维切编,岛屿出版社,美茵法兰克福 1953 年。其中一节(第 26 节)曾发表于 1951 年达姆斯达特洲立剧院的巴拉赫小册子上(埃贡·菲太编)。

谁是尼采的查拉图斯特拉?

1953 年 5 月 8 日在不莱梅俱乐部做的演讲(可参看讲座稿《什么叫思想?》,1951—1952 年弗莱堡大学冬季学期讲座,马克斯·尼迈耶出版社,图宾根 1954 年,第 19 页以下)。

什么叫思想?

演讲稿(选自讲座稿《什么叫思想?》,1951—1952 年冬季学期讲座),1952 年 5 月在巴伐利亚广播电台宣讲;刊于《水星》杂志(J.莫拉斯和 H.巴施克编),1952 年度,第六卷,第 601 页以下。

筑·居·思

1951 年 8 月 5 日做的演讲,列入关于"人与空间"的"达姆斯达特对话·系列Ⅱ";第二稿演讲作于 1951 年 8 月 20 日瓦尔西恩城堡;刊于这个对话系列的出版物,新达姆斯达特出版社 1952 年,第 72 页以下。

物

1950 年 6 月 6 日在巴伐利亚艺术协会做的演讲;刊于该协会的年鉴《形态与思想》,第一卷,1951 年,第 128 页以下(克莱门斯·克拉夫·博德维斯编)。本文即题为《观入存在之物》的四个演讲(1949年12月1日作于不莱梅俱乐部,1950年3月25日和26日作于"比勒欧")中的第一个报告,略有扩充;现刊于作者《不莱梅和弗莱堡演讲》,《全集》第七十九卷,彼特拉·耶格尔编,维多里奥·克劳斯特曼出版社,美茵法兰克福1994年,第1—77页。

"……人诗意地栖居……"

1951年10月6日在"比勒欧"做的演讲;1951年11月5日在苏黎世、1952年4月在慕尼黑、1953年5月4日在奥尔登堡、1953年12月11日在卡塞尔、1954年4月12日在哈默尔恩重做。载《重音》(Akzente),诗歌杂志(W. 霍勒尔和汉斯·本德尔编),第一期,卡尔·汉泽出版社,慕尼黑1954年,第57页以下。

逻各斯(赫拉克利特,残篇第五十)

汉斯·扬策纪念文集论文(库特·鲍赫编),Gebr. 曼出版社,柏林1951年,第7页以下。作为演讲,1951年5月4日作于不莱梅俱乐部。细致的探讨是在1944年夏季学期讲座《逻辑学:赫拉克利特的逻各斯学说》中完成的,见《赫拉克利特》,《全集》第五十五卷,曼弗雷德·弗林斯编,维多里奥·克劳斯特曼出版社,美茵法兰克福1994年第三版,第185—402页。

命运(巴门尼德,残篇第八,第**34—41**行)

讲座稿《什么叫思想?》中的一节(未在课堂上演讲),马克斯·尼迈耶出版社,图宾根1954年,第146页以下。

无蔽（赫拉克利特，残篇第十六）

《Ἀντίδωρον［答谢］。康斯坦茨高级文科中学建校三百五十周年纪念文集》论文，1954 年。康斯坦茨/博登湖高级文科中学编，康斯坦茨，第 60—76 页。首次报告于 1943 年夏季学期赫拉克利特讲座《西方思想的开端：赫拉克利特》，见《赫拉克利特》，《全集》第五十五卷，曼弗雷德·弗林斯编，维多里奥·克劳斯特曼出版社，美茵法兰克福 1994 年第三版，第 1—181 页。

编者后记

马丁·海德格尔的《演讲与论文集》原由冈特·纳斯克出版社(弗林根)出版,初版于1954年,迄今已印行至第九版(2000年),现列为《全集》第七卷出版。

本书初版时,作者海德格尔根据主题把全书十一篇文章分划为三组,以罗马数字Ⅰ、Ⅱ、Ⅲ标示。第Ⅰ组有四篇,依次为“技术的追问”、“科学与沉思”、“形而上学之克服”、“谁是尼采的查拉图斯特拉?”;第Ⅱ组有四篇,依次为“什么叫思想?”、“筑·居·思”、“物”、“……人诗意地栖居……”;第Ⅲ组有三篇,依次为“逻各斯(赫拉克利特,残篇第五十)”、“命运(巴门尼德,残篇第八,第34—41行)”、“无蔽(赫拉克利特,残篇第十六)”。1967年印第三版时,出版者自作主张,决定把本书分为独立的三卷出版。印第四版时(1978年),出版者又取消了分卷,重新把本书作为一个整体出版,却没有恢复上述以罗马数字标示的三组文章的内在结构。取代与主题相关的三分结构,第四版仅仅把十一篇文章排列在一起,从中再也看不到作者原先对本书的布局了。这种对本书结构的干预与海德格尔的本意不合,在眼下这个全集版新版中,我们恢复了作者原先的安排。

遵照海德格尔为编辑其全集第一部分[①]各卷本所下的指示，我们在编辑眼下这个第七卷时，从作者保存的本书首版样书以及诸单行本样书中采纳了27个规模不大的文字订正，它们在样书中带有作者的修改标记。这些文字改动一律具有解说性质，可见于本书第13、15、18、20、22、28、31、39、41、43、45、62、72、75、81、85、157、159、182、191、198、245、270、271页。[②]

海德格尔为全集第一部分所下的编辑方针中也指明，编者应把他记在样书中的作者边注（有别于文字订正）录入全集版的卷本中。在眼下这个第七卷中，共收录了146个短小的（也有几个较长的）作者边注作为当页脚注，以小写字母a、b、c、d……标示。[③]“科学与沉思”一文中的作者边注字超出了26个字母，故不得不从第27个边注开始重新启用字母序号。作者边注中也包括五个采自歌德《散文中的格言》（座右铭与沉思录）的引文，以及采自威廉姆·冯·洪堡《论人类语言结构的差异》一书的引文。无论是这些引文还是较长的思想性边注，都见于作者夹入样书中的标准A6纸上。边注和引文与文中字句的归属关系依据的是作者使用的指引符号，或者，如果作者没有给出指引，则依据上下文的意义联系。所有没有注明来源的作者边注均采自《演讲与论文集》1954年首版作者样书。标有“1967年第三版”者，指的是当时《演讲与论文集》第二卷。“技术的追问”一文中的几个作者边注前标有1954年字样，指的是该演讲稿在《技术时代的艺术》中首次发表时的日期。

① 全集第一部分为海德格尔生前出版物。——译注

② 中译本未能标出。——译注

③ 中译本以“作者边注”予以标识。——译注

该文其他几个作者边注前标有1962年字样，指的是《技术与转向》一书的出版日期。“……人诗意地栖居……”一文首次发表于《重音》杂志，因此从中采得的一个作者边注即以该杂志的名称为标识。

间或也有一些标语，或者与文本没有直接的联系，或者只具有一种定向性指示的意义，而没有边注的意义，还有一些是作者在边页上记下的内部的页码提示。对于这些东西，我们没有把它们采纳为作者边注。

为了本次重印，作者审读了收集在《演讲与论文集》一书中的全部文字内容。作者亲自在夹在书后的一张纸条上记录了几处印刷错误，后来还加了少数几点。为了使文本变得清楚可解，作者偶尔还悄悄补充了标点符号，通常是逗号。

对于所有引文，编者都尽可能对照海德格尔使用的版本作了校订。在多数情形下，我们为此动用了海德格尔自己的藏书。

对海德格尔为《演讲与论文集》初版所撰的书后说明，我们根据作者在本卷文章原稿中的亲笔提示作了一些补充。有关文献目录的提示，特别是对全集范围内具体文本的初版情况的提示，也作了类似的扩充。海德格尔对他当时尚未出版、但此间已经在全集框架内出版的讲座稿的参引说明，我们也作了替换，代之以相应的文献提示。

边页上的页码给出的是单行本最后一版的页码。与初版相比较，由于去掉了全书三部分的划分以及相应的三个插页（带有罗马数字），单行本最后一版减少了几页。

对与版本相关的四个作者边注，我们要在这里作一必要的文献说明。还有两个作者边注涉及一封别人写给海德格尔的信，我们需要介绍一下写信者，并且从这封信中节选几个段落。

关于“科学与沉思”一文中的第三十一个作者边注（第56页）：海德格尔用过的版本《散文中的格言》已经查不到了。但读者可参看歌德：《散文中的格言——座右铭与沉思录汇编》，H.弗里克编，见歌德：《全集》，第一部分，第十三卷，德国经典作家出版社，美茵法兰克福1993年。海德格尔所引的五个散文格言在此可见于第1.148条，第1.696条，第2.130和2.130.1条，第2.42.1条，第1.261条。在本卷印刷时，这几个格言以海德格尔的写法付印。

关于“科学与沉思”一文中的第三十六个作者边注（第63页）：《论人类语言结构的差异及其对人类精神发展的影响》，载《威廉姆·冯·洪堡语言哲学著作》，H.斯泰因塔尔博士编辑和解释，柏林1883年，第145页以下。

关于“谁是尼采的查拉图斯特拉？”一文中的第一个作者边注（第124页）：K.洛维特，《尼采关于相同者永恒轮回的哲学》，W.科尔哈默尔出版社，斯图加特1956年。

关于“无蔽”一文中的第四个作者边注（第269页）：荷马，《奥德赛》，沃夫冈·沙德瓦尔特德译本，罗沃特袖珍图书出版社，汉堡1958年，1999年新版，第128页。

*　　*　　*

“无蔽”一文中的第九个和第十个作者边注（第277页和第278页）涉及一封用打字机打印的两页书信，是海德堡的希尔德布莱希特·霍默尔(*Hildebrecht Hommel*)教授于1955年8月21日写给海德格尔的。在研读了海德格尔刊于《康斯坦茨高级文科中学建校350周年纪念文集》上的“赫拉克利特”一文后,霍默尔给海德格尔写了这封书信。“赫拉克利特”一文就是在《演讲与论文集》中发表的“无蔽”。

希尔德布莱希特·霍默尔1899年5月19日生于慕尼黑。1924年在慕尼黑大学古典语文学专业获得博士学位;1923—1935年间在巴伐利亚任图书馆工作;1927年被任命为维尔茨堡大学图书馆馆长;1935年在维尔茨堡大学古典语文学专业完成授课资格论文;1935年在海德堡任教,1936年在吉森任教;1937年任海德堡大学副教授,1941年任正教授;1955年任图宾根大学正教授;1964年退休。1996年1月16日在图宾根去世。自大学时代起,霍默尔就与沃夫冈·沙德瓦尔特结交,两人一直过从甚密。

海德格尔把霍默尔1955年8月21日的这封信与1960年的其他三封信一起夹在他收藏的《赫拉克利特残篇》(布鲁诺·斯纳尔,1940年)一书中。这封信的第一段如下:“本人虽然不敢说对传统意义上的哲学有一种特别的理解,但从青年时代起,赫拉克利特就对我有着决定性的意义。因此请允许我指出,您在《康斯坦茨高级文科中学纪念文集》第60—76页上的赫拉克利特文章是多么强烈地触动了我。大作在所有要点上都证实了我的赫拉克利特理解,在细节上为我提供了丰富的全新洞见。您的阐释是无成见的,又是认真仔细的,可能意味着一个新开端。而为慎重起见,请允许我还就您的阐释提出几点意见”。

海德格尔加的第九个作者边注(第277页)涉及霍默尔这封

书信的第四段："在第67—68页，您把 τὸ μὴ δῦνόν ποτε（明确地用‘确实不’来翻译 μή[不]是别具一格的！）理解为一种‘持续涌现者’。也是出于对动词行为方式的更明确的关注，我更愿意说：‘一个从不结束其涌现的东西’。"

第十个作者边注（第278页）要追溯到霍默尔信的第五段："第69页，在残篇第一百二十三中，φιλεῖ 很可能并不意味着‘它热爱’（es liebt），而是‘它拥有’（es hat zu eigen）。因为在上个世纪九十年代就已经有人作出了一个发现（约翰森：《印度日耳曼语研究》Ⅱ），虽然它甚至在行业中也还难得受到承认；按照这个发现，（σ）φίλος[①] 原初地——与 σφί 联系在一起——意味着‘我的、你的、他的（等等）所有物’，也就是物主代词的一个等价物"。约翰森的文章题为：K. F. 约翰森，"梵语词源学"，载《印度日耳曼语研究：印度日耳曼语语言学和考古学杂志》，第二卷，第1期和第2期，卡尔·J. 特吕布纳出版社，斯特拉斯堡1892年，第1—64页，此处可看第7页。

在该书信倒数第二段，霍默尔写道："在我看来，大作最重要的发现之一，就是把 φύον[涌现着]和 φύσις[涌现、自然]视为对 μὴ δῦνόν ποτε[永不消失]的解释"。

图书馆顾问比尔吉特·霍默尔（Birgit Hommel）（图宾根）同

① φίλος 的词典含义为：自己的、热爱的；朋友、熟人。——译注

意我使用希尔德布莱希特·霍默尔致海德格尔书信的几个选段，在此谨表诚挚的谢意。

对我从马丁·海德格尔样书中采用的文字订正和作者边注，作者遗著保管人海尔曼·海德格尔博士（Hermann Heidegger）随后作了校对。对于他的辛劳，我要表示衷心的感谢。

在本书编辑工作的各个阶段上，我的助手波拉—路多维卡·柯里安多（Paola-Ludovika Coriando）博士一直热心相助，令我感激不尽。她和伊沃·德·庚那罗（Ivo De Gennaro）博士看了大部分校样，我在此感谢他们老练细致的出色工作。

冯·海尔曼

2000年5月于弗莱堡

人名对照表

Aischylos	埃斯库罗斯
Areopagita, Dionysius	狄奥尼修斯·阿雷欧帕杰塔
Aristoteles	亚里士多德
Augustin	奥古斯丁
Beaufret	波弗勒
Bergk	贝尔克
Berkeley	贝克莱
Buchner	布希纳
Clemens Alexandrinus	亚历山大里亚的克力门
Descartes	笛卡尔
Diels, H.	第尔斯
Eckhart, Meister	艾克哈特大师
Empiricus, Sextus	塞克斯都·恩披里珂
Epikur	伊壁鸠鲁
Ernout-Meillet	埃诺特—迈勒特
Fichte	费希特
Galilei	伽利略
Goethe	歌德
Hebel	海贝尔
Hegel	黑格尔
Heidegger	海德格尔
Heisenberg, W.	海森堡

Hellingrath	海林格拉特
Heraklit	赫拉克利特
Hippolytus	希波利特
Hölderlin	荷尔德林
Homer	荷马
Hommel	霍默尔
Humboldt	洪堡
Jünger, Ernst	恩斯特·荣格尔
Kant	康德
Kranz	克兰茨
Kuhn	库恩
Laertius, Diogenes	狄奥根尼·拉尔修斯
Leibniz	莱布尼茨
Lessing	莱辛
Löwith	洛维特
Newton	牛顿
Nietzsche	尼采
Origenes	欧利根
Parmenides	巴门尼德
Pinda	品达
Platon	柏拉图
Planck, Max	马克斯·普朗克
Plotin	柏罗丁
Plutarch	普鲁塔克
Preetorius, Emil	埃米尔·普雷托留斯
Reinhardt, Karl	卡尔·莱因哈特
Schelling	谢林
Schnell	斯纳尔
Schopenhauer	叔本华
Seckendorf, Leo v.	塞肯多夫

Socrates	苏格拉底
Sophokles	索福克勒斯
Theophrast	泰奥弗拉斯特
Voß	福斯
Wagner	瓦格纳

译 后 记

本书名为《演讲与论文集》(*Vorträge und Aufsätze*)。这个毫不起眼的书名约等于无名,重复几率极高,但毫无疑问,本书是海德格尔著作中值得重视的一部。法国的《读书》杂志甚至把本书选入"理想藏书·哲学类"(世界古今哲学)前十种,把它与亚里士多德的《形而上学》、康德的《纯粹理性批判》等哲学史上的经典相提并论了。[①]

这大概有一点夸张了。或许是本书法译本做得较为精致吧,才特别让法国的读者们喜欢。但就学术影响而言,本书显然还不能说是海德格尔著作中最最重要者。时下一般"海学"研究者会认为,海德格尔的重头作品,前期还得以"半部"《存在与时间》(1927年,《全集》第2卷)为代表,后期则要推"手稿"《哲学论稿(从本有而来)》(作于1936—1938年,出版于1989年,《全集》第65卷)。即便除开上面两种,海德格尔的其他一些著作,诸如《林中路》、《尼采》、《路标》、《在通向语言的途中》之类,在思想分量上也肯定不在本书之下。

相比之下,本书的一个显著优势在于:除去三篇有关前苏格拉

① 贝·皮沃等编著:《理想藏书》,余中先译,北京1996年,第494页。

底思想的阐释文章，书中大多数文章不乏优雅和诗意，不算难读——尽管还谈不上上述《理想藏书》所谓的“比较通俗易读”。

我们知道，海德格尔生前出版过的作品，按作者本人的规划方案，现在被辑为《全集》的第一部分，凡十六卷。这十六卷中，除去未完成的系统著作《存在与时间》以及生前出版的几个讲座稿外，多为演讲与论文的合集。一般情况下，海德格尔会依照写作时间的先后秩序来安排这些集子里的演讲与论文，如《林中路》、《路标》等都是这样处理的，它们被冠以或隆重或好听的书名。这也是常轨做法。惟有一个例外，偏偏就是海德格尔干脆以《演讲与论文集》为书名的集子。

这个集子收集了十一篇文章，除一篇作于1936—1946年间，其余均为五十年代初期（1950—1954年）的作品。全部文章并没有简单地按创作的时间次序排列起来，而是被编为三组。第一、二组各为四篇，第三组为三篇。既分三组，自然就有个“主题”的问题了。第一组的主题可以概括为对“存在历史”的“另一个转向”意义上的技术之本质、形而上学之终结问题的思考；第二组的主题可以概括为对存在的“聚集”运作以及与之相应的本源性“思想”的思索；第三组的主题是早期希腊思想，是海德格尔对存在历史的“第一个开端”（前苏格拉底思想）的探讨。由此可以看出，该书虽说被标以一个平淡无奇的名称“演讲与论文集”，但作者在篇目安排上决不是任意的，而是经过深熟虑的。

倘若现在让我来给本书立一个书名，我大概会把它设想为“返回步伐”或者“回行之思”。贯穿全书的一条潜在线索，在我看来就是海德格尔的一个基本主张：思想必须“回行”，实行“返回步伐”

(der Schritt zurück)。历史在本书中是倒过来书写的:存在历史的另一个开端(现代技术、形而上学的终结)—思想的本色—存在历史的第一个开端(早期希腊之思)。

"回行"——"返回步伐"——是一种什么样的姿态?它当然不能被简单地理解为"倒行逆施"或者"复辟倒退"。我们已经习惯于把"前进"和"进步"视为积极的,把"后退"和"落后"视为消极的。人几乎是不能不"进步"的。形而上学的思维方式已成日常习惯定式。但不也有"退一步海阔天空"的情况吗?甚至,不也有"迷途知返"的必要性吗?

对于海德格尔所讲的"回行",我们决不能从线性历史观角度来加以了解。这也就意味着,我们不能把他所讲的"返回步伐"简化为一幅"失乐园—复乐园"的复古老套。海德格尔的着眼点或者起点是"当前"(Gegenwart),而"当前"之为"当前",乃起于曾在之"来源"(Herkunft)与将来之"未来"(Zukunft)的"相互召唤"。"来源"之"来"与"未来"之"来"在"当前"中合二为一。

正是基于这一点,海德格尔才可以说:"思想之路本身隐含着神秘莫测的东西,那就是:我们能够向前和向后踏上思想之路,甚至返回的道路才引我们向前"。[①]

这是关键所在。其他就不必说了。

本书初版于1954年,由德国京特·纳斯克出版社(弗林根)出版,后被辑为海德格尔《全集》之第七卷,由德国维多里奥·克劳斯

① 海德格尔:《在通向语言的途中》,中译本,孙周兴译,北京1997年,第83页。

特曼出版社出版(弗里德里希-威廉姆·冯·海尔曼编,美茵法兰克福 2000 年)。中译本首先根据单行本第四版(弗林根 1978 年);后又据全集版重新校译、审定。

本书迄今未见有英文译本,但其中十一篇文章,多数已经有了英文翻译,散见于各种海德格尔著作英文选本中。如"技术的追问",载《技术的追问及其他论文》(W.洛维特译,纽约 1977 年,第 3—35 页);"形而上学之克服"被收入《哲学的终结》(J.斯坦堡译,纽约 1973 年,第 84 页以下);"谁是尼采的查拉图斯特拉?"被收入英文版《尼采》第二卷(D. F. 克莱尔译,纽约 1984 年,第 209 页以下);"筑·居·思"、"物"、"……人诗意地栖居……"被收入文集《诗·语言·思》(A.霍夫斯达特译,纽约 1971 年);"逻各斯(赫拉克利特,残篇第五十)"、"命运(巴门尼德,残篇第八,第 34—41 行)"、"无蔽(赫拉克利特,残篇第十六)"三篇被收入《早期希腊思想》(D. F. 克莱尔、F. A. 卡普兹译,纽约 1975 年)。本人在翻译时对英译本的相关篇目有过参考。

书中的"注释"包括"作者边注"和中译者所加的"译注"(本书没有作者"原注")。所谓"作者边注"(Randbemerkung)是海德格尔生前在他自己的样书上做的一些批注,现由全集版编者冯·海尔曼教授整理并补入新版(全集版)中。根据编者的统计,本书中共有 146 个"作者边注",不算少数了。有关具体情况,可参看书后的"编者后记"。

译文中的方括号([ ])用于标示古希腊文和拉丁文词语的对应中文翻译;本书中出现了大量的希腊文词语和句子,海德格尔经常提供出自己独特的理解和翻译,我们在中译本中有时采纳了海德格尔的译法，有时依据日常的用法，有时又把两者同时标出，因此方括号里的中文译法仅供参考，读者需要根据上下文之义理来加以揣摩和了解。

有必要注明的德文原文词句则用（ ）标示。译者制作的“人名对照表”附于书后，凡在本书正文中出现的人名均已收入此表中。

本书中译本初稿早在1996—1998年间即告完成。曾有一家出版社愿意出版拙译，但版权一直落实不了。世纪之交在德国逗留时，我曾四处询问该书版权，后承《海德格尔全集》主编冯·海尔曼教授指示，得知原告出版本书单行本的纳斯克（Neske）出版社已经被克莱特—科塔（Klett-Cotta）出版社购买，《演讲与论文集》版权已归该出版社所有。于是与该出版社的版权部门联络，被告知：该书中文版版权早已在1996年被北京的一家出版社购得，但一直未见书出来；如若后者仍旧不能出版中译本，则可以考虑让别的中国出版社重购此书版权，但眼下只能等一等，云云。之后我回了国。三联书店的舒炜兄表示有意出版拙译，于是请其操作版权事宜；又折腾了两年有余，终于承本书作者之子海尔曼·海德格尔（Hermann Heidegger）和克莱特—科塔出版社的罗兰·克奈倍（Roland Knappe）先生相助，成功购得版权。如此周折，这本译稿竟在我的电脑里经历世纪之交，沉睡了七八个年头。

本书中有几篇文章曾收入由我选编的《海德格尔选集》（上海三联书店，1996年）。我这次对原来的译文作了重新校订，改正了不少错误，也作了字面修饰，再加上根据全集本补译的“作者边

注”，译文的品质应该有了较大的提高，故我应该在此宣布：此前的相关译文可以作废了。

书中“科学与沉思”一文曾由友人倪梁康教授译出，也收入《海德格尔选集》中。此番修订时，为统一术语和文气，体现译本的整体感，我在梁康兄的译稿基础上重译此文。在这里特别要向梁康兄表达我的谢意。

译文定稿时尚留下几处疑难，承蒙德国伍泊塔大学哲学系的特拉夫尼(Dr. Peter Trawny)博士帮助解决。三联书店的舒炜先生为译本的出版费了不少心思。在此一并致谢。

承倪梁康教授的美意，邀请我担任中山大学现象学研究所的兼职研究员。本书的翻译出版受到中山大学985二期哲学创新基地项目“中西文明源流与当代融合”研究方向的经费资助。特此说明。

本人一直存有一个心愿：做一本多年后仍能让自己感觉满意的译本。这个要求其实是蛮高的。一方面自己要下深入的功夫，另一方面原料也要好，得找一本经得起推敲的精彩原著。遗憾的是，我至今尚未实现自己的这个心愿。眼下这本书是精彩的，我也下了相当的功夫，但自己对译文并不十分满意。实在无可奈何了。

译文中或有错讹，敬请读者赐教。

2002年5月4日记于南都德加

2003年9月27日补于沪上康桥

修订译本后记

本书中译本是我在二十世纪九十年代中期完成的，约十年后（2005 年）才在北京三联书店出版，收入该书店编辑的《学术前沿》中，一晃又近十年了。其间本书重印过多次，有一次重印时，我还对少数几处误植和错误做了订正。但迄今为止，我未对这本早年的译著作过整体的修订。

这次趁本书收入商务印书馆出版的《海德格尔文集》（30 卷）之际，我通读了全书译文，所幸未发现太多严重的错讹，可改动处多为译名（如专名、书名之类）的统一。当然这也是大有必要的。举其要者有：旧译“强力意志”（der Wille zur Macht），现改译为“权力意志”；旧译的“订造”（Bestellen），现被改为“订置”（以便与“集置”即 Gestell 相配合）；有关尼采的文本，以前了解得不多，最近几年我花了较多时间翻译和研究尼采，故有了比较细部的认识，这次发现了不少不太准确的译法，也一并予以改正了。

我深知译文是无止无境的。我未发现更多的不足和问题，并不意味着我自己的译文已臻于完美——这是不可能的事体。如果说翻译是制造遗憾的工作，则学术翻译，特别是海德格尔著作的翻译，就是最可遗憾的事了。

我仍旧希望读者诸君对本书译文提出批评意见。在此先谢了。

孙周兴

2014年9月3日晚记于沪上同济

补　　记

本书修订版收入我主编的《海德格尔文集》(30卷),于2018年出版。这次列入商务印书馆"汉译世界学术名著丛书"系列,可谓实至名归,因为本书虽然有一个通俗的书名,但义理幽深丰富,堪称经典。

检阅一遍,除了一处误植,未发现更多译文上的错失。只等识者指正。

孙周兴

2019年9月20日记于新风城

图书在版编目(CIP)数据

演讲与论文集:修订译本/(德)海德格尔著;孙周兴译.—北京:商务印书馆,2024
(汉译世界学术名著丛书:120年纪念版:珍藏本:增订本)
ISBN 978-7-100-23655-3

Ⅰ.①演… Ⅱ.①海…②孙… Ⅲ.①海德格尔(Heidegger,Martin 1889-1976)—哲学思想—文集
Ⅳ.①B516.54-53

中国国家版本馆CIP数据核字(2024)第076569号

汉译世界学术名著丛书
(120年纪念版·珍藏本·增订本)
演讲与论文集
(修订译本)
〔德〕海德格尔 著
孙周兴 译

商 务 印 书 馆 出 版
(北京王府井大街36号 邮政编码100710)
商 务 印 书 馆 发 行
北京通州皇家印刷厂印刷
ISBN 978-7-100-23655-3

2024年5月第1版 开本710×1000 1/16
2024年5月北京第1次印刷 印张22
定价:122.00元